COMPARATIVE RESEARCH ON THE DEVELOPMENT OF
GLOBAL CENTRAL BANK PAYMENT SYSTEMS

中央银行支付系统
发展的国际比较研究

范一飞 ◎ 主编

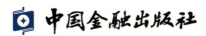

中国金融出版社

责任编辑：张熠婧
责任校对：潘　洁
责任印制：陈晓川

图书在版编目（CIP）数据

中央银行支付系统发展的国际比较研究／范一飞主编 . —北京：中国金融出版社，2021.3

ISBN 978 - 7 - 5220 - 1012 - 0

Ⅰ. ①中…　Ⅱ. ①范…　Ⅲ. ①中央银行—支付方式—对比研究—世界　Ⅳ. ①F831. 2

中国版本图书馆 CIP 数据核字（2020）第 022244 号

中央银行支付系统发展的国际比较研究

ZHONGYANG YINHANG ZHIFU XITONG FAZHAN DE GUOJI BIJIAO YANJIU

出版
发行　中国金融出版社

社址　北京市丰台区益泽路 2 号
市场开发部　（010）66024766，63805472，63439533（传真）
网 上 书 店　www.cfph.cn
　　　　　　　（010）66024766，63372837（传真）
读者服务部　（010）66070833，62568380
邮编　100071
经销　新华书店
印刷　天津市银博印刷集团有限公司
尺寸　169 毫米×239 毫米
印张　21.75
字数　290 千
版次　2021 年 3 月第 1 版
印次　2021 年 3 月第 1 次印刷
定价　98.00 元
ISBN 978 - 7 - 5220 - 1012 - 0
如出现印装错误本社负责调换　联系电话(010)63263947

编 写 组

主　　编：范一飞

组　　长：温信祥　齐小东　贝劲松

副 组 长：罗永忠　吕　罡　谭静蕙　张士煜

　　　　　贺铁林

编写人员：王建伟　王　青　肖　鹏　方　政

　　　　　侯鸿璠　张梦实　马凯迪　崔婉旻

　　　　　贾一鸣　国　钰　高向峰　许明时

　　　　　张铭伟　林　佳

前　言

　　高效、透明、规范、完整的金融市场基础设施是经济金融运行的基础，对于畅通货币政策传导、优化社会资源配置、维护金融稳定和促进经济增长具有重要意义。2012年4月，支付结算体系委员会（CPSS）和国际证监会组织（IOSCO）联合正式发布《金融市场基础设施原则》（PFMI），进一步扩展金融市场基础设施和风险管理覆盖范围，全面加强对各成员国（地区）金融市场基础设施发展、改进和风险管理指导。

　　2017年，国际货币基金组织和世界银行完成了对中国的第二次金融部门评估规划（FSAP），评估团队对近年来我国支付清算系统取得的长足发展与进步给予了充分的肯定。但与此同时，我国支付清算系统发展正面临着全新的经济金融环境，金融改革驶向深水区，支付清算系统发展的挑战与机遇并存。一方面，金融市场广度和深度的不断拓展、金融市场基础设施及金融机构业务模式创新发展等新情况，对现有支付清算模式提出优化资源配置、灵活流动性管理及风险管理的挑战；另一方面，研究借鉴国际先进经验，结合我国具体实践，推动人民银行支付清算系统的建设与发展，既是人民银行履行法定职责的根本所在，又是保持经济平稳运行、维护金融稳定的内在要求。因此，组织开展中央银行支付系统发展的国际比较研究工作具有重要的现实意义。

　　本书在体例上与PFMI保持一致，从国际组织与准则、文献综述与历史脉络、支付系统业务、技术发展与比较、未来发展建议与思考五个方面展开，通过描述主要发达经济体中央银行支付系统的总体架构、风险管理、结算安排、准入分级、系统运行、技术体系架构及规划方面现状，勾勒主要发达经济体中央银行支付系统改革、发展、演变的基本脉络，基于横向与纵向两个维度的对比分析，揭示我国支付系统的相对优势与差距，提出未来发展的启示及建议。本书有以下主要特点：

一、采用多种方法全方位、多角度开展研究。一是理论与实际相结合，以国际标准和原则为理论基础，通过与部分国际组织和货币当局的专家、学者座谈交流以及书面和实地调研，全面掌握全球主要发达经济体中央银行支付系统发展现状；二是定量与定性相结合，基于主要发达经济体中央银行支付系统发展现状数据资料的定量分析，对全球中央银行支付系统发展的最高水平作出定性判断；三是静态与动态相结合，通过查找主要发达经济体中央银行公开发表的支付系统文献资料，系统梳理历史发展脉络，实时跟踪最新发展动态，研究探索我国支付系统的国际定位及未来发展方向。

二、全面梳理主要发达经济体中央银行支付系统文献、数据和资料。本书以国际组织制定的支付系统业务、技术原则和标准为切入点，对美国、英国、欧洲、澳大利亚、日本、瑞典、土耳其和中国香港八个国家或地区中央银行支付系统的文献、历史和现状进行逐一归纳整理。从纵向的历史发展角度，以期向读者展现全球中央银行支付系统几十年来改革、发展、演变的历史画卷；从横向的比较研究角度，以期向读者提供基于支付系统法律基础、治理结构、全面风险管理框架、信用风险和流动性风险管理、结算、准入和分级安排、运行风险管理及技术体系架构等方面的研究分析框架。

三、深入探究我国支付系统的相对优势与差距、启示及建议。本书通过对不同经济体中央银行支付系统在同一标准下进行比较研究认为，与全球主要发达经济体相比，我国支付系统在总体架构、全面风险管理、结算准入安排、安全稳定运行和自主知识产权等方面，已取得了较为丰硕的成果，但在系统的法律层级、专项立法建设和国际通用的治理结构等方面尚存在一些薄弱环节，从而为我国支付系统的发展提出了启示及针对性的建议。

在本书与读者见面之际，谨以此为序对所有参与本书编纂、校对与出版的工作人员表示感谢。同时，全球中央银行支付系统历经数十年的发展，已成为支持全球经济平稳运行的重要金融市场基础设施。总结我国支付系统与国际先进水平之间的差距，有利于今后系统在开发、建设、运维和管理等方面有针对性地规划和发展，少走一些弯路，为学习和研究全球中央银行支付系统发展问题的专家、学者提供借鉴参考。

本书编写组

2020 年 8 月 28 日

缩略语

ABS	资产支持证券
ADI	澳大利亚授权存款机构
ASX	澳大利亚证券交易所
Austraclear	澳大利亚债权登记与结算系统
Bacs	英国 Bacs 有限责任公司运营的银行间转账系统
BIC	银行识别代码
BIS	国际清算银行
BOJ-NET	日本银行金融网络系统
BOJ-NET FTS	日本银行金融网络资金转账系统
BOJ-NET JGB	日本政府债券结算系统
C&CCC	英国支票和信用结算公司及其支票与票据结算系统
CBRT	土耳其中央银行
CCASS	中国香港中央清算与结算系统
CCP	中央对手方清算制度
CCPMP	中国香港跨币种支付撮合处理器
CHAPS	英国清算所自动支付系统
CHATS	中国香港清算所自动转账系统
CHIPS	美国清算所银行间支付系统
CLS	持续联系结算
CMU	中国香港债务工具中央结算系统

CPMI	支付和市场基础设施委员会
CPSIPS	重要支付系统核心原则
CPSS	支付结算系统委员会
CREST	英国证券结算系统
CSD	中央证券存管
DLT	分布式账本技术
DNS	延迟净额结算
DvP	券款对付
EFT	土耳其电子转账系统
ESA	澳大利亚交易结算账户
ESTS	土耳其电子证券转移和结算系统
EURO1	欧洲银行业协会的全欧盟支付系统
Fedwire	美国联邦储备电子调拨系统
FMI	金融市场基础设施
FPS	英国快速支付系统
FSAP	金融部门评估规划
HKICL	中国香港银行同业结算有限公司
IEC	国际电工委员会
IMF	国际货币基金组织
IOSCO	国际证监会组织
ISAE	国际审计与鉴证准则理事会
ISO	国际标准化组织
ITIL	信息技术基础架构库
LSM	英国支付系统流动性节约机制
MIRS	SWIFT 的市场基础设施弹性服务
PDS	SWIFT 的支付传递系统
PFMI	金融市场基础设施原则

PSL	土耳其《支付、证券结算系统、支付服务和电子货币机构法》
PSNA	澳大利亚《支付系统及轧差法案》
PvP	同步交收
RITS	澳大利亚储备银行信息交换和资金划拨系统
RIX	瑞典账户资金转移系统
RPO	恢复点目标
RPS	土耳其零售支付系统
RTGS	实时全额结算系统
RTO	恢复时间目标
SSS	证券结算系统
SWIFT	环球同业银行金融电信协会
TARGET	泛欧实时全额自动清算系统
TCH	美国清算所协会
VaR	在险价值
WB	世界银行
WPO	美国批发产品办公室
XML	可扩展标记语言

CONTENTS 目 录

第一章 国际组织、原则与标准 …………………………………… 1

一、国际组织 …………………………………………………… 3

二、国际原则 …………………………………………………… 11

三、国际标准 …………………………………………………… 29

第二章 文献综述、发展历史以及现状比较与思考 ……………… 33

一、文献综述 …………………………………………………… 35

二、发展历史及现状 …………………………………………… 42

三、比较与思考 ………………………………………………… 65

第三章 支付系统业务发展情况 ………………………………… 77

一、总体架构 …………………………………………………… 79

二、风险管理 …………………………………………………… 121

三、结算、准入及分级安排 …………………………………… 147

第四章 **支付系统技术发展情况** ··· **165**

一、系统运行 ··· 167

二、技术体系架构 ··· 213

三、技术体系规划 ··· 226

四、新技术研究及应用 ··· 234

第五章 **支付系统发展情况的比较与思考** ······················ **239**

一、总体架构 ··· 241

二、流动性风险与信用风险管理 ··································· 256

三、结算、准入及分级安排 ······································· 286

四、运行风险及系统技术管理 ····································· 308

附录 I **法律、法规、制度及原则** ······························· **315**

附录 II **参考文献** ··· **317**

第一章 CHAPTER 1

国际组织、原则与标准

支付系统是金融市场基础设施（Financial Market Infrastructures，FMI）的重要组成部分，其对货币和其他金融交易的清算、结算和记录起到了便利作用，对增强金融稳定性也至关重要，支付系统可能成为金融系统潜在的风险传播源头。与支付系统相关的国际性组织和机构在建立、评审、更新及执行支付系统相关标准，加强支付系统风险管理，消除支付系统潜在风险等方面起到了重要作用。

本章主要包括三部分内容，将依次介绍与支付系统相关的国际性组织、机构的基本情况，它们所制定的指导、监督和管理支付系统的标准、框架和准则，以及这些国际性原则的历史发展脉络。

一、国际组织

国际清算银行及其下属的支付和市场基础设施委员会主要负责制定支付系统相关准则，国际货币基金组织与世界银行主要负责支付系统评估的进行与技术援助，国际标准化组织主要负责国际标准的制定。

（一）国际清算银行（Bank of International Settlement，BIS）

国际清算银行成立于 1930 年 5 月 17 日，是世界上历史最悠久的国际金融组织之一，其总部位于瑞士巴塞尔，并在中国香港特别行政区（1998 年）和墨西哥城（2002 年）设有两个代表处。BIS 拥有 60 个成员中央银行，代表来自世界各地的国家，这些国家的国内生产总值（GDP）占全球 GDP 的比重达 95% 左右。BIS 为中央银行提供货币和金融稳定服务，促进这些领域的国际合作是中央银行的银行。BIS 通过以下方式履行其使命：促进中央银行和其他负责促进金融稳定的当局之间的对话与合作；对中央银行和金融监管当局面临的政策问题进行研究；作为中央银行金融交易的主要交易对手；担任国际金融业务的代理人或受托人。

BIS 的主要职责是通过加强国际合作的方式促进全球货币和金融的稳定，并通过设立各委员会为负责金融稳定的中央银行和其他司法机关提供背景分析与政策建议。BIS 各委员会具有独立的治理安排和报告渠道，其议程由不同组别的中央银行和监管机构进行指导。下设委员会具体包括：一是巴塞尔银行监管委员会，旨在加强微观和宏观审慎监管，为银行制定全球监管标准；二是全球金融系统委员会，旨在监测和分析与金融市场和系统有关的问题；三是支付和市场基础设施委员会，旨在

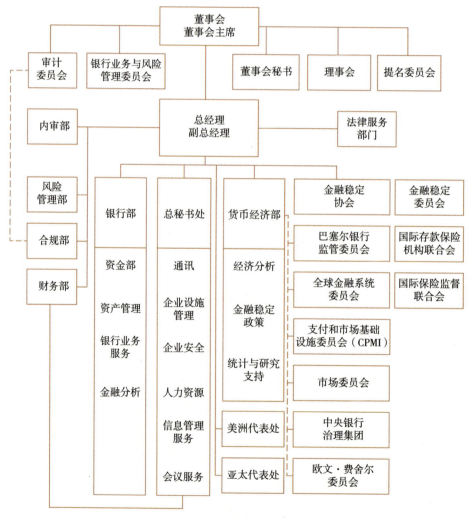

图 1-1　国际清算银行组织架构图

（资料来源：国际清算银行官网）

建立并促进有关支付、清算、结算和其他市场基础设施的全球监管与监督标准，并对这些领域的发展进行监控和分析；四是市场委员会，旨在监督金融市场的发展及其对中央银行运作的影响；五是中央银行治理集团，旨在探讨与中央银行的设计和运营有关的问题；六是欧文·费舍尔委员会，旨在处理与经济、货币和金融稳定有关的统计问题。

BIS 下设的支付和市场基础设施委员会（Committee on Payments and Market Infrastructures，CPMI）旨在监督和促进支付清算及结算的安全与效率，是该领域全球标准的制定者，作为各国中央银行监测和分析发展的论坛起到支持经济金融稳定的作用，并促进各国中央银行在相关的监督、政策和运营事务中进行合作。CPMI 的前身是支付结算系统委员会（Committee on Payment and Settlement Systems，CPSS）。1990年，十国集团成立 CPSS。作为一个直接向十国集团汇报的永久性中央银行委员会，CPSS 旨在解决有关支付、清算、结算及其相关系统效率和稳定性的普遍问题，重点关注货币政策在金融市场中的传导及其与支付结算系统之间的关系。2014 年 9 月，CPSS 更名为 CPMI。CPMI 的主要工作包括以下几个方面：一是识别支付、清算和结算系统有关安全和效率的风险，以及由此可能给全球金融系统带来的风险；二是交流与支付、清算和结算系统履行监督职能和提供中央银行服务以促进共识有关的经验，并为中央银行提供政策建议；三是为支付、清算和结算系统的监管、监督和实践建立全球标准并提供建议；四是监控 CPMI 标准和建议的实施情况；五是支持合作监管和跨境信息共享，包括危机沟通和跨境危机管理应急预案；六是与非中央采购经理人指数的中央银行保持联系，分享经验，并推动在成员管辖区以外执行中央采购经理人指数的标准和建议；七是与其他金融部门标准制定者、中央银行机构和国际金融机构合作。

（二）国际货币基金组织（International Monetary Fund，IMF）

国际货币基金组织是于 1944 年 7 月在美国新罕布什尔州布雷顿森林召开的一次联合国会议上构想建立的。参加此次会议的 44 个国家试图建立一个经济合作框架，避免再次出现加剧了 20 世纪 30 年代大萧条的竞争性货币贬值。目前 IMF 由 189 个国家和地区组成，旨在促进全球货币合作、确保金融稳定、促进国际贸易、促进高就业率和可持续经济增长以及减少世界贫困。该组织的主要目标是确保国际货币体系，即各国（及其公民）相互交易所依赖的汇率体系及国际支付体系的稳定。国际货币基金组织对成员国政府负责。

国际金融危机表明，一国金融部门的健康运行对本国和其他经济体有着深远的影响。金融部门评估规划（Financial Sector Assessment Programme，FSAP）是对参评国家金融部门进行的全面而深入的分析。IMF 负责其中的金融稳定性评估，世界银行负责对发展中国家进行金融发展评估，这两部分共同组成了 FSAP。2010 年 9 月，IMF 强制要求 25 个具有系统重要性的司法管辖区金融部门每 5 年进行一次 FSAP 评估。

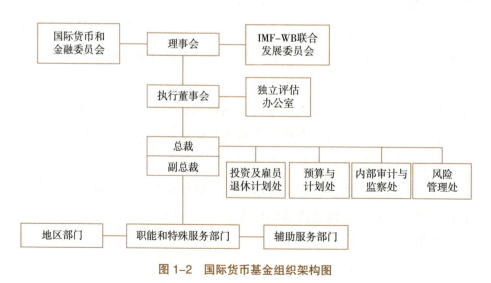

图 1-2　国际货币基金组织架构图

（资料来源：国际货币基金组织官网）

2013 年 12 月，IMF 执行董事会修改了"系统重要性"的判定方法，强调了金融部门的互相联通，需要进行强制评估的司法管辖区数量增加至 29 个。

（三）世界银行（World Bank，WB）

世界银行成立于 1944 年，总部位于华盛顿，在全球拥有 120 多个办事处，共有一万多名员工。设计和实施安全有效的国家支付系统是世界银行减贫和促进繁荣的工作之一，安全、价格合理且易于使用的支付系统和服务可以促进国家发展、支持金融稳定性，并有助于扩大金融包容性。世界银行致力于通过向客户政府提供财务和技术援助以及政策建议，提高支付系统的安全性和效率，组织国际标准的制定、评估和实施，以及推广和传播支付系统知识。具体包括：

第一，技术援助。这涵盖了国家支付系统的全部范围，例如，用于启动和转移货币索赔的机构和基础设施安排，包括法律基础，支付、证券和衍生品结算基础设施，技术标准，市场结构和竞争，监督和合作等，也涵盖了为提高金融系统效率性和普惠性而采用的快速发展的金融科技等新技术和新方法。目前世界银行已在 50 多个国家开展咨询服务和贷款项目业务，主要业务包括诊断、设计策略、升级现有系统并协助采购新系统，提供法律和监管框架优化建议，协助加强监督和合作安排，在确保金融体系安全、健全和区域协调的前提下，为新技术与新方法的应用创造有利环境。

第二，全球标准制定。世界银行积极参与由国际证监会组织（International Organization of Securities Commissions，IOSCO）和国际清银行组织的、CPMI 主导的若干标准的制定。世界银行和 CPMI 作为全球支付领域的标准制定者，协调成立了"支付领域的普惠金融"指导工作组。世界银行在国际标准的正式评估和技术援助方面处于主导地位。例如，在 FSAP 工作中，特别是在 2008 年国际金融危机后世界银行对上述标准进行了全面审查，并一直致力于支付和结算系统国际标准的重大更新。

第三，改革实施。世界银行支持了120多个国家开展实施支付系统改革，有助于其成员国迅速使用先进的基础设施和方法，主要包括实时全额结算（Real Time Gross Settlement，RTGS）系统、国家支付法、电子货币和移动货币的法律监管框架、基于代理人模型（Agent-based Model）以及国家支付系统监管。从20世纪90年代开始，在世界银行的帮助下，应用RTGS技术的国家从不到10个发展到今天的120多个，该技术可以更好地提升银行间结算管理和抵御金融风险冲击的能力，缩短了结算时间，提高了结算效率。

（四）金融部门评估规划（Financial Sector Assessment Programme，FSAP）

1999年5月，针对亚洲金融危机的影响，国际货币基金组织和世界银行联合推出了金融部门评估规划。该规划旨在加强对国际货币基金组织成员经济体金融脆弱性的评估与监测、减少金融危机发生的可能性，帮助各国政府查明金融部门的脆弱性，制定较长期的政策和改革措施，从而推动金融改革与发展。针对金融危机反映出的问题，FSAP为发达经济体提供了一个加强和改革金融部门的框架，同时为协助新兴经济体政府预防金融危机提供了保障和支持。

2010年以前，参加FSAP以自愿为主，此后二十国集团决定，对金融部门被视为"具有系统重要性"的经济体进行强制性FSAP。通过每5年进行一次强制性FSAP，国际货币基金组织能够更为密切地监测在金融危机发生时可能对系统稳定性产生最严重影响的成员。截至2020年，超过三分之二的IMF和世界银行成员国接受了评估。

中国 FSAP 评估概况

中国分别于 2003 年、2010 年、2017 年三次开展了 FSAP 评估工作。

2003 年 7 月，中国人民银行会同相关部门依照 FSAP 评估框架，用一年多的时间对我国金融部门稳定状况进行自我评估。2010 年 6 月及 10 月，FSAP 评估团（以下简称评估团）两次来华开展现场评估，就中国宏观金融风险、系统流动性、金融稳定、金融市场基础设施建设、应急预案等方面展开深入交流和详细评估。

在 FSAP 问卷答复材料和现场评估的基础上，评估团分别对中国银行业、证券业、保险业、支付系统和证券结算系统执行相关国际标准与准则情况进行了全面评述，并提出了改革建议。具体来看，我国支付系统能够较好地符合重要支付系统核心原则，除两条原则为"大致符合"外，其他 8 条原则均为"符合"。

FSAP 评估报告从国际视角客观评价了中国金融体系，其中针对中国支付系统的部分，充分肯定了中国近年来支付系统的发展和已取得的巨大成就，对潜在风险点及其仍需改进的方面进行了系统分析，并提出了相关建议，对提升中国支付系统的稳健性具有一定参考价值。

2017 年 FSAP 评估报告结果显示，在《金融市场基础设施原则》（*Principles for Financial Market Infrastructures*，PFMI）适用于重要支付系统的 18 条原则和 5 项职责中，17 条原则为"符合"（分别为原则 2、原则 3、原则 4、原则 5、原则 7、原则 8、原则 9、原则 12、原则 13、原则 15、原则 16、原则 17、原则 18、原则 19、原则 21、原则 22、原则 23），1 项原则（原则 1）为"部分符合"；人民银行对大额支付系统的监管符合 5 项职责要求。

FSAP 的基本思路是与各国金融监管当局展开深度交流，发现其金融脆弱性并提出一系列建议，从而有助于当局在短期和中期内解决脆弱性问题，提高金融体系的稳定性。FSAP 帮助当局解决三个方面的核心问题：一是在广泛接受的国际标准下，评估金融监管的有效性；二是FSAP 将评估宏观金融稳定所面临的主要风险的来源、发生概率和潜在影响，对金融体系进行量化的压力测试，并对政府监测和查明系统性风险的能力进行定性评估，用于制定和完善宏观审慎政策，从而限制金融失衡的加剧和预防系统性风险；三是 FSAP 提供了一个评估政府管理和金融危机解决能力的框架，用于进行应急预案和金融安全网的充分程度（包括跨境问题）的评估，以及为失去偿付能力的金融机构制定处理方案提供参考。

FSAP 评估的目标主要包括两个方面：一方面是衡量金融部门的稳定性；另一方面是评估其对增长和发展的潜在贡献。在评估金融部门稳定性方面，一是审查银行和其他金融部门的稳健性和抗冲击能力；二是开展压力测试，分析金融机构之间的联系，包括跨司法管辖权的联系；三是对银行、保险和金融市场监管的质量按照公认的国际标准进行评级；四是评估监管机构、政策制定者和金融安全网对系统性压力作出有效反应的能力。上述金融部门稳定性评估，虽不评估个体金融机构的健康状况，也无法预测或防止金融危机，但能够识别引发金融危机的诱因——金融脆弱性。在评估金融部门发展状况方面，一是审查包括支付和清算体系在内的金融基础设施的质量和法律框架；二是识别金融部门在提高竞争力和效率方面所面临的主要障碍；三是考察其对经济增长和发展的贡献。在低收入国家，有关银行服务的可获得性和国内资本市场发展的问题尤为重要。

FSAP 的评估结果为 IMF 对成员国经济状态的监测提供了宝贵的素材，国际金融危机的实践表明，IMF 与世界银行的这两项工作需要进行更紧密地无缝对接。经过多年来的发展和完善，目前 FSAP 已经成为国际广泛接受的金融稳定评估框架，也成为全球金融稳定的一个必不可少的支柱。

（五）国际标准化组织（International Organization for Standardization，ISO）

国际标准化组织作为全球性的非政府组织，是国际标准化领域十分重要的组织之一，总部位于瑞士日内瓦，其前身为国家标准化协会国际联合会和联合国标准协调委员会。该组织成立于 1947 年 2 月 23 日，旨在促进世界范围内标准化工作的开展，以利于国际物资交流和互助，扩大知识、科学、技术和经济方面的合作，主要工作是制定国际标准、协调世界范围内的标准化工作、与其他国际性组织合作研究有关的标准化问题等。截至 2019 年 11 月 5 日，共发布了 22854 项国际标准（数据来源于 ISO 官方网站）。

二、国际原则

《重要支付系统核心原则》是 CPSS 于 2001 年发布的一份为支付系统运营商和中央银行在运营支付系统过程中实现安全高效运行目标提供参考的指南。2012 年 4 月，CPSS 和 IOSCO 技术委员会联合发布了《金融市场基础设施原则》报告。该报告在 CPSS、IOSCO 技术委员会、巴塞尔银行监管委员会以及其他机构过去政策和分析工作的基础上，充分吸取了前期金融危机的教训，总结执行原有国际标准经验，对支付系统运营提出了更高的要求。

（一）重要支付系统核心原则（Core Principles for Systemically Important Payment Systems，CPSIPS）与金融市场基础设施原则（Principles for Financial Market Infrastructures，PFMI）

支付系统在国家的经济金融体系中起着至关重要的作用。支付系统的稳健运行在对国家的经济增长和金融稳定起到巨大促进作用的同时，也集中了信用风险和流动性风险等实质性风险，并为这些风险在国内和国际金融市场的传播提供了重要渠道。CPSS 以及 IOSCO 技术委员会等组织一直致力于为支付系统及其他 FMI 建立完备的国际风险管理标准，从而有效管理并最大限度地消除与支付系统运行相关的风险，维护金融市场的稳定。

早在 1997 年，CPSS 就出版了研究报告《实时全额结算系统》（RTGS），对 RTGS 的相关问题进行了说明，包括流动性和排队安排问题，报文信息及结构，RTGS 与其他结算系统交互产生的问题，货币政策对 RTGS 的影响，以及 RTGS 和净额结算系统之间的区别等。该报告是 CPSS 早期关于金融市场支付结算基础设施工作的延续，也是支付系统发展最基本的框架。在此基础上，CPSS 借鉴了 1990 年 11 月发布的《十国集团国家中央银行间轧差机制委员会的报告》（又称《兰弗鲁斯报告》），于 2001 年 1 月发布了《重要支付系统核心原则》报告，提出了旨在实现重要支付系统安全、高效设计和运行的十项核心原则，该原则重点关注了支付系统运营商和中央银行在应用这些原则时可能遇到的问题。2003—2008 年，CPSS 先后发布了 6 项相关报告，作为对十项核心原则的补充。2010 年 2 月，CPSS 启动了对《重要支付系统核心原则》的全面评审工作，以识别和消除国际标准之间的差异，从而支持金融稳定理事会对金融市场和金融基础设施的完善工作。2011 年 3 月，CPSS 在上述工作的基础上编制完成了新的金融市场基础设施原则。经征求意见，《金融市场基础设施原则》于 2012 年 4 月正式出版。该原则不仅包括对支付系统的评估原则，还增加了对中央证券存管、中央对手方、交易数据库等系统的评估原则，在这 24 条原则中，除原则 6、原则 10、原则 11、原则 14、原则 20 和原则 24 之外，其余 18 条原则均适用于支付系统。此外，新原则在一些方面引入了更苛刻的要求，包括金融资源、风险管理、违约风险和操作风险等，从而确保金融市场在危机时期能够继续高效运转，并成为金融稳定的必要前提。

《金融市场基础设施原则》是金融市场上基础设施的国际标准，包含了最新的、要求更高的国际支付清算与结算系统标准。此标准由 CPSS 和 IOSCO 联合发布，为 FMI 制定了国际监管标准，并规定了监督当局的责任、对其进行监督或管理。此标准旨在确保支撑全球金融市场的基础设施更加强健，能够更好地抵御金融风险冲击。这些原则适用于所有具有系统重要性的支付系统、中央证券存托机构、证券结算系统、中央交易对手方和交易仓库（统称金融市场基础设施）。

PFMI 取代了具有系统重要性的支付系统核心原则（CPSS，2001）、证券结算制度建议（CPSS-IOSCO，2001）以及对中央交易对手方的建议（CPSS-IOSCO，2004）。CPSS 和 IOSCO 通过提高最低要求、提供更详细的指导和扩大标准的范围来加强和协调上述三套标准，以涵盖新的风险管理领域和新的 FMI 类型，这一原则被公认是国际社会对加强和维护金融稳定至关重要的 12 项关键标准的一部分。

▼ 专栏1-2

重要支付系统核心原则

对我国支付系统进行评估主要依据《重要支付系统核心原则》，分别从法律框架、风险管理、结算的实时性和结算资产、准入条件、系统的可靠性和经济性及系统的治理结构安排等方面对重要支付系统作出要求，具体包括：（1）在所有相关的司法管辖范围内，支付系统应当具备健全的法律基础。（2）支付系统的制度办法应当使参与者能够清楚地认识到，系统对它们在参与过程中所承受的各种金融风险会有哪些影响。（3）支付系统应当制定信用风险和流动性风险管理办法，该办法要详细说明系统运行者与参与者各自的责任，设定恰当的激励管理机制并限制这些风险。（4）支付系统应当在生效日提供即时的最终结算，最好在日内，最迟在日终完成。（5）采取多边轧差的支付系统，应当在单个结算债务最大的参与者不能结清时，至少有能力保证及时完成当日结算。（6）用于结算的资产最好是对中央银行的债权；采用其他资产的，应当没有或者几乎没有信用风险和流动性风险。（7）支付系统应当确保高度的安全性和运行可靠性，并具有及时完成当日处理的应急安排。（8）支付系统所提供的支付手段，对用户来讲应当是实用的，对经济来讲应当是高效的。（9）支付系统应当制定客观的、公开披露的参与标准，允许公平公开的系统准入。（10）支付系统的治理安排应当是有效的、负责任的和透明的。

监测 PFMI 原则的实施是 CPMI 委员会的高度优先事项，涉及三个阶段：第一阶段，关于在国内监管框架中采用 PFMI；第二阶段，关于这些监管框架实施的完整性和一致性；第三阶段，关于各司法管辖区 PFMI 实施结果的一致性。

作为 PFMI 的配套，CPMI 和 IOSCO 就如何实施这些标准发布了进一步的指导意见，主要包括：一是金融市场基础设施的恢复，就如何制订计划使 FMI 能够从对其生存能力和财务实力的威胁中恢复提供指导，并指导相关部门履行与制订和实施恢复计划相关的职责；二是中央对手方（Central Counterparty，CCP）的弹性，是关于财务风险管理的进一步指导，旨在通过对 CCP 财务风险管理的 PFMI 原则和关键考虑事项提供指导，提高 CCP 的弹性；三是金融市场基础设施网络弹性指引，就 FMI 应采取的准备和措施提供指引以增强其网络弹性，并限制网络威胁对金融稳定构成的不断升级的风险；四是交割外汇工具清算，阐明了 CPMI 和 IOSCO 对交割外汇工具 CCP 清算的预期，以及影响交割的相关模型；五是金融市场基础设施原则在中央银行 FMI 中的应用，指导 PFMI 如何应用于由中央银行拥有和运营的金融市场基础设施；六是中央交易对手的公开量化披露标准，规定了中央交易对手应定期公开披露的量化数据；七是适用于关键服务提供者的监督期望的评估方法，通过该评估方法为当局根据 PFMI 附件中规定的监督期望评估 FMI 的关键服务提供者提供指导；八是金融市场基础设施原则、披露框架和评估方法，以促进 FMI 信息披露的一致性，并促进国际金融机构和国家当局的一致性评估。

（二）重要支付系统核心原则（CPSIPS）与金融市场基础设施原则（PFMI）的比较

在 PFMI 中，有 8 条原则与 CPSIPS 中的 8 条核心原则存在一一对应的关系，分别是 CPSIPS 原则 Ⅰ（法律基础）对应 PFMI 原则 1（法律基础）、CPSIPS 原则 Ⅱ（了解金融风险）对应 PFMI 原则 23（规则、关键程序和市场数据的披露）、CPSIPS 原则 Ⅳ（及时的最终结算）对应 PFMI 原则 8（结算最终性）、CPSIPS 原则 Ⅵ（结算资产）对应 PFMI 原则 9（货币结算）、CPSIPS 原则 Ⅶ（安全性与运行可靠性）对应 PFMI 原则 17（运行风险）、CPSIPS 原则 Ⅷ（效率）对应 PFMI 原则 21（效率与效力）、CPSIPS 原则 Ⅸ（准入标准）对应 PFMI 原则 18（准入与参与要求）以及 CPSIPS 原则 Ⅹ（治理）对应 PFMI 原则 2（治理）。在 CPSIPS 中两条关于风险管理的原则，在 PFMI 中各对应 3 条原则，分别是 CPSIPS 原则 Ⅲ（金融风险管理）对应 PFMI 原则 3（全面风险管理框架）、原则 4（信用风险）和原则 7（流动性风险）；CPSIPS 原则 Ⅴ（多边轧差系统的结算）对应 PFMI 原则 4（信用风险）、原则 5（抵押品）和原则 7（流动性风险）。在 PFMI 中，新增了 6 条原则，分别是原则 12（价值交换结算系统）、原则 13（参与者违约规则与程序）、原则 15（一般业务风险）、原则 16（托管风险与投资风险）、原则 19（分级参与安排）和原则 22（通信程序与标准），体现了支付系统国际性风险管理框架的不断补充和完善，详见表1-1。

本部分将从总体架构、风险管理、结算、价值交换、结算系统、违约管理、准入、效率和透明度8个方面对上述重要原则进行对比分析。在此基础上，本书也整理了一些BIS等组织近年来就支付系统的风险管理工作发表的工作论文，对上述比较分析起到了支撑作用。

表1-1　CPSIPS原则与PFMI原则的对应关系表

对应原则	CPSIPS原则	PFMI原则
存在一一对应关系的CPSIPS原则与PFMI原则	原则 I（法律基础）	原则1（法律基础）
	原则 II（了解金融风险）	原则23（规则、关键程序和市场数据的披露）
	原则 IV（及时的最终结算）	原则8（结算最终性）
	原则 VI（结算资产）	原则9（货币结算）
	原则 VII（安全性与运行可靠性）	原则17（运行风险）
	原则 VIII（效率）	原则21（效率与效力）
	原则 IX（准入标准）	原则18（准入与参与要求）
	原则 X（治理）	原则2（治理）
一条CPSIPS原则对应多条PFMI原则	原则 III（金融风险管理）	原则3（全面风险管理框架） 原则4（信用风险） 原则7（流动性风险）
	原则 V（多边轧差系统的结算）	原则4（信用风险） 原则5（抵押品） 原则7（流动性风险）
PFMI中新增加的原则	—	原则12（价值交换结算系统）
	—	原则13（参与者违约规则与程序）
	—	原则15（一般业务风险）
	—	原则16（托管风险与投资风险）
	—	原则19（分级参与安排）
	—	原则22（通信程序与标准）

资料来源：《金融市场基础设施原则》。

1. 总体架构

在支付系统的总体架构方面，CPSIPS和PFMI中涉及法律基础和治理分别有两条原则。阐述法律基础的原则是 CPSIPS 原则 I（法律基础）和 PFMI 原则 1（法律基础），阐述治理的原则是 CPSIPS 原则 X（治理）和 PFMI 原则 2（治理）。

（1）法律基础

支付系统的法律基础通常包括组织立法以及管理支付和系统运行活动的专业性法律、法规和协议。在 CPSIPS 中，有关支付系统法律基础的核心原则 I 阐述为："在所有相关的司法管辖范围内，支付系统应当具备健全的法律基础。"该原则充分考虑了当支付系统存在跨境问题时，除东道国以外的所有相关国家的法律都与支付系统的稳健性有关的情形。该原则着重强调了法律基础的健全性，健全的法律基础确定或规定了要明确的有关当事人框架，运行者、参与者和监管者的权利和义务，这对于支付系统的风险管理工作来说至关重要。在 PFMI 中，有关法律基础的原则 1 则表述为："在所有相关司法管辖内，就其活动的每个实质方面而言，FMI 应该具有稳健的、清晰的、透明的并且可执行的法律基础。"CPSIPS 原则 I 中对法律基础"健全"的单一要求在 PFMI 中被进一步细化为"稳健、清晰、透明、可执行"4 个具体方面，这也对支付系统的法律基础提出了更明确更具体的要求。PFMI 着重强调了活动的实质性，活动的实质性指的是如果活动的某个方面是信用风险、流动性风险等实质性风险的源头，则该方面的活动就是实质性的。对活动实质性的强调进一步明确了支付系统日常风险管理工作的重点。

（2）治理

无论支付系统是由中央银行运营、私营机构运营，抑或是上述二者联合运营，治理安排都是十分重要的。良好的治理安排是支付系统稳健运营的基础，是支付系统体系架构的顶层设计。因此，在 CPSIPS 中，提出了关于支付系统治理的核心原则 X："支付系统的治理安排应当是有效的、负责任的和透明的。"在 PFMI 中，关于治理的原则表述中增加了支付系统治理安排的目标，强调了安全、高效运行以及金融稳定和其他相关公众利益的重要性，这对于支付系统的治理安排起到了更明确的指导意义。PFMI 中关于治理的原则 2 具体表述为："FMI 应该具备清晰、透明的治理安排，促进 FMI 安全、高效的运行，支持更大范围内金融体系的稳定、保护其他相关公共利益以及相关利害人权益。"

2. 风险管理

如前文所述，CPSIPS 中原则Ⅲ（金融风险管理）和原则Ⅴ（多边轧差系统的结算）对应 PFMI 原则 3（全面风险管理框架）、原则 4（信用风险）、原则 5（抵押品）和原则 7（流动性风险）；CPSIPS 原则Ⅶ（安全性与运行可靠性）与 PFMI 原则 17（运行风险）相对应；PFMI 中单独新增了原则 15（一般业务风险）和原则 16（托管风险与投资风险）。

（1）全面风险管理框架

1997 年 3 月 CPSS 发布的《实时全额结算系统》报告中指出，信用风险和流动性风险是支付结算系统参与者面临的两种基本风险。支付系统需要特别防范因某一参与者出现信用风险或流动性风险，而引发更为广泛的财务困境、影响支付系统甚至危及金融稳定的系统性金融风险。因此，支付系统的制度办法应该能够明确系统各方责任，恰当地管理信用风险和流动性风险，包括正常情况的风险管理和异常事件的风险处置，并使参与者有动力和能力识别和管理这些风险。正如 CPSIPS 中原则Ⅲ所述："支付系统应当清楚地规定信用风险和流动性风险的管理办法，该办法要详细说明系统运行者与参与者各自的责任，并且规定恰当的激励机制管理和限制这些风险。"而在 PFMI 原则 3 中，除信用风险和流动性风险外，还强调了法律风险、运行风险以及其他相关的实质性风险："FMI 应该具备稳健的风险管理框架，全面管理法律风险、信用风险、流动性风险、运行风险和其他风险。"上述原则认为，全面风险管理框架意味着除系统运行者和参与者外，其他 FMI、结算银行、流动性提供者、服务提供者甚至是任何可能因支付系统不能提供服务而受到实质性影响的单位等相关方，也需要被纳入支付系统的风险管理框架中，从而使支付系统及相关各方能够更好地识别、度量、监测和管理由其产生或由其承担的风险，在全面的风险管理框架下维护支付系统的稳健运行。

BIS 的进一步研究指出，在全面的风险管理框架指导下，支付系统需要明确阻碍其连续对外提供主要服务的场景，充分考虑其所面临的各项风险，包括差异性风险和系统性风险、国内风险和国际风险等多种极端场景，并制订适当的业务恢复计划。支付系统需要明确启用业务恢复计划的条件、恰当的恢复工具及其使用步骤和时间节点，并充分评估其相关风险。对支付系统而言，恢复工具分为分配因参与者违约和非因参与者违约而造成的损失的工具、处置未覆盖流动性短缺的工具、补充金融资源的工具等。恢复工具的有效性和适用性会随着不同支付系统及相关环境的变化而变化，支付系统需要尝试建立一系列恢复工具和启用顺序以最大化其使用效果。

（2）信用风险与流动性风险管理

信用风险是指对手在到期时或者以后的任何时间都不能全部偿还债务的风险；流动性风险是指对手不能如期但可以在以后某个不确定时间全部结算债务的风险。这些风险主要来自交易的结算滞后，即报文发送执行和最后结算完成之间的时间滞后，以及交易的异步滞后，如外汇和证券的交易结算、资产的交割和资金结算之间的时间滞后。

RTGS 报告对支付系统的流动性风险进行了深入研究，认为单个参与者的流动性来源，主要包括中央银行账户余额、其他银行的来账、中央银行信用展期和同业拆借。从支付系统的角度来看，管理日间流动性涉及两个方面：一是依托中央银行的货币政策、信贷政策来管理与支付系统中支付需求相关的流动性总体水平；二是通过支付系统的运行机制或收费政策来管理流动性在各个银行之间的分布。支付系统应从单个银行支付需求的角度来分配（或集中）流动性，作为衡量系统日间流动性的标准，而不仅仅是考虑每家银行日间净额流动性的简单相加。参与者数量、相对市场规模或参与者的资产规模、参与者从事的市场业务种类、支付系统及其他 FMI 结构和支付流量、中央银行账户结构五个方面被认为是影响流动性需求和管理的结构性因素。

在 CPSIPS 中，关于信用风险和流动性风险管理的原则 V 表述为："采取多边轧差的支付系统，应当在单个结算债务最大的参与者不能结清时，至少有能力即时完成当日结算。"该原则仅适用于以多边轧差方式进行结算的系统。在此类系统中，如果某一参与者无法完成结算，可能对系统以及其他参与者带来出乎意料的信用风险和流动性风险。为保障系统的当日结算，需要引入诸如参与者在结算机构的存款、抵押品甚至是合法承诺的隔夜信用限额或其他类似便利等金融资源。支付系统的运营者需要对此类金融资源作出清晰、明确的规定，并在恰当的时机按规定使用此类资源以保障系统的及时结算，及时消除可能的信用风险和流动性风险，防范系统性风险。而在 PFMI 中，关于信用风险和流动性风险的原则被进一步细化。PFMI 中关于信用风险的原则 4 和流动性风险的原则 7 表述为："FMI 应该有效地度量、监测和管理其对参与者的信用暴露以及在支付、清算和结算过程中产生的信用暴露。FMI 应以高置信度持有充足的金融资源完全覆盖其对每个参与者的信用暴露。""FMI 应该有效地度量、监测和管理其流动性风险。FMI 应该持有足够的所有相关币种的流动性资源，在各种可能的压力情景下，以高置信度实现当日、日间（适当时）、多日支付债务的结算。这些压力情景应该包括但不限于在极端但可能的市场条件下，参与者及其附属机构违约给 FMI 带来的最大流动性债务总额。"上述两条原则就支付系统关于信用风险和流动性风险的度量、监测和管理提出了明确要求。度量和监测信用风险和流动性风险要求支付系统应利用所有相关的信息，通过各种手段及时度量和监测以各种形式表征的风险。管理信用风险和流动性风险则要求支付系统通过清晰、可执行的制度化解自身或参与者在结算过程中产生的风险。支付系统需要在实际运行中持有足够的金融资源以保证系统的稳健运行。此外，支付系统还可以通过多种形式的压力测试，定期测试其信用暴露程度和流动性资源的充足性，从而为系统的实际运行提供参考依据。

（3）抵押品管理

在支付系统中引入抵押品是管理参与者信用风险和流动性风险的一种有效方式。在CPSIPS中，尚无法找到与抵押品原则相关的直接表述，而在PFMI中已明确提出相关原则，即PFMI原则5（抵押品）："通过抵押品来管理自身或参与者信用暴露的FMI，应该接受低信用风险、低流动性风险和低市场风险的抵押品。FMI还应设定并实施保守的垫头和集中度限制。"该原则明确要求，抵押品应具有低信用风险、低流动性风险和低市场风险的性质。该要求主要基于如下考虑：一是确保抵押品的变卖价值且能够快速处置；二是设置保守的垫头，并限制其顺周期性，以确保金融稳定；三是考虑到市场容量，设定保守的集中度限制，从而防范支付系统集中持有某些资产会显著损害其快速变卖的能力。

（4）运行风险管理

运行风险是指因信息系统和内部处理过程存在缺陷、人员不足或外部事件干扰导致支付系统提供的服务减少、恶化或者中断的风险。防范运行风险事件，保障支付系统的安全性和运行可靠性，是支付系统运行维护工作的基础。在CPSIPS中，关于支付系统的安全性与运行可靠性的原则Ⅶ为："支付系统应当确保高度的安全性和运行可靠性，并能够及时完成需当日处理的应急安排。"该原则强调支付系统的安全性与运行可靠性，并要求支付系统有保障业务连续性的应急安排。影响系统业务连续性的因素有许多，包括系统本身的部件、系统运行所依赖的基础设施服务，甚至是一些不可抗力因素。在支付系统的应急安排中，这些因素都应被考虑在内。支付系统的应急安排应该能够及时对故障作出反应，并能够在很大程度上恢复系统的关键服务。在PFMI中，对支付系统运行风险的要求在原则17中作出了进一步细化："FMI应该识别运行风险的内部源头和外部源头，并通过使用适当的系统、制度、程序和控制措施来减轻它们的影响。设计的系统应当具有高度的安全性和运行可靠性，并具有充足的可扩展能力。业务连续性管理应当旨在及时恢复运行和履行 FMI 的义务，包括在出现大范围或重大中断事故时。"该原则要求支付系统能够正确认识运行风险，并通过完善的制度安排防范部分运行风险，同 CPSIPS 一样，要求支付系统的安全性和运行可靠性，同时支付系统应具有充足的可扩展能力，即应对不断增加的业务量压力的能力。在业务连续性管理方面，支付系统的相关工作应遵循及时恢复运行和履行义务原则，该要求较 CPSIPS 中"及时完成当日处理"的要求有所提升。

（5）一般业务风险管理

一般业务风险指的是支付系统作为商业机构因运营和管理产生的与信用风险和流动性风险无关的风险和潜在的损失。PFMI 原则 15 中规定："FMI 应该识别、监测和管理一般业务风险，持有充足的权益性质的流动性净资产覆盖潜在的一般业务损失，从而在这些损失发生时能持续运营和提供服务。此外，流动性净资产应始终充足，以确保 FMI 的关键运行和服务得以恢复或有序停止。"覆盖一般业务风险带来的损失需要在信用风险和流动性风险原则要求的金融资源之外额外持有一部分权益性净资产，资产数量应动态调整，以始终满足风险管理的要求。此类净资产应具有充足的流动性，以便在需要时快速变现，这也是支付系统业务恢复计划中一种重要的恢复工具。

（6）托管风险与投资风险管理

托管风险是指因托管人或次级托管人破产、渎职、欺诈、管理不善或者未充分记录造成托管资产损失的风险。投资风险是指当资产用于投资时面临损失的风险。支付系统有责任保护自有资产或参与者提交的资产。为严格控制相关风险，支付系统应严格控制其投资托管机构及投资工具的风险等级。PFMI 中关于托管风险与投资风险的原则 16 表述为："FMI 应该保护自有资产和参与者资产的安全，并将这些资产的损失风险和延迟获取风险降至最低。FMI 的投资应该限于信用风险、市场风险和流动性风险最低的工具。"

（7）支付系统和其他 FMI 之间联系带来的风险

由于全球化和区域整合的推进、FMI 之间并购工作的进行、公共政策的演进以及技术革新等因素，支付系统与其他 FMI 之间通过提供有效的金融服务而形成了日益紧密的相互联系，主要包括通过各系统之间的直接联系形成的相互联系、通过同一金融机构在不同支付系统或其他 FMI 中行为形成的相互联系以及通过更广域层面上的共同点形成的相互联系等形式。支付系统与其他 FMI 之间的联系会在不同程度上影响支付系统的支付清算流程、风险管理流程以及一般经营行为。虽然此类联系可通过券款对付（DvP）、同步交收（PvP）等手段有效消除证券和外汇结算过程中的信用风险，但也引入了系统间流动性风险和一般业务风险，并使部分重要支付系统的风险来源集中化，进而使影响某一系统业务连续性的事件更广泛、更快速地传播成为可能，甚至可能传播到其他金融市场。上述风险联系为支付系统的风险管理提出了更高要求。首先，支付系统的风险管理需要站在更高的视角上统筹规划，要跳出运营及其风险本身，从更大范围上理解可能影响支付系统的风险事件。其次，要有效协调支付系统同证券系统等其他 FMI 的结算过程和发展规划，充分考虑由于系统联系而互相产生的流动性压力问题，以更好地管理系统之间流动性风险和一般业务风险。最后，还要加强支付系统和其他 FMI 之间的沟通协作和信息共享，构建完善的跨系统信息共享机制和风险管理框架，这也是有效风险管理的重要一环。

3. 结算

CPSIPS 和 PFMI 中均有两条原则涉及结算，分别是 CPSIPS 原则 Ⅳ（及时的最终结算）和 CPSIPS 原则 Ⅵ（结算资产），及与之相对应的 PFMI 原则 8（结算最终性）和 PFMI 原则 9（货币结算）。

对于支付系统及其参与者而言，及时的最终结算不仅有利于及时消除各方的信用风险和流动性风险，更可以有效地防范系统性金融风险。

支付系统及其他 FMI 的结算制度主要分为延迟结算制度和即时结算制度两种。延迟结算制度可以通过降低金融机构间的交易笔数和总金额降低系统对结算资产的需求，但其显著缺点是高风险性，结算必须要到日终才能完成，但交易能否结算具有不确定性。如果在交易截止时间其中一个参与者无法完成交易，系统中所有的其他参与者正在队列中的交易都可能失败，这可能导致系统性风险事件的发生。而在即时结算制度下，每笔支付交易在进入系统的第一时间就被结算，当参与者余额不足时，纳入业务排队，而当日风险不会累积。因此，尽管即时结算制度对系统资源和结算资产要求更高，但由于其在结算过程中低风险的特征，从风险管理的角度出发，各国际组织和中央银行通常更加支持这种制度。上述结算安排在 CPSIPS 和 PFMI 的结算最终性要求中均有体现且具有一致性，即结算应在最大范围内实时完成，最迟也应于日终完成。CPSIPS 原则Ⅳ表述为："支付系统应当在生效日提供即时的最终结算，最好在日内，最迟在日终完成。"PFMI 原则 8 表述为："FMI 应该最迟于生效日日终提供清晰和确定的最终结算。如果有必要或更好，FMI 应该在日间或实时提供最终结算。"上述关于结算最终性原则的不同点是基于 CPSIPS 原则，PFMI 进一步强调最终结算的清晰性和确定性应通过完善的支付系统法律框架和规则加以保障，特别是当支付系统涉及跨境支付业务时，充分、合理的法律意见对于清晰、确定的最终结算是十分重要的。

支付系统在日常运行过程中需要不断地与其参与者或在各参与者之间进行货币结算。而在货币结算的过程中，支付系统及其参与者不可避免地面临来自货币结算所使用资产的信用风险和流动性风险。结算资产的信用风险来自资产提供者无法对持有者履行义务，其流动性风险来源于结算资产不能容易地转变为其他流动资产。因此，控制结算资产的信用风险和流动性风险，对于支付系统稳健运行、满足其所服务的社会需求具有重要的意义。在 CPSIPS 和 PFMI 中，关于结算资产的要求相对一致，即中央银行货币优先。CPSIPS 原则Ⅵ表述为："用于结算的资产最好是对中央银行的债权；采用其他资产的，应当没有或几乎没有信用风险和流动性风险。"PFMI 原则 9 表述为："FMI 应该在切实可行的情况下使用中央银行货币进行货币结算。如果不使用中央银行货币，FMI 应该最小化并严格控制因使用商业银行货币所产生的信用风险和流动性风险。"中央银行发行的货币作为流动性的源头，具有最低的信用风险和流动性风险，因此是结算资产的最佳选择。此外，使用中央银行货币进行结算还具有竞争中立性和高效性等优点。对于金融机构而言，能够使用中央银行货币进行结算，表明该机构可从中央银行获取信贷资金支持，但这也意味着需要金融机构满足一定的准入条件。然而，使用中央银行货币进行结算并不能适用于所有支付系统。例如，当支付系统中的多数参与者无法满足以中央银行货币进行结算的准入条件时，或采用代理结算行制度的多币种支付系统。在十国集团 2001 年发布的《关于金融部门整合集中的报告》中特别指出，专业支付代理行的存在有助于确保金融市场参与者及其客户能够随时获得支付服务，但高度依赖于这些公司提供有效的支付服务，这些公司反过来对其客户造成的风险可能成为他们违约的根源。在这种情况下，建立完善的规章制度，选取信用风险和流动性风险最低的商业银行货币作为结算资产，并开展结算银行风险的动态管理工作，有助于降低支付系统的整体风险，保障支付系统的稳健运行。

4. 价值交换结算系统

在支付系统国际原则中，涉及价值交换结算系统的是 PFMI 中新增加的原则 12（价值交换结算系统）。在 PFMI 中，原则 12 强调了 PvP、DvP 等结算机制在此类业务的风险管理中的重要作用："如果 FMI 结算的交易涉及两项相互关联的债务（如证券交易或外汇交易）结算，它应该通过将一项债务的最终结算作为另一项债务最终结算的条件来消除本金风险。"对于支付系统而言，涉及两项相互关联债务的结算，如以交付一种货币为条件交付另一种货币，可能会由于一项债务已经结算而另一项尚未结算而产生本金风险。如此时对手方发生违约，将会造成实质性的信用损失和流动性压力以及较高的重置成本。因此，在涉及此类业务的支付系统中引入如同 DvP、PvP 等恰当的结算机制，有助于消除或化解此类风险。CPSS 始终高度关注在支付系统外汇交易中的此类风险，并于1996—1997 年和 2006 年开展了两次关于外汇结算风险规模、持续时间、集中度和控制的调查。调查结果表明，尽管引入 PvP 机制可以有效地防范此类风险，但受制于当前 PvP 的结算时序以及 PvP 货币的覆盖范围，全球范围内仍有超过六成的外汇结算业务由于不得不通过净额轧差或代理行制度进行结算，而暴露于此类风险之下。

5. 违约管理

与违约管理相关的原则是 PFMI 中新增的原则 13（参与者违约规则与程序）："FMI 应该具有有效的、定义清晰的规则和程序管理参与者违约。设计的这些规则和程序应该确保 FMI 能够采取及时的措施控制损失和流动性压力并继续履行义务。"对于支付系统而言，参与者违约事件如果处理不当，有可能通过支付系统的传播扩散为更大的系统性金融风险事件。因此，支付系统需要制定有效的、清晰的规则和适当的程序来处理参与者违约事件。在参与者违约时，这些规则和程序应当能够确保支付系统对其他未违约参与者继续提供服务，并使用合适的金融资源来覆盖因违约而产生的损失和处理流动性事件。

6. 准入及分级安排

涉及支付系统准入的原则是 CPSIPS 原则 IX（准入标准）以及与之相对应的 PFMI 原则 18（准入与参与要求）。除此之外，PFMI 中还新增了一条关于参与者分级安排的原则 19。

支付系统作为金融市场的重要基础设施，准入条件对支付系统风险控制发挥着重要作用，公平、公开地为市场直接参与者、间接参与者甚至其他 FMI 提供服务，对于金融稳定以及市场的竞争性平衡等都有着重要的意义。在 CPSIPS 中，有关支付系统准入规则的核心原则 IX 具体表述为："支付系统应当制定客观的、公开披露的参与标准，允许公平、公开的系统准入。"PFMI 在准入标准原则中增加了"基于风险"的相关要求，有助于保证参与者满足运行要求、财务要求和法律要求，以及时履行其对 FMI 和其他参与者的义务，从而更加有效地管控系统风险。除此之外，PFMI 中关于准入标准的原则 18 同 CPSIPS 中的表述基本一致，即"FMI 应该具有客观的、基于风险的、公开披露的参与标准，支持公平和公开的准入。"

如前文所述，PFMI 就分级参与安排中的风险管理提出了新的要求，即原则 19："FMI 应该识别、监测和管理由分级参与安排产生的实质性风险。"分级参与是指系统中的间接参与者依赖直接参与者获取支付系统的支付、清算或结算服务的安排，这一安排被支付系统广泛采用。对于系统参与者而言，直接或间接参与者类别的选择，取决于成本与风险之间的平衡，同时受监管政策的影响。在分级参与安排的框架下，由于间接参与者与其依托的直接参与者之间往往存在不同程度的依赖关系，且系统中的直接参与者通常数量较少，因此当直接参与者由于各种原因而中断运行时，会通过影响其自身及相关间接参与者运行，而产生系统性信用风险、流动性风险等实质性风险，且此类风险事件有可能进一步蔓延。因此，对于支付系统及其他 FMI 来说，能够有效地识别、监测和管理由于分级参与安排而产生的各种实质性风险，做好直接参与者与间接参与者划分的制度安排，便显得十分重要。

7. 效率

涉及支付系统效率的原则主要包括 CPSIPS 原则Ⅷ（效率）和与之相对应的 PFMI 原则 21（效率与效力），以及 PFMI 中新增的 PFMI 原则 22（通信程序与标准）。

支付系统的效率和安全在支付系统履行职能时十分重要。CPSIPS 中关于支付系统的效率在原则Ⅷ中表述为："支付系统所提供的支付手段，对用户来讲应该是实用的，对经济来讲应该是高效的。"支付系统的实用性是指支付系统所提供的服务应该根据当前业务特点和经济发展状况来选择恰当的支付手段。而支付系统的高效性则是指支付系统在提供服务时所投入的资源既没有产生明显的浪费，也无法以简单可行的方式来降低资源消耗量。PFMI 中关于效率与效力的原则 21 表述也类似于前述原则："在满足参与者及所服务市场的要求方面，FMI 应该具有效率与效力。"该原则在强调效率的同时，也强调了支付系统的效力。支付系统的效力表现在当支付系统能够及时、可靠地履行义务时，可实现关于参与者及所服务市场的安全和效率的公共政策目标。

支付系统与参与者之间稳定、可靠的通信，是支付系统向参与者提供高效的支付、清算和结算服务的基础。PFMI 新增加了关于通信程序与标准的原则 22："FMI 应该使用或至少兼容国际通行的相关通信程序与标准，以进行高效的支付、清算、结算和记录。"支付系统使用或至少兼容国际通行的相关通信程序与标准，有利于支付系统与各参与者之间以及各参与者之间降低通信成本、提高通信稳定性，进而提高支付系统的运行效率。采用国际通行的通信程序与标准对于涉及跨境支付业务的支付系统来说更加重要。

8. 透明度

CPSIPS 原则 II（了解金融风险）及与之对应的 PFMI 原则 23（规则、关键程序和市场数据的披露）是支付系统国际原则中与透明度相关的原则。透明度有助于确保向支付系统的运行者、参与者以及结算机构等各方提供相关信息，告知稳健的决策制定过程并增强相关机构的信心。在 CPSIPS 原则 II 中，着重强调了金融风险的透明度："支付系统的制度办法应当使参与者能够清楚地认识到，系统对他们在参与过程中所承受的各种金融风险会有哪些影响。"对于支付系统而言，有效管理各类金融风险的前提是系统有关各方都能够在相关制度办法的保障下正确识别这些风险，相关制度办法应当明确描述参与者和系统运行者的作用，以及适用各种情况的解决办法。而在 PFMI 原则 23 中，除了风险透明度，还对费用和其他实质性风险的透明度以及规则和关键程序的透明度作出了明确要求："FMI 应该具有清晰、全面的规则和程序，提供充分的信息，使所有参与者能够准确了解参与 FMI 应当承担的风险、费用和其他实质性成本。所有相关的规则和关键程序应该公开披露。"对于费用以及其他实质性成本的披露有助于参与者评估使用服务的总成本，并将这些成本与其他方案的成本进行有效比较。对于规则和关键程序的披露有助于参与者更加充分地评估支付系统所承担的风险，进而有助于参与者、管理部门乃至公众更加清楚地认识支付系统的风险管理、费用等各方面情况。

三、国际标准

（一）ISO/IEC 20000

ISO/IEC 20000 系列标准（以下简称 ISO 20000）是基于全球公认的信息技术基础架构库（Information Technology Infrastructure Library，ITIL）的最佳实践，于 2005 年 12 月 15 日由 ISO 和国际电工委员会（IEC）正式对外颁布，是全球第一部最具国际影响力的 IT 服务管理体系标准。ISO 20000 秉承"以客户为导向，以流程为中心"的先进理念，强调按照戴明环 PDCA（Plan Do Check Ac，计划、执行、检查、处理）的方法论持续改进 IT 服务，用结构化的过程方法管理服务运营过程的输入与输出、提供服务的过程、新增或变更的服务以及服务管理体系，有效地向客户提供满足业务需求的高质量服务，从而最终保证以最低的成本提供质量稳定的 IT 服务，保证业务连续性。ISO 20000 标准的实施可以规范对顾客需求与第三方服务的管理机制，建立科学的流程管理体系，使 IT 管理趋向标准化，推动 IT 与业务有机融合，有效控制运营成本，提升整体服务水平。

纵观 IT 服务管理标准体系的发展历程，从最早的 IT 服务管理和 ITIL 经过了英国国家标准 BS 15000，发展到 ISO 20000，目前"用标准来管理 IT，像制造产品一样生产 IT 服务"这一理念已基本实现。IT 服务管理出现最早，是一套帮助企业对 IT 系统的规划、研发、实施和运营进行有效管理的方法，是一套面向过程、以客户为中心的规范的管理方法，通过集成 IT 服务和业务，帮助企业提高其 IT 服务和支持的能力。20 世纪 80 年代末，英国中央计算机与电信局制定了 ITIL，目前由英国商务部负责管理，主要适用于 IT 服务管理。ITIL 为企业的 IT 服务管理实践提供了一个客观、严谨、可量化的标准和规范，为 IT 服务管理搭建了一个最佳实践框架。2000 年 11 月，英国标准协会正式发布了以 ITIL 为核心的国家标准 BS 15000。2005 年 5 月，ISO 批准通过了关于 ISO 20000 标准的决议，并于 12 月 15 日正式发布。

（二）ISO/IEC 27001

2005 年 10 月，ISO 通过的 ISO/IEC 27001 系列标准（以下简称 ISO 27001）是信息安全管理体系国际标准，是目前世界上应用最广泛、最为典型的信息安全管理标准。ISO 27001 标准从 IT 系统、安全技术、组织和人员、物理资产、法律法规等方面入手，全方位开展安全策略体系、安全组织体系、安全技术体系、安全运作体系等信息安全管理体系的建设和维护。该标准旨在为政府、银行、电信、研究机构、外包服务企业、软件服务企业等机构，建立、实施、运行、监视、评审、持续改进信息安全管理体系，并从预防控制的角度出发，保障信息系统与业务系统的安全与正常运作。ISO 27001 是按照戴明环方法论持续改进的机构信息安全管理体系，其特点主要包括注重体系的完整性、强调法律的合规性、与 ISO 9000 标准有很强的兼容性以及标准本身的广泛通用性。ISO 27001 信息安全管理体系的建设和实施能够提高机构的信息安全管理水平，为机构的信息安全体系提供客观公正的评价，提升机构的可靠性，并通过使用证书向利益相关方提供保证。目前，通过认证的企业涵盖电信、保险、银行、数据处理中心、IC 制造和软件外包等多个领域。

ISO 27001 前身为英国的 BS 7799 标准，该标准由英国标准协会（BSI）于 1995 年 2 月提出，并于 1995 年 5 月进行修订。BS 7799 分为信息安全管理实施规则和体系规范两个部分，实施规则为信息安全管理提供建议，供负责启动、实施或维护信息安全的人员参考使用；体系规范说明了建立实施文件化信息安全管理体系的要求，规定了根据需要实施安全控制的要求。2000 年，ISO 在实施规则的基础上制定通过了 ISO 17799，并于 2005 年完成修订；2002 年，体系规范由 BSI 进行了重新修订，并于 2005 年被 ISO 采用为 ISO 27001，2013 年 10 月 19 日，ISO 27001 完成最新修订。

（三）ISO 20022

在 ISO 15022 的基础上，2004 年 ISO 制定并发布了 ISO 20022。该标准是国际金融业务与 IT 技术紧密结合的产物，提供了面向国际金融业务建立通用报文的解决方案。该标准是一个以可扩展标记语言（XML）为基础的报文标准，主要由环球同业银行金融电信协会（SWIFT）的 XML 报文标准、贸易产业标准的 FIX 组织标准及金融衍生品交易报文标准组成。ISO 20022 的主要目标是制定并推动产业金融标准整合，金融机构通过使用单一报文标准实现了往来单位间的信息交互和跨产业协同运作。2013 年 5 月，ISO 发布该标准的最新版本，包括元模型、统一建模语言（UML）配置文件、建模、XML 模式生成、逆向工程、报文传输特性、注册和抽象语法标记（ASN.1）一代 8 个部分。目前，ISO 20022 标准已应用于包括瑞士和中国在内的一些国家的大额支付系统，而美国、欧元区和英国预计在 2025 年完成 ISO 20022 的迁移。此外，在证券行业中，欧洲中央银行的证券结算系统等也已经采用 ISO 20022 标准。

ISO 20022 注册管理组成立于 2004 年，由注册成员机构提名的资深行业专家组成，是 ISO 20022 最高注册机构，监督整个注册流程并向 ISO TC68/SC9 报告，其作用是促进支持金融机构采用该标准，推动全球范围内符合该标准的高质量的商业模式的注册和维护，从而促进金融服务报文的交互。ISO 20022 标准评估组由注册管理组规定的金融行业特定业务领域的行业专家组成，其作用有三个方面：一是确保行业内组织及时跟进和了解业务需求的开发情况；二是作为未来用户的代表从业务角度验证新开发的报文标准；三是批准对现有报文标准的更改。ISO 20022 技术支持小组由 ISO 20022 标准技术实施方面的知名专家组成，该小组根据需求为其他 ISO 20022 注册机构或用户提供技术支持。

第二章 CHAPTER 2

文献综述、发展历史以及现状比较与思考

一、文献综述

在对支付系统开展的研究中，最为普遍的研究方向是对各国的支付系统的发展现状以及未来发展趋势。开展此类研究的既有运营支付系统的各国中央银行及其工作人员，也有经济学者，还包括国际清算银行等国际组织，这些研究有助于各方进一步了解各国支付系统的发展现状，并为支付系统的发展提供借鉴和参考。各个国家或地区的中央银行和国际清算银行等国际组织就国际原则和标准、各国业务和技术发展情况及规划等方面开展了实务研究，内容涵盖各国支付系统的总体架构和效率等多个方面。

许多学者针对支付系统运行中所面临的信用风险和流动性风险等风险点做了深入的研究，为支付系统的风险管理工作奠定了理论基础。一是针对流动性压力测试、流动性补充机制以及抵押品等方面的研究为支付系统有效管理信用风险和流动性风险提供了重要的参考；二是围绕支付系统的风险管理工作，部分学者对系统的结算开展了全面深入的研究，包括参与者结算行为的理论与实证分析、基于结算指标建立的风险预警机制以及价值交换结算等方面，可有效帮助支付系统在很大程度上降低所面临的信用风险和流动性风险；三是对参与者分级安排的研究有助于支付系统有效防范来自参与者的风险，从而帮助各国中央银行高效管理各类风险，落实 PFMI 的有关要求。

结算机制是支付系统业务运行的制度性安排，综观全球支付系统，主要采取 RTGS 和 DNS 两种机制，两种机制的结合可作为支付系统的一种结算模式，McAndrews 和 Trundle（2001）撰文对支付系统的混合结算机制进行了详细说明，同时，Bech 等（2008）分析了大额支付系统的全球发展趋势，总结了技术创新、银行业结构性变化及中央银行政策演进三个方面因素带来的十大发展趋势，包括 RTGS 的结算范围扩大和采用混合结算机制的支付系统的流行等。

在 RTGS 结算机制的研究中，王联（1997）以 RTGS 系统对中国香港银行业的影响为例开展研究，认为 RTGS 机制在跨行交易支付中发挥了重要作用。尽管 RTGS 是各国中央银行支付系统中一种较为成熟的结算机制，且自身没有信用风险，但对参与者流动性要求较高。Adams 等（2010）对 RTGS 结算机制做了进一步研究，认为通过代理行模式可以降低流动性成本，且不受 RTGS 规则约束，也不易被监管当局监控，但由于代理行模式没有预注资支持，会产生相应的信用风险，同时，通过数据模拟发现由于跨行业无内部化和流动性汇集效应，代理行及其客户的总流动性成本不大于独立成本的总和，从而产生了 RTGS 的分级安排。

无论支付系统采取 RTGS 机制还是 DNS 机制，参与者出于某些因素考虑会主动采取一定的延迟结算行为，Bech 和 Garratt（2003）提出有关此类延迟结算行为的理论框架，并基于博弈论在无抵押品、有抵押品以及以现金作为抵押品三种框架下就延迟结算效率进行了理论推演。基于上述理论，在延迟结算行为的原因分析方面，Angelini（1998）的研究表明，如果借款或持有流动资金成本高昂，银行会推迟发出付款或推迟其在 RTGS 支付系统中的结算。Galbiati 和 Soramaki（2010）的研究得到了与 Angelini（1998）类似的观点，通过建模研究银行流动资金与支付路由（RTGS 流和 LSM 流）选择规律发现，中央银行更多地选择通过 RTGS 系统增加更高的流动性持有量来进一步降低整个系统的成本。近年来，参与者采取延迟结算的现象越来越普遍，一些研究重点关注了金融机构尽管会在收到足够的资金来账后再付款，但推迟在 RTGS 系统的结算可能对政策产生影响，因为如果大量参与者在工作日尽可能晚的时点批量发送支付指令，则可能发生支付僵局。Olivier 等（2008）的研究发现，联邦电子资金转账系统（Fedwire）在 2006 年以后的业务发送时间更为集中，90% 分位业务量完成的时间比过去更晚，其原因主要包括美联储支付系统风险政策对参与者日间授信的变化，以及 CHIPS、CLS 等系统结算行为的影响。与上述观点相类似，Bartolini 等（2010）证实了银行战略决策的假设，研究表明支付结算在下午晚些时候更加集中。在实证研究方面，Massarenti 等（2012）使用支付延迟时间、支付金额加权后的支付延迟时间以及 5 分钟内完成结算的支付业务百分比三个指标来分析 TARGET2 系统中支付业务的延迟结算情况。尽管普遍认为结算时间取决于银行的支付结算习惯及其在市场中维持良好声誉的愿望，但延迟结算策略给结算时间留有一定的浮动余地，直到收到足够数量的来账（Olivier，2008；McAndrews 和 Rajan，2000），且参与者采取延迟结算行为在经济下行期会显著增加。

此类延迟结算行为将不可避免地给支付系统带来流动性风险。Benos 等（2012）用 CHAPS 交易数据开展的研究发现，雷曼兄弟破产后的两个月，参与者延迟结算行为出现得更为频繁，这在一定程度上增加了全系统的流动性风险。对单一参与者而言，经济效率最高的延迟结算安排通常并非整个系统的最优化安排，Abbink 等（2017）的研究表明，出于经济因素考虑，参与者通常不会自发地缩短延迟结算的时间、降低延迟结算的程度，中央银行通过政策引导参与者及时完成结算有利于提高整个系统的运行效率，降低流动性风险。与上述研究结论相类似，Caux 等（2016）认为各银行以成本最小化为出发点设置的单独的最优策略可能与整个系统的最优策略相冲突，在这种情况下，用于交易或监管要求所需的现金余额会出现不确定性，从而带来流动性风险。

以压力测试的形式对支付系统面临的流动性压力进行分析，可提升支付系统流动性风险管理工作水平。许多学者对支付系统的流动性压力测试开展了一系列深入的研究，Heijmans 和 Heuver（2014）研究了 TARGET2 中的延迟结算行为，使用总流动性头寸、流动性供需、支付时间、抵押品数量和使用情况，以及挤兑信号五个指标来监控参与者在支付系统日常运行中所面临的流动性压力，为开展流动性风险压力测试工作提供了指标体系。在压力测试场景方面，Bedford、Millard 和 Yang（2005）通过模拟中断系统运行，阻止参与者提交付款，分析参与者流动性风险开展流动性压力测试，明确了一系列强有力的应急安排的必要性以及系统中可用流动性分配机制的重要性。此外，许多学者对本国 RTGS 系统也进行了系统中断的流动性压力测试及模拟分析，这些国家包括英国、奥地利、丹麦、瑞士和匈牙利等（Bedford、Millard 和 Yang，2005；Schmitz 和 Puhr，2006；Glaser 和 Haene，2008；Lubloy 和 Tanai，2008）。芬兰中央银行开展了一系列支付系统流动性管理研究，Koponen 和 Soramaki（1998）通过使用 BoF-PSS1 模拟系统对芬兰中央银行支付系统真实数据进行研究发现，系统为参与者提供了充足的日间透支额度，在相同流动性需求下使用大额实时结算比日终净额轧差结算更有效率，同时，Leinonen 和 Soramaki（1999）研究发现，在不明显增加流动性的前提下实时全额结算能够显著降低支付延迟和相关风险。

▼ 专栏 2-1

芬兰支付系统流动性压力测试

芬兰银行于 1997 年开始研发基于 PC 的模拟软件，发布了第一代芬兰银行支付结算模拟软件 BoF-PSS1（Bank of Finland Payment and Settlement Simulator 1），2004 年春季又发布了第二代软件 BoF-PSS2。目前，已经有包括各国中央银行在内的 30 多家机构使用该软件开展研究。

BoF-PSS2 是专为支付系统模拟而设计的分析软件，可用于研究支付系统流动性需求和风险，并模拟难以或无法在真实环境中测试的特殊情况。BoF-PSS2 可模拟大多数支付系统结构和流程，并支持全额实时结算、持续净额结算和延迟净额结算等多种结算模式，系统典型的交互模拟场景包括多个独立的 RTGS 系统、RTGS 系统和由 RTGS 系统进行最终结算的 CNS/DNS 系统、RTGS 系统与证券结算系统等。BoF-PSS2 模拟器还支持多种货币与多项资产，从而模拟跨国支付结算与证券结算场景，并支持 DvP 与 PvP 结算模式。系统模拟的主要输出因子包括典型交易对手风险、总体风险、流动性消耗、结算体量、交易堵塞情况与排队时间等。

　　除支付系统压力测试外，许多学者还开展了一系列使用支付系统实际运行指标来预测、监控支付系统流动性情况的研究工作，Baek 等（2014）使用准备金账户余额、日间透支额度以及参与者在支付系统中的应收账款和应付账款等指标建立了度量 RTGS 系统流动性状态的指标，用于分析系统在日终时是否有充足的流动性完成所有预测的支付结算业务。Squartini 等（2013）研究发现，反常的银行间环形循环借贷可以作为银行间资金网络拓扑结构崩溃的早期预警信号，进而提示未来金融危机的发生。Triepels 等（2018）提出了一种通过神经网络自编码方法良好地识别大额支付系统中支付流的异常值，从支付数据中识别异常的方法。Li 和 Perez-Saiz（2016）使用极值法度量了同一参与者发生大的信用风险暴露时，两个或更多 FMI 同时发生系统性风险的可能性。这些量化指标体系将支付系统的延迟结算行为与流动性水平有机结合起来，进一步提升了支付系统流动性风险管理水平。

　　抵押品是支付系统流动性风险管理工作中的一项重要工具，合理的抵押品管理制度有利于支付系统有效消除其所面临的风险。在研究支付系统风险的相关文献中，部分学者也针对抵押品开展了深入的研究，Brunnermeier 和 Pedersen（2009）的研究表明，当交易者面临资本和保证金不断上升的要求以及所有资产类别的市场流动性都在急剧上升时，流动性风险可以模型化为交易者面临的市场流动性（资产在市场上交易的容易程度）和资金流动性（交易者可以获得资金的方式）相互加剧地下降。如果中央银行更善于区分流动性冲击和基本冲击，那么它可以在发生危机时提供紧急资金并减轻保证金要求，从而提高市场和资金的流动性。

　　在支付系统与证券结算相关的价值交换结算机制中，资金的最终结算依赖于金融资产的最终结算，这在很大程度上消除了本金风险。从支付系统的角度来看，这一交易机制可被看作将金融资产作为抵押品完成资金结算的交易机制，因此，DvP 结算机制在一定程度上与支付系统的抵押品管理工作高度相关。Mills 等（2013）的研究对比了大额支付系统与证券结算系统的三种连接方式，第一种是大额支付系统和证券结算系统都由中央银行运行，主要参与者可以用同一个账户以实时全额方式结算；第二种是中央银行运行大额支付系统，证券结算系统由另外单独的实体运行，但证券交易中资金的结算仍然实时全额通过大额支付系统进行；第三种是中央银行和单独实体分别运行大额支付系统和证券结算系统，且证券结算系统先对资金进行轧差，再在日终前提交大额支付系统结算。尽管三种方式有显著差异，但其均衡结果是相同的，即银行倾向于较早发起证券业务，较晚发起资金业务。在不考虑均衡行为的前提下，第一种方式，中断会同时影响大额支付系统和证券结算系统；第二种方式，证券结算系统的中断不如大额支付系统的中断影响大；第三种方式，与证券交易相关的资金净额日终结算的特征意味着当其中一个系统中断时会产生更具针对性的影响。但是，如果考虑均衡行为，由于预期的透支规模相同，发送支付业务和证券结算业务的时间策略在上述三种方式中是相同的，这表明参与者的战略行为是评估跨系统互连对系统风险影响的重要考虑因素。

支付系统以商业银行在中央银行的存款准备金账户为主体，以再贷款、再贴现、公开市场操作和借贷便利为工具，通过影响货币供应量、基础货币和货币流通速度，对货币政策传导产生重要影响。而利率作为货币政策操作的中介目标，在货币政策传导中具有重要意义，正如Furfine（2000）所提到的美国银行间支付的水平和波动性与每日联邦利率相关。Baglioni 和 Monticini（2008）、Kraenzlin 和 Nellen（2010）的研究同时揭示了意大利和瑞士银行间市场的数据特别是日间货币市场数据对 RTGS 系统日间流动性管理模型的重要性。在金融风暴之后，Baglioni 和 Monticini（2010）发现欧洲银行间市场隐含的日间利率波动性增加主要是由于流动性溢价和抵押品成本较高。Ashcraft 等（2011）和 Freixas 等（2011）的研究认为，在利率不稳定时，美国银行间货币市场在分配资金时的效率较低，并将导致更严重的银行流动性囤积，而 Martin 和 McAndrews（2008）指出将货币供应与货币政策的实施"分开"，根据金融市场的支付或流动性需求来设定银行储备的数量。此外，Adams 等（2010）通过分析银行自身的支付行为发现中央银行流动性成本和政策可以影响参与者分级安排。

支付系统的清算便利安排是指为保障支付系统连续高效运行而对支付系统参与者提供的日间透支或授信等形式上的流动性支持。由于支付系统清算便利安排在形式上与部分货币政策操作工具具有较高的相关性，因此，清算便利安排在一定程度上可能会影响货币政策的传导和执行效率。Hendrickson（2017）的研究表明，美联储超额准备金付息这一政策使 Fedwire 参与者不需要在持有准备金的机会成本与持有抵押品用于日间透支的成本之间进行博弈，降低了参与者的日间透支需求，使更多银行间资金汇划业务使用准备金结算，从而提高了 Fedwire 的结算效率。但是，由于对超额准备金付息，且利率自 2009 年开始高于联邦基金利率和三个月期国债收益，导致中央银行公开市场操作不一定能继续引导商业银行重新配置投资组合，影响了货币政策的传导效率。因此，Fedwire 结算效率的提高看上去是以降低传统货币政策的效率为代价的。

支付系统清算便利安排可以进一步提高支付系统乃至国家金融市场的运行效率，Jurgilas 等（2009）通过模型推导证明了这一点。而从另一个角度考虑，清算便利安排对银行间市场的流动性有补充作用，Carlos 等（2016）的研究进一步证明，清算便利安排可以在特定时期为银行间市场注入新的活力。Rochet 和 Vives（2004）模拟了一个有偿付能力的银行无法借入流动性的正向概率，并建议中央银行以公开市场操作或低利率折扣窗口贷款的方式进行干预，Repullo（2005）也提出了类似观点。

支付系统可以通过不同的资金成本来引导参与者有序使用清算便利安排。Bagehot（1873）提出的最后贷款人经典学说断言中央银行应以较低的罚款率向有偿付能力的银行提供贷款，同时，Furfine（2000）发现美国联邦基金利率的波动与 Fedwire 支付业务量的波动模式非常相似，由于 Fedwire 对隔夜流动性收取高于日间透支 400 个基点的惩罚性利率，参与者为避免罚息会在日终前在同业拆借市场借入资金，保持日终余额充足。因此，银行日间对联邦基金的需求可能受其当日在 Fedwire 的支付活动影响，从而在 Fedwire 业务量与联邦基金利率之间建立了联系。除影响系统业务量之外，根据 Jurgilas 等（2014）的研究成果，清算便利安排的资金成本还可以通过反映日间抵押品的机会成本而成为衡量支付系统运行压力的指标。

二、发展历史及现状

从 20 世纪 90 年代开始，世界各国中央银行货币当局更加关注 RTGS 的建设与发展，1997 年 BIS 发布的《实时全额结算系统指南》对大额资金转账系统的开发、设计与发展具有里程碑式的意义。大额资金转账系统在金融架构中扮演着至关重要的角色，在畅通货币政策传导、加速社会资金周转、维护金融稳定等方面发挥着非常重要的作用，包括 BIS 与 CPSS 在内的各金融组织也不断地强调其在社会金融市场基础设施中的重要性。以下对国际上几个有特色的支付系统的发展历程与基本情况进行简要介绍。

（一）亚洲与太平洋地区

1. 美国

（1）发展历史

在第二次世界大战后较长一段时间内，美国的零售和商业支付一直使用现金和支票作为主要工具。随着金融活动的快速发展，传统手工清算流程已经无法满足金融交易和支付的需求。1914 年，美联储负责建设的主要用于资金转账的联邦储备电子调拨系统（Federal Reserve Wire Transfer System，Fedwire）开始运行，并于 1918 年实现以电子报文形式进行资金调拨，1966 年美联储开始酝酿建立真正意义上自动的电子调拨系统 Fedwire，新系统于 1971 年开始建设，1976 年实现了全面应用，传统以清算票据托收款项的作法从此终止，从而奠定了现代支付系统设施的基础。该系统将美联储总部、所有联邦储备银行、财政部以及其他联邦政府机构连接在一起提供实时全额结算服务，采用集中控制的星形网络 FRCS-70，随着分组交换数据网络技术的成熟，美联储于 1983 年将 FRCS-70 改造为 FRCS-80 并投入运营，FRCS-80 由 14 个基本通信网络处理中心（节点）构成，每个节点都可以承担网络的转接工作。20 世纪 90 年代，美联储采用综合业务数字网（ISDN）技术将核心支付应用与 Fedwire 管理集中化，将 12 个处理中心合并为 3 个，以降低成本与资金风险，提高系统通信能力、安全性和可靠性，3 个处理中心之间采用高速链路连接，实现共享数据并互为备份，仅有一小部分储备银行仍负责有限的运营流程和所在地区的机构账户关系。

1985 年，美联储理事会发布了关于大额电子汇款系统风险的政策，该政策要求参与机构在其联邦储备账户中引入无担保日间透支以应对储备供需意外失衡，从而降低支付系统流动性风险。美联储从 1994 年 4 月开始收取日间透支费用，系统日间透支的总体水平比收取前下降了 40%，银行倾向于将付款推迟到账户余额较为充足时进行。自 1998 年 7 月 30 日起，美联储实施了滞后储备需求制度（Lagged Reserve Requirements），该制度降低了其参与者储备头寸管理过程中的不确定性，确保银行在大部分时候可以将其美联储账户余额保持在相对较低的水平。2001 年，美联储将有担保日间透支引入 Fedwire，允许部分机构在有抵押的情况下获得高于其净借记限额的透支额度，并修改了参与者净借记限额的计算方法。2011 年 3 月 24 日，美联储理事会对支付系统风险政策进行的重大修订生效，该修订调整了日间透支的费率，免除有担保日间透支的费用，对无担保日间透支收取 50 个基点（年费率）的费用且每两周给予 150 美元的透支费用减免额度，同时将日间透支费的滞纳金提高到了 150 个基点（年利率）。

1997 年 12 月 8 日，美联储将 Fedwire 和清算所银行间支付系统（Clearing House Interbank Payment System，CHIPS）进入日间时间提前至美国东部时间 0 点 30 分，实施该举措的主要原因是希望 Fedwire 的日间时间能够与亚欧市场银行日间时间重合。按照美联储预期，参与者将在凌晨时间主要发起国际交易相关付款，但在实际实施过程中发现，凌晨时间参与者发起大量国际交易的同时，国内商业支付的发起量也有大幅度提升。事实证明，Fedwire 或 CHIPS 的运营时间增加提高了国内商业银行的运营效率。2003 年 5 月，由于各行业对美国支付系统运营时间与亚太市场（包括澳大利亚、中国香港、日本和新西兰）的重叠程度需求更高，美联储宣布 Fedwire 的进入日间时间进一步提前至美国东部时间工作日前一天的 21 点。

1980—2000 年的 21 年间，美国电子支付的交易额增加了将近 5 倍。2000 年，美国零售电子支付达到了 300 亿笔的业务量，交易金额超过 7 万亿美元。2004 年，美联储确认电子支付业务量首次超过支票业务量。2018 年，Fedwire 业务笔数达 1.58 亿笔，业务金额超过 716 万亿美元。

（2）发展现状

美国的大额支付系统主要包括 Fedwire 和 CHIPS。Fedwire 是美国联邦储备银行运营的实时全额结算系统，主要用于国内货币市场交易结算，也用于商业支付、金融市场交易结算以及其他重要金融市场基础设施的融资。Fedwire 是金融机构进行时间紧急的跨行转账的最主要途径，同时也为其他支付系统和 FMI 提供结算服务。CHIPS 由清算所支付公司运营，主要进行跨国美元交易的清算。除此之外，美联储还运营着国家清算服务 NSS，该服务主要支持清算所、金融交易所和其他清算组织之间的多边清算。Fedwire 的资金服务（Funds Service）采用全额实时结算资金模式（RTGS），主要处理金融机构之间转账业务和第三方发起的业务，业务范围主要包括金融机构之间的隔夜拆借、行间清算、公司之间的大额交易结算、美国政府与国际组织的记账债券转移业务等，并提供日间透支、债券抵押等功能。

Fedwire 资金转账分为在线与离线两种模式。在线模式，即参与者系统通过 Fedline Direct 服务直接接入系统并进行数据的传输和接收，同时允许参与者按照自身要求对其接入系统进行定制，体量较小的参与者可以利用 Fedline Advantage 功能通过网页端发起与接收转账。离线模式，即通过电话要求美联储员工人工输入支付订单，目前线下支付结算在 Fedwire 业务量中占比不到 1%。Fedwire 资金转账通过联邦储备成员的联邦储备账户实现，转账结果直接影响成员行储备账户余额水平，且通过 Fedwire 进行的每笔支付业务具有最终性和不可撤销性，结算的资金立即有效并可用，这也是 RTGS 系统的特征。

参与者必须在联储开立主账户（Master Account），所有储备账户余额的资金转账均为贷记转账，通过其准备金账户中的资金或中央银行提供的日间流动性进行资金结算，即当一个金融机构通过 Fedwire 将资金划拨给另一个金融机构时，如果这两个金融机构在同一联邦储备银行保有余额，所在的联邦储备银行就在相应的储备账户余额上作借记和贷记；如果这两个金融机构在不同的联邦储备银行保有余额，则第一家联邦储备银行借记汇出资金银行的储备账户，并贷记接收资金银行所在地区的联邦储备银行账户，后一联邦储备银行借记汇入资金的联邦储备银行账户，并贷记接收资金银行的储备账户，这两家联邦储备银行再用地区间的清算资金进行清算。

Fedwire 的服务时序是从美国东部时间工作日前一日 21 点开始到工作日当天 18 点 30 分为止，法定节假日除外。第三方转账（客户通过参与者发起的转账）的截止时间为工作日 18 点。离线转账接收时间为工作日当天 9 点至 18 点（其中第三方转账截止时间为 17 点 30 分），美联储有权在需要时延长 Fedwire 运行时间。

根据《1980 年货币控制法案（*The Monetary Control Act of* 1980）》，美

联储必须承担其提供金融服务长期运行所需的费用，因此目前大部分业务的发起和接收方均会被收取服务费。Fedwire 采用阶梯定价机制，主要费率包括月参与费（Monthly Participation Fee），当月有活动交易的参与者账户会被收取 95 美元的月费；笔费（Per-item Transaction Fee），根据每月业务量大小有不同的折扣，特定情形下还有其他激励机制；附加费（Surcharges Based on Time-of-day and Value Thresholds），如离线发起业务费、一定金额以上转账附加费、每日 17 点后发起业务附加费等；接入费（Connection Fee），电子渠道接入的参与者需要支付接入费，以回收建设维护安全通信基础设施的成本，接入费根据线路速度和接入渠道的种类定价。Fedwire 日常具体费用见表 2-1。

表 2-1　Fedwire 系统收费标准（2019）

收费类别	收费层级	详情	费率（美元）
固定费	—	接入费用	95/ 月
转账费用	层级 1	月业务量 14000 笔以下	0.820/ 笔
	层级 2	月业务量 14000 ~ 90000 笔	0.245/ 笔
	层级 3	月业务量 90000 笔以上	0.160/ 笔
离线转账费	—	—	65/ 笔
日终转账附加费	—	每日 17 点后发起的业务	0.26/ 笔
Fed Payments 管理	—	导入导出服务	50/ 月
转账附加费	—	单笔转账大于 1000 万美元	0.14/ 笔
	—	单笔转账大于 1 亿美元	0.36/ 笔
付款通知费	—	发起方	0.01/ 笔
报告传输费	—	通过硬盘拷贝给在线参与者	50/ 次
特殊结算安排费	—	通过 Fedwire 解决银行间债务结算安排	150/ 结算日

资料来源：美联储官网。

注：本表费率不包含优惠与激励费率和接入费用。

2013 年，Fedwire 日均业务量为 534837 笔，日均交易金额为 2.8 万亿美元（见表 2-2）。交易金额呈两级分化态势，交易金额中位数约为

19900 美元，但平均值约为 540 万美元。有 8% 的 Fedwire 转账交易金额超过 100 万美元。大约有 6500 家存款机构可以通过 Fedwire 发起或接收转账，但交易额排名前 10 的参与者的交易额占交易总额的比例超过 60%。

表 2-2　2010—2018 年 Fedwire 业务量

年份	业务量（笔）	业务量增长率（%）	业务金额（百万美元）	业务金额增长率（%）	转账平均金额（百万美元）	日均业务量（笔）	日均业务金额（百万美元）
2018	158430742	3.79	716211759	-3.23	4.52	631198	2853433
2017	152649633	3.04	740096838	-3.50	4.85	608166	2948593
2016	148142402	3.77	766961537	-8.11	5.18	590209	3055624
2015	142757101	5.73	834630440	-5.64	5.85	566496	3312026
2014	135022749	0.58	884551876	24.01	6.55	537939	3524111
2013	134244177	1.98	713310354	19.04	5.31	534837	2841874
2012	131637349	3.63	599200625	-9.74	4.55	524452	2387253
2011	127022420	1.51	663837575	9.13	5.23	506065	2644771
2010	125130561	0.30	608325851	-3.60	4.86	496550	2413991

资料来源：美联储官网。

Fedwire 在全美拥有超过 8000 家参与者。根据美联储要求，美联储成员机构或其他符合条件的机构（包括美国存款机构、外国银行在美国分支机构和协议公司）都可以在美联储开立账户从而使用 Fedwire 服务。符合条件的机构需拥有经营许可（满足准备金、负债率、资本存量等要求），其在储备银行账户余额须满足交易需求。

2. 澳大利亚

（1）发展历史

为了降低澳大利亚银行间的支付风险，澳大利亚联邦储备银行经与国内各商业银行和支付清算协会协商，于 1995 年 4 月 5 日决定将原有的储备银行信息交换和资金划拨系统（Reserve Bank Information and Transfer System，RITS）改造为一个 RTGS 系统，并于 1998 年 6 月 22 日上线。该系统主要处理实时跨行贷记业务，也为其他系统提供净额结算服务，旨在降低银行间支付相关结算风险，提高澳大利亚金融体系的整体资金结算效率。RITS 于 1998 年经澳大利亚中央银行批准采取 RTGS 机制运行，这意味着 RITS 所有交易指令不可撤销，具有最终性。澳大利亚中央银行于 2017 年 3 月 27 日完成 RITS 法规的修订并生效，将其会员协议简化合并为一个协议，并对回购协议主文件进行了更新。

（2）发展现状

澳大利亚储备银行拥有和运营的 RTGS 系统被称为 RITS，可以实现在银行持有的交易结算账户（ESA）之间的实时结算交易。参与者支付指令可直接提交 RITS，也可通过 SWIFT 支付传递系统（PDS）、澳大利亚债权登记与结算系统（Austraclear）以及持续联系结算系统（CLS）等外部关联系统进行间接提交。PDS 主要用于客户和银行间支付，在 RITS 中实现跨 ESA 的银行间结算。Austraclear 主要用于债务担保交易，以交割交付模式为基础进行结算。RITS 在澳大利亚支付体系中占据核心地位，同时为 Austraclear、澳大利亚清算所电子登记系统分别提供债券和股票的跨行结算服务。澳大利亚国内超过 90% 的银行跨行资金通过 RITS 全额结算。

RITS 允许包括银行在内的参与者通过自动信息平台对支付业务的结算实施控制，以方便流动性管理。参与者可以控制支付业务的结算顺序，并从结算账户中圈存资金用于优先结算的支付业务。为保证跨行支付能够顺利完成结算，参与者必须随时保证结算账户有充足的流动性。参与者的流动性源于两个方面：一是上一日的账户余额，二是与澳大利亚中央银行的日间回购协议。银行可以通过与澳大利亚中央银行签订日间回购协议，在流动性不足时向其出售在债券登记结算系统中的债券，以紧急获取流动性。

RITS 采用了集中排队机制，所有指令均需通过余额检查。只有当付款方的结算账户有足够支付资金并通过余额检查后，交易指令才能成功清算并发送至收款方，否则不能纳入排队队列。RITS 还引入了实时监测排队业务机制，由系统自动检查排队队列中的交易指令是否能够结算。这种"结算或排队"的处理机制增加了交易指令结算的随机性，使得参与者的流动性得以充分利用。为防止业务死锁，RITS 还采用了自动撮合机制，有效地促进了流动性的再分配。当某一参与者存在排队业务时，系统将自动搜索该笔排队业务的接收方是否也有未决业务。如果这些排队的未决交易能相互抵消，并使交易双方账户余额均为贷方差额，那么 RITS 会对此项业务进行自动抵消处理。RITS 允许任何两家参与者选择互相抵消的交易指令，这不仅有助于参与者提高资金管理水平，还能有效地提高系统整体流动性。

RITS 的核心服务运营时间为 7 点 30 分至 22 点，SWIFT 和 Austraclear 的结算时间为澳大利亚东部标准时间 18 点 30 分（每年 10 月第一个周日到次年 4 月第一个周日为澳大利亚东部夏令时 20 点 30 分）。9 点 15 分之前 RITS 仅清算 9 点结算流程之前提交的 RITS 现金转账、银行间 Austraclear 交易、万事达卡批量交易、DE 政府结算和在此期间产生的递延账务。其他付款请求可以提交，但需在 9 点 15 分后进行清算。只有约定的参与者才能在 17 点 15 分后进行清算，所以 RITS 在此前提供了一个 45 分钟的清算窗口来保证队列中的转账能够得到清算，窗口结束后未完成清算的付款请求会被退回。

RITS 费用由按年收取的固定年费、按月收取的转账费、逾期付款费、特殊信息请求费、令牌费用和 RITS 连接费组成。较为特别的是 RITS 的转账费用由业务量费和业务金额费组成，并同时向支付业务发起方和接收方收取。具体费率见表 2-3。

表 2-3 RITS 收费标准（2018）

收费类别	收费项目	收费对象	详情	费率（澳元）
固定费用	RITS 会员费	ESA 持有者	活跃账户	6000/ 年
		非 ESA 持有者		600/ 年
	自动信息工具使用费	使用自动信息工具参与者		900/ 年
转账费用	业务量费	付款方与收款方	不足的部分按 100 万澳元 收取	0.5/ 笔
	业务金额费			0.12/100 万交易金额 / 月
	FSS 业务量费			0.005/ 笔
特殊信息 费用	申请费	申请方		0.25/ 次
	检索时间费			15/ 小时
令牌费用	额外令牌费	参与者	超出两个免费 令牌的部分	200/ 个
	令牌遗失费			200/ 个

资料来源：澳联储官网。

注：表格中费率均不包括 10% 的商品及服务税、逾期付款费及接入费等。

在澳大利亚，超过 70% 的非现金支付业务由 RITS 负责清算。2017 年，RITS 全年业务量为 11607009 笔，业务金额为 43568.8 亿澳元，大约 占银行间支付交易额的 90%。近几年，RITS 的业务量增长速度略低于业 务金额增长速度（见表 2-4）。

表 2-4 2015—2018 年 RITS 业务量

年份	日均业务量（笔）	日均业务量增长率（%）	日均业务金额（十亿澳元）	日均业务金额增长率（%）	转账平均金额（百万澳元）
2015	43900	4.52	167.80	3.13	3.82
2016	45600	3.87	174.30	3.87	3.82
2017	47300	3.73	178.80	2.58	3.78
2018	49200	4.02	189.70	6.10	3.86

资料来源：澳联储官网。

注：统计区间从当年 4 月至次年 3 月。

RITS 要求其参与者必须在中央银行持有 ESA，同样 ESA 持有者必须满足 RITS 成员运营条件。ESA 资格政策由世界银行执行委员会制定，主要包括对流动性获取与参与者运营能力的要求，该政策旨在公平、公开地提供安全有竞争力的支付服务。体量较小的参与者可通过代理的 ESA 进行 RITS 交易结算，从而减轻运营负担。截至 2019 年 3 月 28 日，RITS 共有包括持照银行、资金拆借市场参与者及批量支付服务商在内的 101 家参与者，其中包括 4 家当地主要银行、35 家境外机构和 41 家拥有 ESA 的间接参与者。

3. 中国香港

（1）发展历史

1996 年 12 月 9 日，经过 3 年的筹备，符合国际标准的港元即时支付结算系统——港元清算所自动转账系统（HKD CHATS）推出。作为美元结算机构，香港汇丰银行于 2000 年 8 月推出了美元即时结算系统（USD CHATS）。2003 年 4 月，渣打银行推出欧元即时结算系统（EUR CHATS）。三个即时结算系统与债务工具中央结算系统（CMU）一起，成为香港具有成效的多币种结算基础设施。2006 年 3 月人民币即时结算系统（RMB CHATS）投入运行，以应对香港人民币业务扩大的需要。

2004 年 6 月，即时支付优化器（以多边抵消的方式同步处理支票及大额 CHATS 支付项目结算交收的系统处理器）推出，于每个营业日指定时间以多边抵消的方式进行批量净额结算。这项安排让银行无须预留大量资金应对批量结算期间支付项目的交收，使银行的资金管理更有效率。2006 年 1 月，流动资金优化器推出，每隔 30 分钟为银行同业支付交易进行多边结算，提高了 RTGS 系统的效率，减少了银行的当日流动资金需求。10 月，跨币种即时支付优化器上线，合并了外汇交易同步交收机制和即时支付优化器，有助于银行对大额资金流的流动资金管理。2008 年 1 月，中央清算和结算系统（CCASS）优化器推出，提高了银行资金回流效率，有利于相关债务方履行其他支付交易的义务。

2007 年，港元 RTGS 系统运营开始时间提前半小时至上午 8 点 30 分。2008 年 11 月，港元、美元、欧元和人民币 RTGS 系统运营结束时间由每个工作日 17 点 30 分延长至 18 点 30 分。自 2009 年 11 月起，除每年 1 月 1 日全球假期外，美元、欧元和人民币 RTGS 系统在所有中国香港公众假期连续运行，便于本地与海外机构使用香港 RTGS 系统处理其区内支付交易。2010 年，SWIFTNet 开放式平台取代了香港 RTGS 系统专用平台。2012 年 6 月，人民币 RTGS 系统每日运营时间延长至 15 小时，由 8 点 30 分运营至 23 点 30 分。2014 年 10 月，人民币 RTGS 系统运行时间再次延长至次日 5 点，每日运营时间延长至 20.5 小时。

（2）发展现状

香港银行间资金转账通过香港银行同业结算有限公司（HKICL）运营的支付系统处理，该系统支持以港元、美元、欧元和人民币进行银行间转账，提供各种银行间清算和结算服务。支付系统中港元实时全额结算系统，又称港元清算所自动转账系统（CHATS），除在银行间结算大额支付外，还处理大额结算支票、股票市场相关支付、其他小额批量电子支付以及金管局货币业务产生款项。美元即时支付结算系统（美元 CHATS）以实时支付结算方式处理美元同业拆借、美元大宗交易结算、支票结算以及股票市场相关支付。欧元即时支付结算系统（欧元 CHATS）业务范围与美元系统相似。人民币即时支付结算系统（人民币 CHATS）以中国银行（香港）有限公司为结算银行，在中国人民银行设置结算账户，可视为 CNAPS 的技术延伸。银行可通过向金管局提供外汇基金票据或签订债券日间回购协议取得无息日间流动资金，以补充日间流动性缺口。

除香港公共假期外，CHATS 在每周一至周五（工作日）8 点 30 分至 18 点 30 分运行，但参与者可以在除系统维护时间外的任何时间发起或撤销转账指令。相比于支票、电子结算等转账方式，通过 CHATS 发起的转账费率较为低廉，CHATS 具体费率如表 2-5 所示。

表 2-5 CHATS 收费标准（2019）

收费类别	收费对象	详情	费率（港元）
跨行转账费	合格转账 / 非合格转账 / CCP 转账	每月前 500 笔转账	9.169/ 笔
		每月第 501~10000 笔转账	8.022/ 笔
		每月超出 10000 笔转账	6.877/ 笔
	非合格转让额外费用		4/ 笔
行内转账费			1.719/ 笔
查询费		账户状态和待入账余额查询	4.641/ 次
		转账与参数查询	0.057/ 次
控制与维护费		支付控制交易与参数维护	4.641/ 次
报告与文件检索费		通过 FTS	0.344/kB
		通过 SWIFTNet 浏览器	0.573/kB
		通过 SWIFTNet FIN	0.573/kB
最低收费标准		CHATS 用户每月最低收费	5730/ 月

资料来源：香港金融管理局官网。

注：不含杂费。

2018 年，CHATS 业务量为 887.36 万笔，业务总金额达 226.88 万亿港元（见表 2-6）。

表 2-6 2016—2018 年 CHATS 业务量

年份	业务量（笔）	业务量增长率（%）	业务金额（百万港元）	业务金额增长率（%）	转账平均金额（百万港元）
2016	7015231	—	146034783	—	20.82
2017	7828324	11.59	177936922	21.85	22.73
2018	8873660	13.35	226878181	27.50	25.57

资料来源：香港金融管理局官网。

CHATS 为单层会员结构，除通过金管局和结算机构特许参与支付系统的金融机构外，CHATS 主要参与者为香港的持牌银行，并需在金管局拥有港元结算账户。人民币 CHATS 也仅有直接参与者，但美元与欧元 CHATS 用户可分为直接参与者、间接参与者、间接 CHATS 用户与第三方用户。CHATS 目前有 153 家直接参与者，人民币 CHATS 有 203 家直接参与者。

4. 日本

（1）发展历史

20 世纪 60 年代到 90 年代初，由于金融市场持续的自由化和全球化以及日本中央银行货币发行量的不断增加，手工处理大量支付结算交易的难度也随之不断提升，金融机构开始在线处理结算和证券交易，支付结算系统的效率得到了显著提升。在这个时期，日本许多主要支付系统开始运营，包括 1973 年启动的 Zengin 数据通信系统、1988 年上线的日本银行金融网络系统（the Bank of Japan Financial Network System，BOJ-NET）和 1991 年运行的日本证券存管中心系统。

20 世纪 90 年代以后，在亚洲货币危机和日本金融危机的背景下，支付结算系统通过利用现有金融机构的计算机系统和市场基础设施，致力于降低结算风险。1994 年，日本中央银行推出了对日本国债的 DvP 结算机制。2001 年，BOJ-NET 废止了延迟净额结算（DNS）模式，转为单一的 RTGS 模式。同年，日本银行开始为持有经常账户的机构提供有抵押的日间透支信贷以确保 RTGS 交易正常进行。该借贷在日内偿还的情况下无须收费，以抵押给日本银行的合格资产作担保，并每周根据垫头进行市值调整。2002 年，大部分中央银行开始支持以 CLS 为基础的 PvP 结算模式，在随后的几年里日本中央银行也成立了包括日本证券清算公司等在内的中央对手方。

"9·11"事件以后，日本中央银行开始加强对 BOJ-NET 的业务连续性管理，通过在大阪设立备份中心并进行应急演练来应对东京主运行中心遭到损坏的紧急情况。2008 年国际金融危机后，日本中央银行采取了一系列措施以增强支付清算系统的安全性，例如，引入了包括标准化场外交易衍生品 CCP 使用规范在内的国际法规。

2015 年，基于便利性、灵活性和可访问性三大原则建立的新 BOJ-NET 投入运行，每日运营截止时间延长至 19 点。截至 2018 年底，BOJ-NET 运营时间已延长至 21 点，以鼓励参与者与其他金融市场进行资金往来。

（2）发展现状

日本银行为参与者提供的适用于日本银行账户间进行金融交易结算的 BOJ-NET 系统由四个系统组成，即日本银行金融网络资金转账系统（BOJ-NET FTS）、外汇日元清算系统（FXYCS）、Zengin 数据通信系统、汇票和支票清算系统。其中 BOJ-NET FTS 作为 RTGS 系统承担清算其他系统资金交易的功能，BOJ-NET 的服务时间为每日 8 点 30 分至 21 点。除此之外，经常账户的外汇日元结算时间为每日 9 点至 15 点，政府债券结算时间为每日 9 点至 16 点 30 分。BOJ-NET 的费率同样由固定费用和转账费用组成。其中，固定费用由参与者接入系统方式决定，而转账费用由转账信息格式确定。表 2-7 说明了 2015—2018 年 BOJ-NET 的业务量情况。

表 2-7 2015—2018 年 BOJ-NET 的业务量

年份	日均业务量（笔）	日均业务量增长率（%）	日均业务金额（万亿日元）	日均业务金额增长率（%）	转账平均金额（亿日元）
2015	69279	1.30	135.60	8.40	19.57
2016	67326	-2.80	137.30	1.20	20.39
2017	67971	1.00	142.40	3.70	20.95
2018	69314	2.00	146.90	3.20	21.19

资料来源：日本中央银行官网。

截至 2017 年 3 月，BOJ-NET 系统共有 532 家参与者，其中 471 家参与者是 BOJ-NET FTS 的用户。BOJ-NET 的参与者主要有以下三类：一是在资金结算过程中起重要作用的机构，如银行、中央信用组织、信金中央金库和支付清算组织；二是在证券结算过程中起重要作用的机构，如金融工具经营者、证券金融公司和金融工具清算组织；三是在银行间货币市场扮演重要中介角色的机构，如货币市场交易商。

（二）欧洲地区

1. 欧盟

（1）发展历史

1999 年 1 月 4 日（欧元发布 [①] 的数天后），第一代欧元 RTGS 系统泛欧实时全额自动清算系统（the Trans-european Automated Realtime Gross Settlement Express Transfer，TARGET）上线，旨在为欧元提供用于货币政策操作的支付服务和在欧盟范围内跨国界进行欧元结算等。TARGET 促进了欧元货币市场一体化，加快了结算流程，提高了全欧洲大额支付的安全性。TARGET 是一种连接机制，将不同国家的 RTGS 连接在一起，但从实践角度来看，这种分散结构系统效率低、成本高、稳定性不足。2007 年 11 月 19 日，TARGET2 作为重新设计的 TARGET 上线，在单一技术平台上提供协调的跨国界中央银行核心支付交易服务，法兰西银行、德意志联邦银行和意大利银行承担了新平台开发和代表欧洲体系为支付系统提供服务的工作。2008 年 5 月，TARGET2 实现了对 TARGET 的完全取代。2014 年 8 月，欧洲中央银行通过法规确定 TARGET2 为系统性重要支付系统。

2002 年 10 月 24 日，欧洲中央银行理事会决定，在加入欧盟后，新成员国须被给予和非欧元区 TARGET 参与者一样的权利和义务。基于"不强制不禁止"的原则，技术人员为新成员国开发的 3 种不同接入技术方案中包括不强制要求成员国拥有单一欧元实时结算支付系统的方案。但当新成员国加入欧元区时，新成员国将强制加入 TARGET 系统，因为

[①] 1999 年 1 月 1 日。

在欧元区内强制只使用 TARGET 系统进行欧元业务的结算，尚未使用欧元的欧盟成员国可以自行选择成为 TARGET2 的参与者并与各国进行欧元结算。

（2）发展现状

由法兰西银行、德意志联邦银行和意大利银行开发和承担服务的 RTGS 系统被称为 TARGET2，用于处理银行间支付、商业交易支付以及实现欧元体系货币政策操作。TARGET2 的引入实现了通用化的服务技术平台、国内和跨境支付的标准化价格、欧洲中央银行体系的权利下放以及拥有必要灵活性的流动性管理系统。此外，TARGET2 提供欧盟层面的协调服务以及单一定价结构，它向附属系统提供统一的现金结算服务，并通过改良的流动性管理工具向其用户提供支持，有助于提高欧元区的金融一体化程度、金融稳定性和流动性效率。

TARGET2 参与者将付款订单提交给技术集中的平台，即单一共享平台进行处理，支付业务的优先级别分为普通、紧急、特级，支付业务会根据"先进先出"的原则，在参与者实时结算账户流动性充足的情况下进行即时结算。TARGET2 通过中央银行货币进行逐一结算后，该笔交易立即具有最终性，资金可在当日被重新多次流转，99.8% 的业务能在 5 分钟之内处理完成。通过 TARGET2，参与者可与全球超过 52000 家银行及其客户进行资金交易，从系统处理金额的角度来讲，TARGET2 是世界上最大的支付系统。TARGET2 的服务时间是欧洲中部时间的每个工作日的 7 点至 18 点，某些特定节假日除外。TARGET2 的收费标准见表 2-8。

表 2-8　TARGET2 的收费标准（2018）

收费类别	收费对象	收费项目	详情	费率（欧元）
核心费用	直接参与者 A 计划	固定费		150/ 月
		浮动费用		0.80/ 笔
	直接参与者 B 计划	固定费		1875/ 月
		浮动费用（区间收取）	10000 笔以下	0.60/ 笔
			10001~25000 笔	0.50/ 笔
			25001~50000 笔	0.40/ 笔
			50001~100000 笔	0.20/ 笔
			100000 笔以上	0.125/ 笔
	基于网络的参与者	固定费		70/ 月
		支付模块账户费		150/ 月
		浮动费用		0.80/ 笔
		非公开 BIC 费用	可选	30/ 月
		证书押金与更新费	每个参与者前 5 个证书免费	120/ 个
		证书维护年费	每个参与者前 5 个证书免费	30/ 个 / 年
非直接参与者费用	可寻址 BIC 接入参与者	加入退出费		5/ 次
	非直接参与者	固定费		20/ 月
	可寻址 BIC 接入参与者	固定费		5/ 月
	非公开 BIC 参与者	固定费		30/ 月
	多地址接入	固定费		80/ 月

资料来源：欧洲中央银行官网。

注：直接或间接参与者分支机构、直接或间接参与者可回复可寻址 BIC 持有者分支机构。

　　如表 2-8 所示，TARGET2 提供了双重定价方案，允许参与者在"较低固定月费 + 固定交易费"和"较高固定月费 + 递减交易费"两种模式之间进行选择。

2018 年，TARGET2 业务量同比下降 0.9%，约为 8844 万笔，日均 346834 笔。业务金额同比下降 0.1%，为 432.5 万亿欧元，日均业务金额为 1.7 万亿欧元。每笔转账平均金额为 489 万欧元（见表 2-9）。

表 2-9　2010—2018 年 TARGET2 业务量

年份	业务量（万笔）	业务量增长率（%）	业务金额（十亿欧元）	业务金额增长率（%）	转账平均金额（百万欧元）	日均业务量（笔）	日均业务金额（十亿欧元）
2018	8844.26	−0.90	432508	−0.10	4.89	346834	1696
2017	8927.69	1.60	432781	−2.90	4.85	350106	1697
2016	8789.60	−0.10	445879	−5.10	5.07	342008	1735
2015	8799.45	−2.60	469796	−4.60	5.34	343729	1835
2014	9033.70	−2.40	492432	−0.20	5.45	354263	1931
2013	9259.01	2.10	493442	−22.20	5.33	363099	1935
2012	9067.14	1.20	643132	3.50	7.09	354185	2477
2011	8956.57	1.10	612936	3.30	6.84	348505	2385
2010	8859.19	0.10	593194	7.60	6.70	343380	2299

资料来源：欧洲中央银行官网。

注：2013 年 1 月统计方式发生变动造成业务金额统计数值变动较大。

TARGET2 目前拥有 1076 个直接参与者，701 个间接参与者。除直接参与和间接参与两种接入方式外，还有多址访问和银行识别代码（BIC）可寻址接入两种方式。这四种接入方式适用参与者类型说明如下：一是直接参与者，在欧洲经济区成立，并在 TARGET2 中有以中央银行货币开立的 RTGS 账户的金融机构，可代表自身或客户发送和接收付款；二是间接参与者，在 EEA 建立的金融机构，通过 TARGET2 的直接参与者发送和接收付款；三是多信址访问，EEA 直接参与者的分支机构和子公司，有权通过直接参与者的账户进行付款；四是 BIC 可寻址接入，持有 BIC 的直接参与者分支机构，其设立地点不固定。除上述类型的参与者外，TARGET2 还为 80 多个市场基础设施提供结算服务，其中包括其他支付系统、结算所、证券结算系统和中央对手方。

2. 瑞典

（1）发展历史

瑞典中央银行成立于 1988 年，1990 年开始运行瑞典账户资金转移系统（RIX）。1999 年，RIX 分为 K-RIX 和 E-RIX 两个平行独立系统，分别使用瑞典克朗和欧元结算，并通过 E-RIX 与 TARGET 系统相连。

（2）发展现状

与其他国家中央银行类似，瑞典中央银行为瑞典银行与其他金融机构间的大额支付提供了被称为 RIX 的中央系统。RIX 支付系统是瑞典中央银行的账户资金转移系统，是瑞典金融体系的核心部分，银行、清算组织、瑞典国债办公室和瑞典中央银行都是 RIX 的参与者。通过 RIX 发起的支付通常要经过三个步骤，即核验、清算和结算。核验确保付款方有权限发起支付且账户余额充足，清算步骤对支付交易进行撮合，结算步骤作为支付链最后一步，确保了支付的最终性。RIX 为银行、部分清算所和其他金融市场参与者提供了快捷的资金结算通道，降低了信用或流动性风险。为了提高支付系统的效率，瑞典中央银行通过提供抵押品信贷来增加流动性，该抵押品主要包括证券、外汇等。由于 RIX 对金融系统发展具有决定性的重要作用，因此对 RIX 的可用性要求非常高。

RIX 是一个混合系统，参与者之间的转账遵循 RTGS 原则，进入账户的资金可立即用于转账，一部分功能使参与者间可通过相互抵消同时支付多笔款项提高系统效率，节约流动性。瑞典中央银行也可为抵押品足够的参与者提供日间信贷（Intraday Credit），从而提高系统的安全性和效率。RIX 在银行工作日的 6 点 30 分至 18 点开放，瑞典中央银行可在特殊情况下延长运行时间，图 2-1 是 RIX 运行时序示意图。

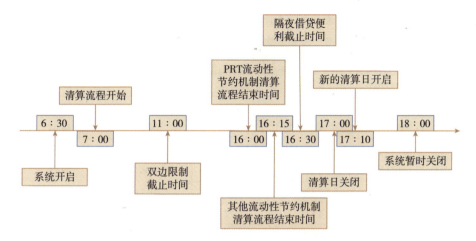

图 2-1　RIX 运行时序示意图

（资料来源：瑞典中央银行官网）

瑞典中央银行向参与者收取的费用除需涵盖系统运营费用外，还需负担场所、资产管理、安全保障费用等。作为系统参与者之一，瑞典中央银行也与其他参与者以同样标准缴纳费用。自 2019 年 3 月起，参与者系统固定月费增至 10000 瑞典克朗，月附加费增至 80 万瑞典克朗，与此同时，取消了月准入管理费项目。RIX 收费标准见表 2-10。

表 2-10　RIX 收费标准（2019）

收费类别	收费项目	收费对象	费率（瑞典克朗）
固定费用	固定月费	所有参与者	65000/ 月
		可利用抵押权行使信用权利	20000/ 月
转账费用	业务量费		4/ 笔
附加费用	附加费	由本地超过 10 亿瑞典克朗营业额的参与者平均分担	3800000/ 月
加入费用	准入费	新增参与者	125000

资料来源：瑞典中央银行官网。

RIX 日均业务量约为 6700 亿瑞典克朗，笔均金额约为 3500 万瑞典克朗。2018 年 RIX 业务量为 537.21 万笔，业务金额为 153.49 万亿瑞典克朗（见表 2-11）。

表 2-11 2010—2018 年 RIX 业务量

年份	业务量 （笔）	业务量增长率 （%）	业务金额 （十亿瑞典克朗）	业务金额增长率 （%）	转账平均金额 （百万瑞典克朗）
2018	5372103	5.13	153494	−2.48	28.57
2017	5110112	12.51	157404	−0.81	30.80
2016	4541905	4.20	158697	18.75	34.94
2015	4359002	7.46	133635	13.70	30.66
2014	4056387	6.44	117537	4.96	28.98
2013	3811053	5.17	111986	−10.21	29.38
2012	3623724	4.87	124724	10.02	34.42
2011	3455301	16.61	113363	−17.48	32.81
2010	2963172	14.77	137370	−23.92	46.36

资料来源：瑞典中央银行官网。

RIX 的参与者包括信用机构（如商业银行）、投资公司（前提是拥有金融工具交易许可或能提供与证券发行相关担保且为瑞典中央银行货币市场业务对手方）、清算组织和政府机构。参与者可以自由选择作为账户持有者或是代理商加入系统，账户持有者可以自行从系统发送与接收交易和信息，或是通过由中央银行授权的结算代理商进行发送与接收操作。目前，RIX 共有 33 家参与者。

3. 英国

（1）发展历史

自 1833 年第一家私人清算所在伦敦成立起，英国支付系统已有近 200 年历史。1984 年 9 月，英国建成清算所自动支付系统（Clearing House Automated Payment System，CHAPS）。当时的 CHAPS 采用 DNS 模式，并不是由英格兰银行运营，而是由 CHAPS 有限公司采取公司化模式运营，系统运行初期单笔业务金额下限为 10000 英镑，而后分别于 1988年、1990 年、1992 年降至 7000 英镑、5000 英镑、1000 英镑，并于 1993年被取消。CHAPS 采用四种结算模式为其参与者提供结算服务，即实时结算、DvP、预付延时净额结算和非预付延时净额结算，其中 DvP 目前仅用于支持证券结算系统 CREST 的最终结算。为降低结算风险，1994 年 CHAPS 系统引入了净发送方限制（Net Sender Limit），1996 年 CHAPS 升级为 RTGS 模式，处理几乎全部银行间大额业务。

1996 年 3 月，CHAPSNet 建成，为 CHAPS 运行提供专项网络；2001 年 8 月，新的 CHAPS 英镑清算服务从专网移至一个基于 SWIFT 网络的技术平台上运行。CHAPS Euro 于 1999 年 9 月上线运行，通过 SWIFT 网络接入 TARGET 系统，提供大额欧元支付清算服务，该业务于 2008 年 5 月并入 TARGET2 处理。2011 年 7 月，伴随着一笔 5 亿英镑的支付交易，CHAPS 处理业务金额正式累计达到 1015 英镑。2013 年，英格兰银行引入流动性节约机制（LSM），目的是通过撮合 CHAPS 主要对手方的支付交易来提高流动性效率。2014 年，市场基础设施弹性服务（MIRS）作为 RTGS 的第三方备份服务投产运行。2016 年 6 月，CHAPS 系统每日运营时间延长至 18 点，旨在加强风险管理、改善商业银行资产负债管理状况并提升服务灵活性。2016 年，由于电子清算服务需求的日益增加，CHAPS 启动 CHAPS 更新计划，采用新的 ISO 20022 标准，目标是实现英镑结算基础设施现代化，以应对不断变化的需求。CHAPS 有限公司于 2017 年被英格兰银行并购，目的是建立更好的"直传"（Direct Delivery）大额系统，这标志着 CHAPS 正式交由英格兰银行运营，随着计划的推进，2018 年 4 月，第一家非银行支付服务提供商加入了英国支付系统。

（2）发展现状

英国的大额支付系统被称为清算所自动支付系统（CHAPS），主要用于结算大批量大额支付业务及紧急的小额支付业务。发起 CHAPS 转账时，付款方将付款请求通过 SWIFT 信息网络传输至 CHAPS 系统，系统经过清算将清算确认信息通过 SWIFT 网络发送至付款方和收款方完成清算。每笔业务均在全额基础上提交给结算账户，拥有最终性和不可撤销性。英格兰银行在备用站点设有实时账户备份系统储存主站点账户条目，以预防中央 RTGS 平台运行能力受损。在主站点和备用站点均出现问题的极端情况下，CHAPS 系统可作为日终净额系统运行。

CHAPS 的服务时间是除公共假期外的周一至周五 6 点至 18 点，系统参与者必须在每日 8 点前开放接收业务，每日 10 点前开放发起业务，银行间转账截止时间为每日 18 点，但客户转账需在 17 点 40 分前提交。

英格兰银行对 CHAPS 参与者的收费遵循以下四条原则：一是费用能满足英格兰银行在盈亏平衡的情况下长期提供 RTGS 和 CHAPS 服务的需求；二是费率在数年内不会产生大幅度波动；三是各项服务之间不存在交叉补贴的情况；四是费率在新 CHAPS 系统上线后不会产生变动。根据这四条原则，CHAPS 目前收费标准见表 2-12。

表 2-12 2019—2020 年 CHAPS 收费标准

收费类别	详情	费率（英镑）
固定费	CHAPS 综合费率	30000/ 年
	DvP RTGS 费率	15000/ 年
转账费用	CHAPS 综合费率	0.319/ 笔
	DvP RTGS 费率	1.60/ 笔

资料来源：英格兰银行官网。

注：DvP 结算主要应用于 CREST 证券结算。

2018 年，CHAPS 业务量创历史新高，较 2017 年增长 16.5%，达 4850 万笔，日均 191788 笔。业务金额同比下降 0.7%，为 83.5 万亿英镑，日均业务金额 3301 亿英镑。2010—2018 年 CHAPS 业务量见表 2-13。

表 2-13 2010—2018 年 CHAPS 业务量

年份	业务量（万笔）	业务量增长率（%）	业务金额（百亿英镑）	业务金额增长率（%）	转账平均金额（百万英镑）	日均业务量（笔）	日均业务金额（亿英镑）
2018	4852.24	16.50	8351.39	−0.68	1.72	191788	3300.95
2017	4165.18	6.90	8408.25	11.26	2.02	164632	3323.42

年份	业务量（万笔）	业务量增长率（%）	业务金额（百亿英镑）	业务金额增长率（%）	转账平均金额（百万英镑）	日均业务量（笔）	日均业务金额（亿英镑）
2016	3896.36	3.77	7557.36	10.47	1.94	154006	2987.10
2015	3754.83	2.81	6841.12	0.66	1.82	148412	2704.00
2014	365212	4.42	6795.95	−3.11	1.86	144353	2686.15
2013	3497.61	3.07	7013.89	−2.20	2.01	138245	2772.29
2012	3393.57	−0.26	7171.69	12.27	2.11	134133	2834.66
2011	3402.42	5.77	6387.68	3.72	1.88	134483	2524.77
2010	3216.88	0.76	6158.76	−4.69	1.91	127150	2434.29

资料来源：英格兰银行官网。

CHAPS 目前共有 34 家直接参与者和超过 5000 家通过直接参与者接入系统开展支付业务的间接参与金融机构。CHAPS 的直接参与者包括传统"高街银行"（High Street Bank）及一系列国际银行，被代理银行通过直接参与者接入系统并发起支付。

三、比较与思考

（一）系统模式

目前前述国家和地区的大额支付系统多采用 RTGS 模式，部分系统采用 RTGS 与 DNS 混合模式。与传统 DNS 模式相比，RTGS 模式虽然对银行日间流动性要求大幅度提高，但在风险控制方面特别是信用风险方面具有明显优势。因此，为确保系统能按本国或当地的不同需求和实际情况达到效率、风险控制与成本之间的平衡，混合型系统需要加强风险控制和报文信息流管理。

RTGS 系统被定义为能连续实现最终结算的系统，在 RTGS 系统中，资金结算按照逐笔交易进行，无须对借记和贷记支付进行轧差处理。每笔交易在很短时间内完成即具有最终性（确定性），这种特性是由 RTGS 的支付处理方式决定的。当发起行的中央银行账户清偿资金不足时，RTGS 会采取拒收或排队的机制，保证完成的每笔业务可以立即结算，最大限度地降低信用风险，避免系统性风险的发生。瑞典与中国香港的 RTGS 系统则具有混合型系统的特征，即参与者一方面可遵循 RTGS 业务规则，利用账户资金进行实时转账，另一方面也可利用系统提供的多边撮合机制同时结算多笔支付，从而达到节约日间流动性的目的。包括 Fedwire 在内的一部分系统也通过提供日间透支额度来补充参与者流动性，同时采用有抵押的借贷方式来降低系统风险。

不同的 RTGS 系统拥有不同报文信息流结构，目前主要可以分为三种类型，即 V 形、Y 形和 L 形。不同类型的结构具体信息发送流程不同。V 形报文信息流结构图如图 2-2 所示。

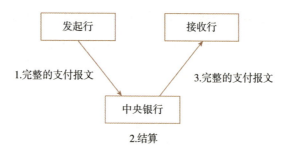

图 2-2　V 形报文信息流结构图

目前大多数 RTGS 系统采用 V 形结构，如 Fedwire 系统。在 V 形结构下，发起行直接将支付报文信息传递至中央银行，中央银行进行结算后再将报文发送至接收行，该报文一经转发即具有最终性，接收行可直接进行入账处理。此种结构的 RTGS 系统具有速度快、信用风险低等优点。

包括英国 CHAPS 系统在内的另一部分 RTGS 系统采用 Y 形结构（图 2-3），具体业务流程如图 2-4 所示。

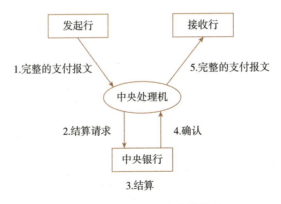

图2-3 Y形报文信息流结构图

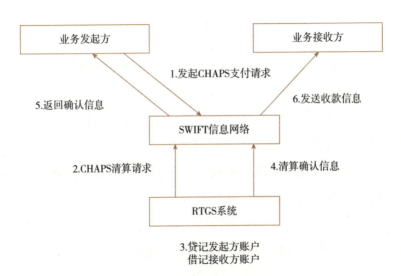

图2-4 CHAPS业务处理流程

在 Y 形结构中，发起行发送的报文信息首先传递给中央处理器（或 SWIFT 平台），信息经过中央处理器处理后再传递给中央银行进行结算。这种结构多用于基于 SWIFT 网络搭建的技术平台运行的 RTGS 系统。目前，我国支付系统结构也近似于 Y 形结构，具体业务流程如图 2-5 所示。

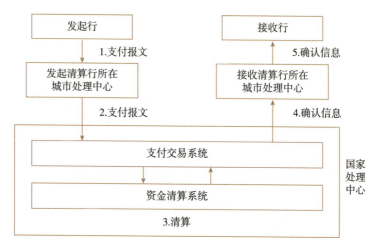

图 2-5　支付系统业务处理流程

传统意义上的 Y 形结构是两级结构，但支付系统的结算过程为三级结构，即商业银行、城市处理中心和国家处理中心。

V 形结构与 Y 形结构报文流程的共同特征是接收行在结算过程完成后才能收到支付报文，确保了支付交易的最终性。与 V 形结构相比，Y 形结构系统流程较长，传递步骤较多。我国未来可研究探索将结算过程中的三级结构改为两级结构，从而有效提升信息交互效率，减少报文传输时间。信息与资金交互频率的降低，能实现支付交易系统与资金清算系统的统一，提升支付系统资金交易结算的准确性与稳定性。

（二）运营时间及时序

RTGS 系统的营业时间是银行等参与者可以通过 RTGS 系统发起或接收转账以及使用系统附加功能的时间段。由于 RTGS 系统在大部分国家支付交易中起"主干道"作用，有一些国家的零售系统资金结算也在 RTGS 系统中进行，所以 RTGS 系统的营业时间在很大程度上是该国支付交易集中的时间段。

基于在金融全球化背景下与不同时区系统参与者进行支付交易的需求，在近代支付系统发展史中，各国 RTGS 系统的运行时间被系统运营者或各国中央银行一再延长，大多数是通过评估以匹配其他系统工作时间，我国的 RTGS 系统也因此进行了一定程度的营业时间延长。而在一个营业日中，营业时间又可以被划分为许多区间供不同参与者进行不同操作与交易，即营业时序。本章研究的主要国家和地区 RTGS 系统营业时间将换算至格林尼治时间进行对比，结果如图 2-6 所示。

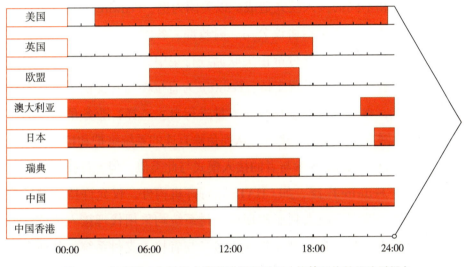

图 2-6　部分国家和地区大额系统运行时间（换算至格林尼治时间）

从图 2-6 可以看出，目前大部分国家和地区大额系统的营业时间已经能够覆盖世界主要大洲金融市场的工作时间，但进一步延长营业时间是下一步发展的趋势。除满足不同时区交易要求外，延长营业时间也能提升银行运营效率，可以有效节约系统与流动性资源。在 TARGET2 系统中，交易金额在全天营业时间内接近于线性分布，而交易量在运行时间开始的 1 小时内有较大幅度增长，随后增长趋势也趋于线性，在一定程度上避免了流动性风险和运行风险。Fedwire 延长凌晨业务时间后，此时间段内发起的国际业务也带动了国内业务量增长。

（三）参与者类型及接入

由于支付系统体量不同和参与者准入标准不同等原因，不同国家支付系统的参与者数量也有较大差别，比较典型的是 Fedwire 系统。美国存款机构、外国银行在美国分支机构和协议公司都可以在美联储开立账户并使用 Fedwire 服务，因此 Fedwire 拥有超过 8000 个参与者。而与之相对，CHAPS 系统仅拥有 33 家直接参与者。虽然参与者数量相差悬殊，但这并不代表支付系统服务效率存在显著差别，参与者数量的差别主要由参与者类型和不同的接入模式造成。以美国为例，Fedwire 参与者不仅包括传统金融机构，还包括协议公司、财政部、各国中央银行和国际组织等，并且这些参与者大部分都由美联储进行集中式监管，地区储备银行只负责日常管理并提供运营支持。Fedwire 为直接参与者提供了灵活多样的接入方式，参与者可根据自身业务量进行自主选择，业务量较小的参与者可选择网页接入或线下接入，从而免除直连的系统维护和接入费用。

BOJ-NET 和 CHATS 参与者的接入模式与此类似，但允许接入的参与者类型没有 Fedwire 广泛，如 CHATS 除特许机构外，仅允许持牌银行接入。而英国、欧洲、澳大利亚和瑞典支付系统均采用代理接入模式，即部分体量较大或是专业代理商作为直接参与者接入支付系统，其他参与者可通过直接参与者代理接入支付系统开展业务，这种参与者架构同样也有利于体量较小的参与者节约成本，我国目前也采用此类参与者接入模式。在中央银行持有 ESA 是澳大利亚 RITS 的重要准入条件之一，ESA 资格政策由世界银行执行委员会制定，考察了参与者包括流动性获取与运营水平在内的多项能力，该项政策为参与者提供了公平、公开的准入标准和良性的竞争环境。系统准入条件的标准化是支付系统发展过程中值得参考借鉴的一个重要方面。

（四）业务量

业务量是反映不同支付系统运行情况的重要指标，从第二节不同国家大额支付系统业务量的统计表中不难看出，除欧盟外，其他国家的业务量与业务金额基本呈稳定上升趋势。多数国家业务量的稳定增长主要有四个方面的原因：一是 RTGS 系统作为重要金融市场基础设施，系统覆盖面广，使用率高；二是系统建立时间较长，业务量增长已趋于稳定；三是世界经济处于稳中有升的态势；四是由于 RTGS 系统比 DNS 系统在结算的实时性方面具有优势，支付业务有从 DNS 转至 RTGS 的发展趋势。这也表明这些国家的支付系统趋于稳定，规模处于稳中有升的状态中。

欧洲 TARGET2 系统虽然从业务规模上看是全球最大的大额支付系统，由于欧盟国家较多，不同国家之间经济情况差距较大，情况复杂，在此不作详细分析，但近年来欧盟经济下行可能是造成 TARGET2 系统业务量下降的原因之一。近年来，部分欧盟国家多次发生主权债务危机、税收提高、物价上涨、消费与投资缺乏拉动经济的能力，可能都对 TARGET2 系统业务量造成了一定影响。

Fedwire 系统近年的业务量稳定增长，但业务笔均金额有一定程度下降，可能的原因是支付交易受到了国内其他支付系统的分流。此外，可能导致业务量增长而笔均金额下降的原因还有：一是 Fedwire 对一定金额以上的转账交易收取附加费可能导致参与者业务分流或进行业务拆分；二是 Fedwire 多次延长运行时间满足了 CHIPS 跨境零售业务时间需求，零售业务具有笔数多金额小的特点；三是美国近年来实行贸易单边主义产生了美元贸易结算的合规监管制裁，由于美元货币监管的政策变化，单笔金额较大的以美元计价的大宗商品交易存在一定程度的减少。

由于国家或地区经济情况对支付系统运行有一定影响，对比不同国家按购买力平价（PPP）衡量的人均 GDP 与大额支付系统业务笔均金额之间的关系（数据均来自世界银行官方数据与各国中央银行官网）可以得到，2010—2018 年不同国家或地区按 PPP 衡量的人均 GDP，以及 2018 年各个国家或地区按购买力平价衡量的人均 GDP 与大额支付系统业务笔均金额的关系，如表 2-14、表 2-15、图 2-7 所示。

表 2-14 按 PPP 衡量的人均 GDP（2011 年不变价国际元）

国家或地区	2010 年	2011 年	2012 年	2013 年	2014 年	2015 年	2016 年	2017 年	2018 年
中国	9498.08	10355.50	11115.11	11919.61	12725.09	13534.85	14368.63	15253.99	16186.79
美国	49479.25	49883.11	50632.44	51208.89	52080.79	53187.57	53631.76	54470.80	55681.05
英国	36508.78	36820.32	37094.31	37600.78	38418.57	39009.71	39425.20	39862.35	40157.98
欧盟	34135.18	34760.81	34551.52	34547.90	35075.14	35815.59	36462.90	37351.81	38076.03
日本	35749.76	35774.70	36367.60	37148.60	37337.32	37834.05	38108.41	38907.37	39293.50
澳大利亚	41529.78	41965.36	42847.77	43218.26	43672.13	44053.73	44605.65	44888.02	45439.31
瑞典	42988.81	43808.50	43355.81	43522.35	44213.88	45698.50	46339.12	46681.17	47193.58
中国香港特别行政区	48107.71	50085.96	50378.32	51732.44	52789.41	53591.80	54420.07	56087.69	57322.46

资料来源：世界银行数据库。

表 2-15　2018 年各个国家或地区人均 GDP 与业务笔均金额对照表

国家或地区	按 PPP 衡量的人均 GDP	业务笔均金额（百万）（当地货币）	PPP 因子	业务笔均金额 /PPP	当地人均 GDP/ 美国人均 GDP（G）	当地购买力平价后业务笔均金额 / 美国业务笔均金额(P)
美国	55681.05	4.52	1	4.52	1	1
英国	40157.98	1.72	0.8	2.15	0.721215	0.475664
澳大利亚	45439.31	3.86	1.5	2.573333	0.816064	0.569322
瑞典	47193.58	28.57	9.4	3.039362	0.84757	0.672425
中国	16186.79	4.06	3.8	1.068421	0.290706	0.236376
中国香港特别行政区	57322.46	25.57	6.4	3.995313	1.029479	0.883919

资料来源：世界银行数据库。

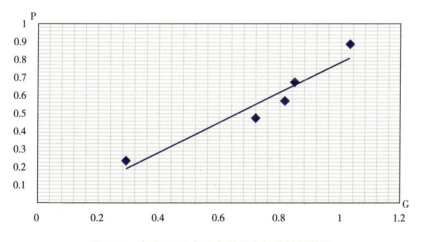

图 2-7　人均 GDP 与业务笔均金额线性相关图

通过计算得出图 2-7 人均 GDP 与业务笔均金额间 Pearson 相关系数 $R^2=0.9243$，系数显著性 $\rho=0.009<0.05$，证明人均 GDP 与大额支付系统业务笔均金额之间有较强的正相关性，说明支付系统业务量与其所在国家或地区的经济发展情况具有显著相关性。选取业务笔均金额作为比较

标准对比不同国家的支付系统业务量时，相关性分析的结果再次证明了经济发展水平与支付系统发展水平之间存在强关联性，即人均 GDP 越高，支付系统业务量越大。

（五）收费

各国支付系统对参与者的收费标准基本满足收支平衡原则，即支付系统对参与者收取的费用能覆盖系统开发、运行、维护与参与者管理的成本，并在此基础上控制盈利在一个极低的水平，从而得到最终的参与者费率。大部分国家的支付系统收费采取"固定费 + 转账费 + 附加费"模式，支付系统参与者按月或按年缴纳一笔固定费用，并为发起（或接收）的每笔转账缴纳一定费用，对附加服务（如系统接入、证书办理、信息请求等）另行收费。

TARGET2 的收费模式为其参与者提供了更多选择，体量小的参与者倾向于选择"低月费 + 固定交易费"模式，体量大的参与者则可通过选择"高月费 + 递减交易费"模式以节约成本。这种收费方式与我国支付系统目前"套餐式"收费类似，核心即允许参与者根据自身实际情况通过选择不同模式或套餐以降低营业成本。TARGET2 和中国香港 CHATS 也在一定程度上对转账业务采取了阶梯定价，保障了支付系统对不同参与者收费的公平性。从目前实施情况来看，多模式与阶梯型的收费方式在满足系统运营要求的同时也更贴近参与者需求。

附加费的收取对引导支付系统参与者在某个时间段进行交易或优先进行某些类型交易起到了积极作用。通过调控不同条件下的附加费率（如 Fedwire 对日终阶段发起的交易收取额外附加费），支付系统运营者可以达到降低系统风险或流动性风险的目的。在基准费率之外，优惠费率也能刺激参与者提高支付系统利用率，Fedwire 对用户转账收费有额外的优惠政策，除对转账费采取阶梯定价外（业务量越高转账费越低），还对新用户和业务量超出历史业务量 60% 的参与者提供优惠转账费率，该优惠转账费率主要惠及支付系统新用户。值得关注的是，瑞典 RIX 和澳大利亚 RITS 与前述的系统收费模式有所不同，RIX 将日常收费无法涵盖的经营成本平均分摊到当地一定体量以上的参与者以达到收支平衡，RITS 则对业务发起方与接收方同时收费，并对业务量和业务金额分别计费。

第三章 CHAPTER 3

支付系统业务发展情况

一、总体架构

（一）美国

1. 法律基础

Fedwire 的法律基础主要为《联邦储备法案》《统一商法典》的 4A 条、《执行委员会规则》的 J 条 B 款和《第 6 号运营公告：通过 Fedwire Funds Service 服务转移资金》等，这些法案对 Fedwire 运行的方针政策做了详尽规定。

《联邦储备法案》授权美联储提供资金汇划和结算服务，并收取一定费用，法案允许美联储接收其成员行的存款，也可以接收其他储备银行用于交换和归集的存款，法案授权联储执委会监管联储银行之间的资金汇划，并要求各家联储银行为存款机构提供清算服务。《货币控制法案》规定，Fedwire 是美联储提供的一项金融服务，其服务定价以长期收回所有直接成本和间接成本为原则，其中包括投入的成本，加上假设有私营公司提供这些服务应获得的股权收益，其目的在于确保对私营部门金融服务提供者而言的公平性。该标准还要求美联储从事货币政策制定、金融机构监管以及再贷款职能的员工与提供 Fedwire 支付服务的员工分离，以避免中央银行不同职责之间的冲突。

《J 条例》中的 B 部分（通过 Fedwire 进行资金汇划）规定了 Fedwire 中各方的权利和义务，条例的发布程序遵循《联邦行政程序法案》，在正式生效前公开征询了公众意见；作为联邦法律，《J 条例》优先于美国各州和地区法律的任何与其不一致的规定，《J 条例》B 部分要求美联储发布运营通告，管理资金汇划运营过程中的细节问题。《第 6 号运营通告》中发布了所有联储银行统一的格式合同，约定了美联储和每一个在联储银行开户的 Fedwire 参与者的权利和义务。《第 1 号运营通告》要求所有主账户都要受美联储监管，特别是受支付系统风险政策监管。美国破产方面的法律规定美国银行法清算条款豁免零点法则，根据美国法律，通过 Fedwire 结算的资金不受参与者破产的影响，除非法院认定这笔支付属于欺诈性转账或由于其他非法行为而无效。几乎所有的 Fedwire 直接参与者都是美联储许可的金融机构，所有的协议都在美国法律保护下签署，因此基本不会遇到非美国司法管辖问题。当外资银行的美国分支机构破产时，适用"属地原则"（"单独实体原则"），即美国的分支机构单独按照美国的法律执行破产清算，无论其境外机构在母国如何清算。

支付系统涉及的其他法律还包括外国资产控制办公室的相关管理规定，存放在交易账户中的电子资金转账涉及《快速资金可用性法案》，某些消费者电子资金转移涉及《电子资金转移法》，银行反洗钱和记录保存要求涉及《银行保密法》，以及关于扩大法律强制调查工具以打击恐怖主义的《美国爱国者法案》等。

2. 治理结构

美联储下设 12 个联邦储备银行，联邦储备银行由会员机构所有，均有各自的董事会，并代表公共利益和私人利益。根据美联储执委会关于《美联储在支付体系中的角色》的表述，美联储在"提供金融服务"方面的职责包括促进支付渠道的整合和效率，确保在公平竞争的氛围下向所有存款机构提供支付服务。根据联邦储备法案，美联储执委会对美联储和 Fedwire Funds Service 进行监管，美联储执委会建立了两个委员会，直接指导支付和结算系统相关工作，一是美联储事务委员会（Committee on Federal Reserve Bank Affairs），负责美联储执委会对美联储业务、预算和战略计划的总体监管，负责监管美联储提供的金融服务及其定价；二是支付系统政策建议委员会（The Payments System Policy Advisory Committee），负责向美联储执委会提出国内和国际支付结算工作及相关风险管理的政策和战略建议。除上述委员会之外，美联储执委会工作人员通过检查分析支付结算问题、制定支付结算监管政策等方式，由美联储运营和支付系统部门（The Division of Reserve Bank Operations and Payment Systems）支持美联储执委会对美联储金融服务的总体监管。Fedwire 的运行和管理机构由联邦法律和美联储执委会指定，受美联储执委会的监管，并向美联储执委会和社会公众负责，目前 Fedwire Funds Service 的日常运营和管理由纽联储负责。

联邦储备法案、纽联储的规章制度、纽联储董事会的常务委员会章程、管理委员会及下设的子委员会章程共同规定了纽联储雇员服务于 Fedwire 的职责。根据联邦储备法案第 4（6）条和纽联储的规章制度，纽联储的董事会负责 Fedwire 工作的监管和控制，一般情况下，纽联储的董事应掌握当地经济现状，并了解这些情况对全国经济的影响。按照审计和风险委员会的相关要求，负责纽联储风险管理框架的董事必须具备一定的独立性和专业水平，对风险管理实践有着成熟、充分的认知，同时至少一名董事须是证券交易委员会认定的金融专家。美联储董事会有权任命行长、制定本行章程，行长是美联储的 CEO，董事的主要职责包括三个方面：一是本行工作的监督管理；二是参与国家层面货币和信贷政策的制定；三是联系政府和私人部门。

纽联储的规章制度及下设的三个常务委员会，进一步规定了行长和各常委会的职责和义务：提名和公司治理委员会负责监督行长的工作，包括管理行长的利益冲突和投资限制，确保审计和风险委员会能及时获得与行长相关的政策风险，每年评估董事会、董事会下设委员会以及每名董事会成员的工作表现；管理和预算委员会监管和引导纽联储的战略和实施工作，包括涉及美国批发产品办公室（Wholesale Product Office，WPO）的相关工作；审计和风险委员会负责纽联储的风险管理框架和 WPO 的监管工作。

纽联储董事会审计和风险委员会负责协助纽联储董事会评估涉及 Fedwire 的财务报告管理、独立审计职能和风险管理实践的充分性和有效性。纽联储的董事会通过审计和风险管理委员会接收纽联储首席风险官、总法律顾问、首席合规官、总审计师和 WPO 产品总监的报告和简报，制定风险管理政策并开展风险管理工作。

纽联储成立了 WPO，通过与其他储备银行签署协议，负责 Fedwire 的日常管理，受纽联储董事会的监管和控制。由于 WPO 代表纽联储与所有储备银行联合运行 Fedwire，WPO 的治理结构既要考虑纽联储的日常监管，又要兼顾支持所有与美联储的共同决策，每个联储银行都保留自由裁量权。WPO 制定了事件管理协议和手册，以便在涉及 Fedwire 应用程序和支持基础设施中断的危机情况下，促进所有内部利益和外部利益相关方之间的沟通和决策。根据协议和手册，问题或问题的严重性级别决定了危机中调用的沟通和决策程序，问题的严重性级别判定由指定的业务事件管理员基于问题的范围、对客户影响和持续时间作出。作为协议和手册的补充，WPO 利用风险框架来管理 Fedwire 决策和严重信息安全事件的通信，同时纽联储对 Fedwire 设置了最小的风险容忍度。审计和风险委员会的一些职责专门针对 WPO 设立，例如，委员会对 WPO 遵守 PFMI 的情况进行监管、指引和反馈，通过定期听取 WPO 产品总监和其他高管关于战略重点和风险管理的报告，确保 Fedwire Funds Service 的设计和规则，以及 WPO 的整体战略和主要决策能够符合服务的直接参与者、间接参与者及其他相关利益方的合法利益。

纽联储行长担任 CEO，对纽联储的所有活动负责。纽联储的执行官员组成纽联储管理委员会，每位执行官对个人专业领域内的特定纽联储职能负责。例如，WPO 的产品总监与项目经理一起负责管理 Fedwire 的运营，纽联储的职能范围在纽联储与其他储备银行的服务协议中列出。纽联储相关部门负责人，包括首席风险官、总法律顾问、首席合规官和总审计师，负责对所有纽联储的活动进行独立的风险评估，他们每个人都有权制定解决这些风险的框架，并将风险问题递交至纽联储的行长和董事会。

纽联储的管理委员会通过下设子委员会支持其在指导和执行纽联储重点战略方面发挥主要作用，主要包括优先事项子委员会、运营服务子委员会和风险子委员会。优先事项子委员会（Priorities Subcommittee）为纽联储确定了目标、战略举措和可交付成果；运营服务子委员会（Operational Services Subcommittee）帮助指导和执行纽联储及与纽联储面向外部运营服务相关的战略重点；风险子委员会（Risk Subcommittee）负责支持业务领域（包括 WPO）识别和评估主要风险，并根据纽联储的风险承受能力指导管理这些风险。每一个子委员会都由行政和其他高级纽联储官员组成，包括来自 WPO 的人员。

尽管每家联储银行都是独立的法人，但联储银行经常共同行动以保证政策和服务的一致性。涉及 Fedwire 的核心结构由所有联储银行董事会通过，并由 12 家储备银行共同签署协议实施。这些协议规定了纽联储作为 Fedwire 运营者的职责，并规定了每家联储银行作为服务者的权利和职责。如有必要，储备银行之间在金融服务方面的协调与合作主要由其行长会议负责组织，行长会议由各家储备银行行长组成，以讨论联邦储备系统的战略利益问题及储备银行共同关心的其他问题，每位储备银行行长都有权在未经储备银行董事会特别授权的情况下就该储备银行一般业务范围内的事项作出决定。如果行长会议正在审议与某家储备银行战略有关或涉及储备银行重大利益的事项，那么该储备银行行长必须与其所代表的储备银行董事会意见一致。

行长会议建立了金融服务政策委员会和 IT 监管委员会来协调联储银行工作。金融服务政策委员会为美联储金融服务和相关支持功能确定发展方向，并引导美国支付体系发展，IT 监管委员会为美联储的 IT 工作制定战略方向和政策，制定国家级的 IT 标准和安全政策，监管国家级的美联储 IT 服务，由各联储银行的第一副行长组成的第一副行长会议也扮演了重要角色。行长会议、金融服务政策委员会、IT 监管委员会和第一副行长会议分别指定其下设的委员会承担相应职责。

金融服务政策委员会由 3 家联储银行行长和 2 家联储银行的第一副行长组成，其中一位是第一副行长会议主席。代表董事会的一名高管、联储的首席信息官（里士满联储银行的官员）、支持美联储金融服务的各产品和支持办公室的产品经理（包括 WPO 的产品经理）、金融服务委员会（金融服务政策委员会的一个常务委员会，关注影响美联储金融服务的事项）主席以及联储支付战略负责人都是金融服务政策委员会的联络成员。根据行长会议指引，在行长会议的战略指导下，金融服务政策委员会对美联储金融服务和相关支持功能提出总体指导，并引导美国支付系统的不断发展，该委员会指引规定了其特定职责：一是经过与相关利益方协商后，向行长会议提出美联储金融服务的整合战略计划；二是审定美联储金融服务和相关支持功能的年度整体业务计划；三是提供有关产品办公室战略计划的意见，并审定涉及现有战略计划的重大变更；四是批准、监督和指导美联储的主要项目。

所有的美联储官员和雇员，包括行长会议和金融服务政策委员会成员，都受同样的行为准则限制，也受到相同的犯罪利益冲突法令限制，他们一般不允许持有存款机构及其分支机构股份或对其进行投资，也不允许购买集中于金融服务部门的投资基金。美联储官员和雇员还禁止接受被监管机构或其他任何想要与美联储进行业务合作的机构赠送的礼物。

3. 全面风险管理框架

Fedwire 作为 FMI 面临运行风险、战略风险、合规风险、财务报告风险、声誉风险、法律风险等风险。纽联储制定了风险管理框架、风险容忍政策和风险容忍声明，并由纽联储董事会的管理委员会和审计与风险委员会每年定期评估，纽联储风险小组至少每年评估一次风险容忍政策，并将风险容忍声明提交给审计与风险委员会审批。此外，WPO 制定了自身的风险容忍声明及相关的政策、流程和系统，提交纽联储的风险子委员会评估和签署。

纽联储在风险管理框架、风险容忍政策和风险容忍声明中，都规定采用三道防线风险管理模型，强调第一道防线（业务运行）和第二道防线（集中风险管理）之间的相互作用和交流，并保持第三道防线（审计）监管的独立性。纽联储依靠这三道防线管理 Fedwire 的风险。第一道防线包括 WPO 和其他联储银行提供的 Fedwire 批发运行站点（Wholesale Operations Sites，WOS）服务。这些机构负责识别、评估、防范、监控和报告风险，并在纽联储和 WPO 的容忍范围内管理风险，WPO 是管理批发运行站点提供的服务以及确保风险管理实践符合纽联储风险管理框架的最终责任者。第二道防线涉及为纽联储提供独立风险评估、独立风险监管、风险框架及风险政策制定和维护的内设部门，负责支持第一道防线实施风险管理框架。中央风险管理职能部门负责独立评估 WPO 的风险管理以及对政策和程序的遵守情况，该部门定期更换纽联储的首席风险官、其他纽联储控制职能和业务领域的风险代表，以及纽联储管理委员会风险小组委员会成员；了解与 Fedwire 相关的风险，并每季度向纽联储董事会的审计和风险委员会提交综合风险报告。第二道防线涉及的另外两个部门是法律小组和信息安全职能部门。第三道防线是纽联储内审部门，负责对 Fedwire 识别和管控风险的有效性进行独立评估，包括每年对 Fedwire 进行一次基于风险的内部审计，并对 WPO 的重要项目、业务运营、新计划进行审计。内审部门还会对其他两道防线的工作提出建议，并向纽联储董事会审计和风险委员会直接报告。

美联储执委会的支付系统风险政策鼓励 Fedwire 控制信用风险。例如，根据支付系统风险政策，美联储向参与者提供免费的有抵押日间透支，但对无抵押的日间透支要收取费用，鼓励参与者控制信用风险。美联储向所有 Fedwire 参与者提供了一系列安全流程和规则，防止网络安全风险和欺诈风险，《第 5 号运营通告》规定了参与者接入美联储的细节条件，并规定如果参与者因没有实施规定的信息安全措施而引发风险事件，纽联储不承担责任。

Fedwire 开发了联邦支付管理应用，参与者可以通过它生成、更新、核实和管理报文，可以根据自身的业务和风险容忍度自行设置相关参数。2017 年 10 月，美联储新上线并改进了一些功能，使参与者能够更好地管理报文。Fedwire 将许多美联储和第三方的服务纳入应用体系，包括电力和通信网络供应等基础设施服务，为此，WPO 密切监控这些服务，并且积极维护与供应商的关系，美联储也努力确保系统可用性，并定期评估恢复计划的可靠性。

纽联储组织了批发支付顾问组，负责实现 WPO 与系统主要参与者代表间的日常交流合作。该顾问组由纽联储主管 Fedwire 的官员担任主席，一般每年组织 3 次论坛，用于 WPO 与系统参与者讨论 Fedwire 的运行与使用、未来改进及市场标准的需求及相关法律和监管问题，该顾问组也是 WPO 在重大突发事件中宣传和收集系统关键参与者信息的渠道。此外，美联储还通过 WPO 与用户关系和支持办公室定期听取用户和行业组织对 Fedwire 服务提升的建议，WPO 利用外部反馈信息评估 Fedwire 参与者的业务需求和对新功能和服务的需求，广泛了解可能影响 Fedwire 的商业环境和行业趋势。

《联邦行政程序法案》中要求的规则在正式发布前必须听取社会公众意见，如果美联储执委会认为有必要，法案规定之外的规则也会向社会公众征求意见。例如，美联储从 1997 年起将运行时间从每天 10 小时延长至每天 18 小时，2004 年延长至每天 21.5 小时；2009—2011 年，根据参与者反馈意见，Fedwire Funds Service 对报文格式进行了优化，提供了更丰富的收付款人信息；2014 年 11 月，美联储优化了 Fedwire Funds Service 的底层技术，使系统能更好地满足当前和未来的客户需求；2016—2017 年，WPO 组织相关利益方对 Fedwire Funds Service 采用 ISO 20022 报文格式标准的相关改进进行了意见征询。

CHIPS 全面风险管理

　　CHIPS 拥有完善的风险管理框架，可以全面管理由系统产生或承担的法律风险、信用风险、流动性风险、运行风险、一般业务风险、托管风险、投资风险等，并定期进行内部审计。清算所协会（TCH）采用健全的、覆盖全企业的风险管理框架，该框架由管理委员会批准实施并每年进行修订，明确了企业风险识别、评估、监控和报告过程的要素，用于识别、监视和管理金融体系、系统及其参与者的风险。

　　根据风险管理框架，TCH 通过以下措施持续开展风险的识别和监控工作，具体包括：一是基于 CHIPS 的业务、运营、技术、信息安全和法律风险进行的年度产品风险评估，用来识别和衡量系统产生和承担的风险；二是包括系统产品团队在内的各部门季度风险评估；三是各部门对新发现的风险进行持续的自我报告。根据 PFMI、TCH 的风险管理框架和系统流动性风险管理计划，公司通过持续跟踪关注业务指标和关键风险指标监控与系统运营相关的风险，识别、监测和管理由关键供应商、Fedwire 和参与者引发的风险，并已完成符合 HH 法规要求的 CHIPS 应急处理和故障处置计划。

　　TCH 根据其章程成立了审计委员会，该委员会至少由来自最高层成员审计部门的 5 名高级代表组成，其成员由管理委员会任命，且独立于董事会。按照委员会章程的规定，审计委员会负责 TCH 的内部审计和内控制度审计，协助监督和管理委员会；负责审议 TCH 的首席审计员、内部审计员、内部审计部预算、继任计划、人员编制和人员资格。管理委员会主席每年向委员会报告一次内部控制的有效性、年度财务报表以及外部审计的独立性。HH 法规要求 TCH 每两年对其法律、治理、风险管理和运营框架进行一次全面的公开披露。

（二）英国

1. 法律基础

英国中央银行的管理机构是董事会，中央银行的监管职责由《英格兰银行法案》（1998 年修订）确立，其他涉及的法律包括《银行法》（2009 年修订）和《金融服务法案》（2016 年修订）。此外，RTGS 涉及的规章制度包括：RTGS 账户授权条款和条件；英格兰银行、支付系统运营商和直接结算参与者之间的多边协议；与支付系统运营商之间的双边协议；准备金账户附加文件、日间流动性贷款附加文件、CREST 结算行的附加文件、英镑货币体系条款与条件。除此之外，英格兰银行还提供《RTGS 参考手册》和一系列指引与补充 RTGS 的法律文件，与负责运营 CREST 的公司以及 CHAPS 有限责任公司的关系相关的谅解备忘录或双边协议，与零售支付系统服务商间的结算服务协议。

英格兰银行只在英国范围内提供英镑的 RTGS 服务，不存在司法管辖外的情况。英格兰银行允许 RTGS 账户持有者使用以欧元计价的中央银行资产作为抵押品来获取英镑流动性，欧元资产由英格兰银行保存在欧元区中央银行的指定账户中，英格兰银行与欧元区中央银行之间的协议应遵守当地有关法律。

2. 治理结构

RTGS 不采用商业化运营模式，其运营和管理受英格兰银行相关标准和安排的监督，包括英格兰银行董事会、审计和风险委员会，RTGS 的治理安排在英格兰银行年报和官网中公开。

董事会的职责由法律确定，各委员会有明确的角色、职责、构成和报告路径，这些委员会最终向英格兰银行行长负责，并通过行长向董事会负责。董事会将日常的管理执行权力交由总监和执行董事行使，但保留一系列决策权。英格兰银行分管市场和银行的副行长对中央银行支付服务运行负总责，银行、支付和金融弹性的执行董事监管中央银行支付服务的运行和战略发展，市场服务部负责 RTGS 的日常运营。RTGS 运营和管理涉及的委员会包括：RTGS 战略委员会（RTGS Strategy Board）、RTGS 交付委员会（RTGS Delivery Board）、风险委员会（Risk Committee）、运营委员会（Operations Committee）和执行风险委员会（Executive Risk Committee）。

RTGS 战略委员会是英格兰银行 RTGS 服务交付的高级管理机构，负责 RTGS 服务的总体战略方向和交付，其职责包括：确定英格兰银行运营和发展 RTGS 的长期战略，并审批系统的总体工作计划；确定英格兰银行在其 RTGS 运营中的风险容忍度，并定期审查、管理和缓解这些风险；评估政策问题，包括监管和市场结构问题及影响 RTGS 服务和潜在用户需求的领域；审批 RTGS 的投资重点。RTGS 战略委员会的主席是分管市场和银行的副行长，其成员包括：首席运营官、首席信息官、银行市场服务的执行董事、银行和支付运营的执行董事、支付系统监管的负责人及管理、运营 RTGS 部门负责人和专家，英格兰银行的内部审计人员作为观察员参加委员会，委员会不吸收外部成员。CHAPS 由英格兰银行的金融市场基础设施理事会（Financial Market Infrastructure Directorate）按照与其他系统重要性支付系统相同的标准进行监管。2017 年 5 月，英格兰银行宣布直接接管 CHAPS 系统的运营，并对相关的治理结构进行调整。

RTGS 交付委员会由主管银行、支付和金融弹性执行董事主持，负责支持为使 RTGS 服务达到商定的战略和服务标准的管理，并根据内外部服务协议监控、检查系统的性能，以确保所有风险问题均能得到及时解决，风险委员会和运营委员会向交付委员会报告工作进展。RTGS 的一线风险委员会负责确保识别、评估和降低与 RTGS 服务运营相关的风险，风险委员会主席来自负责 RTGS 服务的日常管理和运营管理团队；运营委员会由负责管理和运营 RTGS 服务的管理者担任主席（与主持风险委员会的人不同），负责 RTGS 服务实时运营的一线监督；执行风险委员会是由负责审慎监管的副行长主持的二线风险管理委员会，负责全行风险管理框架的运作，以及监督降低英格兰银行整体风险行动的优先级，执行风险委员会直属董事会及其审计和风险委员会。

RTGS/CHAPS 董事会负责对 RTGS 基础设施和 CHAPS 支付系统的战略领导，并且对 RTGS 更新计划负责。董事会负责履行中央银行职责，以便在全行更广泛的治理结构内运作，力求提高英镑支付的效率、创新性和竞争力，并通过维持货币和金融稳定来维护英国民众的利益，RTGS/CHAPS 董事会直属英格兰银行行长和董事会。作为系统性重要支付系统的运营者，英格兰银行对 CHAPS 支付系统的端到端风险管理负责。董事会通过监督所有可能影响支付系统弹性的风险来支持风险管理工作，RTGS/CHAPS 董事会每年举行 6 次会议，其成员包括 4 名独立的外部受聘人员，以便为董事会的决策提供额外的思路、更广泛的经验和洞察力，董事会将 CHAPS 和 RTGS 风险管理框架、风险容忍度和风险状况监控职能委托给其下设的风险委员会。风险委员会每年举行 6 次会议，由 5 位成员组成，其职责包括：设定战略目标，设置风险容忍度，审查风险管理框架并监督风险状况和风险缓解，审查审计计划，审查业务连续性和危机管理。风险委员会通过战略咨询论坛（Strategic Advisory Forum）和用户服务组（Service User Group）与 RTGS 和 CHAPS 用户沟通。

3. 全面风险管理框架

英格兰银行的治理安排中涵盖了清晰的风险管理框架，并在其年报中进行披露。总体而言，英格兰银行对 RTGS 的运行风险容忍度非常低，英格兰银行制定了定性和定量相结合的关键风险指标体系，并形成了相应的监控和风险环境以支持该目标。《RTGS 风险管理框架》详细介绍了影响 RTGS 运营、政策实施和财务风险的监控和管理方法，描述了 RTGS 内部治理结构、三道防线和监控工具（如关键风险指标和风险范围扫描）。第一道防线通过运行实时服务监控、定期向 RTGS 交付委员会和战略委员会汇报、日常穿透测试和其他安全测试、关键绩效指标季度评估、定期补丁和升级，实现对日常运行风险的监控。每年举行一次外部 ISAE

3402审计会评估英格兰银行提供的RTGS服务是否达到了规定水平，旨在对内部审计、内部运行风险管理、合规及其他风险控制措施进行补充。第二道防线确定了英格兰银行总体风险管理框架，为第一道防线提供工具和支持，向英格兰银行负责审慎监管的副行长汇报，并向英格兰银行董事会的审计和风险委员会及其他部门直接汇报。内部审计是英格兰银行的第三道防线。中央银行负责内部审计的领导是RTGS战略委员会的观察员，可以独立向英格兰银行审计和风险委员会报告。

英格兰银行的应急管理基于金—银—铜三级管理框架并持续改进，对可能影响RTGS服务正常运行的危机事件的处理决策和报告路径进行了明确规定，并针对RTGS账户持有者财务危机作出了应急安排。2016年11月，英格兰银行集中了所有涉及的金融部门，模拟了RTGS长期停机的场景（SIMEX16），测试各部门对宕机事件的合作与响应能力。

RTGS主要的风险是运行风险、信用风险、法律风险和第三方风险。董事会评估风险管理和内控机制的有效性，确定风险管理战略和风险容忍度。RTGS风险委员会定期监测和审查详细的运行流程、系统风险容忍度和关键风险指标，每季度审查更新风险文件并进行风险扫描与评估。市场和银行部门有两项职责，一是分析和控制抵押品带来的风险，二是对英格兰银行的资产负债表提供整体评估和预审计。有效的风险管理工具包括风险等级、危害列表、关键风险指标、水平扫描和危机事件管理体系。

英格兰银行具备监控运行状态的实时界面和供账户持有者实时管理流动性的工具，RTGS具备包括LSM在内的多项措施激励账户持有者管控风险，CHAPS要求直接参与者尽早提交结算指令以节约其流动性，降低运行和系统性风险。英格兰银行作为RTGS的运营商会在适当时候直接与参与者沟通，英格兰银行是许多支付系统运营商相关委员会的观察员，可以与直接参与者交流其对RTGS的需求。在考虑RTGS的目标和设计时，英格兰银行必须平衡各种用户的需求和公共政策的更广泛目标，这些目标多数具有一致性，但有时英格兰银行可能需要在不同目标之间进行权衡。当涉及 RTGS 大型投资或系统变更时，英格兰银行会与支付系统运营商、账户持有者进行广泛沟通，有时候还会扩大到企业等终端用户。例如，在 2017 年 5 月发布新一代 RTGS 蓝图前，英格兰银行就向一百多家机构征求了意见，包括现有的和潜在的 RTGS 用户、中央银行和学术界代表。

英格兰银行开发了一系列应用，有效地满足了账户持有者和支付系统运营商的业务需求，主要包括通过外网向 CHAPS 直接参与者提供的商业智能工具，用于传输 CHAPS 交易数据；为 CHAPS 支付业务提供 LSM 并开发了完善的中央调度系统，有效地节约了参与者的流动性；开发了 MIRS 作为 RTGS 服务中断的应急备份；为 Bacs 系统和快速支付系统（FPS）设计了预注资机制，有效防范了结算风险。

董事会通过中央银行季度情况报告了解 RTGS 的可用率情况，RTGS 交付委员会主要通过监测系统性能等方式确保 RTGS 的效率和效力。RTGS 每年开展一次外部专家审计和定期内部审计，费率评估包含在审计范围内，同时将 RTGS 相关投资项目纳入英格兰银行标准的项目管理流程进行管理。当 RTGS 开发了新功能时，英格兰银行会组织一系列的培训，也会定期与外部相关利益方共同评估 RTGS 的效率和效力。

英格兰银行通过官网公布《RTGS 条款与条件》、费率及其他相关信息。RTGS 的收费情况会向相关的账户持有者通报。除此之外，一些运行文档和协议会与相关的账户持有者和支付系统运营商共享。特定支付系统参与者管理由相应的支付系统运营商负责。《RTGS 条款与条件》清晰地明确了结算账户的准入、持有和退出要求并定期更新，是约束英格兰银行和账户持有者的双边协议，任何修订都必须接受完整的内部评估，并经过英格兰银行法律顾问的审核。英格兰银行会向账户持有者及支付系统运营商提供《RTGS 参考手册》及相关文档并定期更新，从用户角度对 RTGS 技术细节进行描述，整套文档都会与潜在账户持有者共享，便于其充分了解相关的权责和风险。PFMI 的披露程度不能影响系统安全，也不涉及商业敏感信息，英格兰银行在其官网公布了 RTGS 服务的可用率及业务量统计信息，并通过季度简报的形式提供更多与 RTGS 相关的设计和运行信息。

（三）欧洲

1. 法律基础

TARGET2 的法律基础在各个成员国均适用且具有同等约束力，并根据各国情况通过合同或系统指引的形式实现。尽管从技术角度来讲，TARGET2 在单一平台上运行，但从法律角度来讲，其结构是系统的系统，每个参与的中央银行均有其本国的 TARGET2 系统，依据各国法律和最终结算指令，各国参与者通过其本国中央银行参与 TARGET2。欧洲中央银行的 TARGET2 指南对每个参与国的中央银行均具有约束力，从而确保参与者能够在每个国家或地区获得同等待遇和结算最终性。TARGET2 指南规定了各国中央银行运营 TARGET2 子系统的主要条件和相互协调条款，以及每个参与国 TARGET2 组成部分的规则，欧洲中央银行监督其在每个司法管辖区的执行情况。欧洲中央银行网站披露了多语言版本的 TARGET2 指南，包括支付业务发起时间、结算最终性、违约事件和各国系统及运营商的应急处置流程。欧洲中央银行定期审查该指南以判断是否需要更新相关技术指引或法律规范，并根据参与者的反馈决策是否需要更新。

2. 治理结构

TARGET2 的治理结构分为三层：第一层是欧洲中央银行董事会，对 TARGET2 最终负责，并确保其公共职能；第二层是欧洲中央银行，对 TARGET2 负次要责任，完成第一层指派的任务；第三层是为欧元体系建立的供中央银行使用的单一共享平台。同时，TARGET2 设立内外审计等部门以及多个侧重点不同的委员会，其设立遵循欧盟运行协议中规定的义务，包括支持欧洲货币政策实施与欧元市场运转，降低支付市场系统性风险以及提高欧元跨境支付效率。

董事会基于"协议"建立，协议决定了董事会的构成，其成员由欧洲议会及成员国指派，TARGET2 同时接受内、外部审计和监管，审计人员直接向董事会负责，董事会设有专门委员会辅助其工作。TARGET2 的监察职能与运行职能相互独立，二者均处于各国中央银行委员会这一层级，所有关于 TARGET2 职能和结构的主要决定由董事会下达，此类决定来源于欧洲中央银行成员，他们同时作为参与者顾问，从国家及欧洲整体角度考虑系统问题。

3. 全面风险管理框架

在三层治理结构中的第二层欧洲各国中央银行负责风险管理，向董事会报告可能出现的各种风险，针对不同类型的风险，均有特定的安排以防范风险敞口，并向董事会定期汇报系统状态，包括系统运行情况、风险管理以及任何被监测发现的潜在极大风险。根据系统条款，参与者需要做好安全管理工作，特别关注有关信息安全方面的内容，基于参与者风险敞口等级的评估对危险级别的参与者提出了进一步的要求。各国中央银行律师通过统筹法律安排和协议确保系统条款在各国均合法合规，从而保证了法律冲突风险的最小化。在运行风险管理层面，制定了详尽的系统问题处理和危机处置预案，备份系统广泛分布于 TARGET2 各参与国，并对应急计划和程序进行定期测试。

（四）日本

1. 法律基础

在日本中央银行法案中，有多项条款对 BOJ-NET 作出了规范。一是日本《中央银行法案》第 33 条第 1 款中规定，BOJ-NET 在清算账户之间的资金转账是中央银行日常业务的一部分，系统相关的操作和风险管理均不得违反法案条款的规定；二是日本《中央银行法案》第 39 条第 1 款规定，BOJ-NET 线上清算作为中央银行业务已获首相和财政大臣授权；三是日本《中央银行法案》第 1 条第 2 款规定，日本中央银行运营的目的之一是保证中央银行和其他金融机构之间的资金结算正常运行，从而保证整个金融体系的稳定；四是日本《中央银行法案》第 5 条第 1 款规定，鉴于业务和资产具有公共性质，日本中央银行应以适当且有效的方式开展业务。

中央银行支付系统运行需要具备完善的法律基础从而确保结算最终性，日本中央银行与支付系统参与者之间的权利和义务受日本法律管辖，在清算账户管理规定和 BOJ-NET 管理规定中有明确阐述，东京地方法院对法律纠纷拥有专属管辖权，其法律基础为日本民法典、商业法典、中央银行法案、其他相关法律法规以及与参与者签订的协议等。如果参与者发生违约，相关方的权利和义务在日本破产法的管辖范围内。日本中央银行制定的关于清算账户和 BOJ-NET 使用的规则已公开披露，除《日本民商法典》《中央银行法案》和其他相关法律法规等法律基础向公众公开外，其他重要的规则和程序也可公开查阅，例如，参与者准入标准、日间透支工具的使用、合格抵押品标准等规则和程序。当参与者开立清算账户或已加入 BOJ-NET 时，日本中央银行以书面或电子形式将支付系统相关规则发送至参与者，同时可在中央银行网站查阅。如因 IT 系统更新或配套环境变化修改规则，日本中央银行同样将以书面或电子形式告知参与者，从而第一时间获得第一手信息。

日本中央银行尚未在跨司法管辖权的国家或地区开展支付系统相关业务，因而不存在潜在的跨司法管辖权法律冲突问题。支付系统的规则、条款、协议与相关法律法规具有一致性，会在实施或修订时通过内部和外部审查程序得到保证，有关支付系统的重大事项应由最高决策机构依据中央银行法案审议。

2. 治理结构

日本中央银行委员会由行长、副行长、最高决策层成员、监事长、执行董事和其他成员组成，行长、副行长和最高决策层成员组成了日本中央银行的最高决策机构。为处理中央银行日常业务，日本中央银行还设立了总行办事机构、分支机构、本地和海外代表处。日本中央银行支付系统的规划和运行主要由支付清算部门、系统运营部门和信息系统服务部门实施，最高决策机构成员均由内阁任命，但须经参议院和众议院同意，其成员应具有相关知识和经验（包括经济或金融专家）。根据中央银行法案和章程要求，参加最高决策机构会议表决的法定人数至少须占现任董事会成员（包括董事会主席）总数的三分之二。具体而言，根据最高决策机构的决议，行长代表中央银行管理业务的总体发展方向，副行长协助行长根据行长决定管理中央银行业务，执行董事协助行长和副行长根据行长决定管理具体中央银行业务，副行长和执行董事的具体职责由行长决定并公开披露。中央银行法案和章程还规定，行长和副行长在发生相关利益冲突时不具有代理权。

最高决策机构根据日本中央银行法案的各项条款在日本中央银行的章程中规定了关于系统运行和风险管理的基本政策，该政策规定了由最高决策机构制定中央银行支付系统的准入标准、清算账户之间资金结算的基本框架，以及解决与中央银行支付系统运行有关的其他重要问题。在系统的实际运行中，包括业务运营和 IT 系统管理部门在内的所有职能部门负责发现与甄别业务操作时可能产生的风险并实施风险管理措施，每个职能部门的风险管理情况需定期向最高决策机构报告；由内阁任命的监事长会定期监督审计中央银行的业务，最高决策机构会定期收到审计结果，从而确保中央银行风险管理机制充分发挥作用。

日本中央银行高度关注支付系统的安全性和效率，其治理安排能够确保支付系统运行的稳定性和高效性。在系统安全方面，《中央银行法案》第 1 条第 2 款明确规定日本中央银行需确保中央银行与其他金融机构之间资金结算正常运行，从而维护金融体系的稳定；在效率方面，基于业务与资产的公共属性，日本中央银行必须按照《中央银行法案》第

5 条第 1 款的要求，在适当考虑其财务状况的前提下，以适当、有效的方式开展业务。日本中央银行是支付系统运营商和私营 FMI 的监督者，考虑到这种双重角色可能引发的利益冲突，日本中央银行需将对私人 FMI 的监督与支付系统功能分开，从而保持其在双重角色可能引发的利益冲突中的独立性。

3. 全面风险管理框架

支付系统的风险管理框架受风险管理、经济和市场趋势、相关法律法规、市场惯例等情况变化的影响。日本中央银行根据服务协议条款有权终止与参与者的协议并停用其清算账户，从而有效管理和控制参与者可能对支付系统造成的风险。当参与者违反系统规则或出现可能阻碍系统平稳运行的情况时，日本中央银行有权暂停参与者在 BOJ-NET 系统中的业务发起权限。

支付系统的运行不依赖于其他机构提供的服务，即使其他机构面临问题，支付系统因连锁反应而面临操作困难的可能性很低。但由于 BOJ-NET 与其他 FMI 或机构相连接，并支持银行间货币市场和外汇市场参与者之间的资金结算、私营部门支付系统的结算（如 Zengin 系统和票据清算系统）和由证券、衍生品及其他金融产品的清算和结算产生的现金支付，其业务处理中断或 IT 故障可能会扩散到其他机构。日本中央银行制订了一系列应对潜在业务中断的业务连续性计划和程序，并提前通知参与者和其他机构，同时通过处理系统中断场景和监督参与机构演练，定期核实此类业务中断的溢出效应和参与者对此类问题响应的有效性情况。关于危机或紧急情况下的决策，日本中央银行制定了允许最高决策机构灵活迅速决策的程序，并提前制定了在特殊情况下每个职能部门需参考的内部程序。特别是针对灾害防范，根据《灾害防治措施基本法》和其他相关法律法规，日本中央银行制订并颁布了业务连续性计划，明确了紧急情况下的业务决策、人员和物品保障、信息收集以及与相关机构沟通等方面的安排。

日本中央银行将包括但不限于以下的规则及程序以书面形式提供给参与者，并在日本中央银行的网站上公布，方便参与者查阅。一是中央银行与参与者之间的协议，如清算账户的规则；二是关于参与者准入标准和使用日间透支额度的标准，以及为使用该工具而质押的合格抵押品的规则；三是 BOJ-NET FTS 的参与者应遵循业务处理程序的操作手册；四是日本中央银行与参与者之间的权利和义务以及使用日本中央银行资金结算系统的具体安排；五是关于使用 BOJ-NET FTS 的费用，日本中央银行披露了其政策以及在不同服务水平上设定的费率。上述所有规则和程序作为系统的全面制度安排，使参与者容易了解其作为用户可能承担的风险和成本。日本中央银行提供关于参与者的权利和义务、资金结算最终时点、可使用的交易类型以及管辖法律和管辖权等相关信息，方便参与者了解其面临的风险。日本中央银行的系统规则和程序规定，出于"确保清算账户交易的正常运作"的目的，日本中央银行可以制定必要的制度或采取必要的措施修订相关规则和程序。

日本中央银行每月在其网站上发布支付结算统计数据，包括资金结算的笔数及金额、转账类型及部门、参与者的日间透支借贷数据、BOJ-NET 的参与者数量和私营 FMI 的业务量。日本中央银行定期发布支付清算系统报告，披露中央银行和相关机构为提高 FMI 安全性和效率所采取的措施，评估中央银行目标实现程度，并在中央银行年度审核报告中，全面阐述了中央银行的政策和业务，包括中央银行法案中要求的支付系统相关操作等。在对支付系统进行重大变更之前，日本中央银行会提前公布或向利益相关方披露其基本政策，并在必要时征求参与者和市场相关方的意见和建议，从而确保变更实施前有足够的准备时间。日本中央银行持续与参与者进行当面沟通和调研，并与主要 FMI 运营商就重要问题交换意见，明确业务及运营的改进需求，在系统或配套环境发生重大变化时，或至少每隔一年，日本中央银行会按照《金融市场基础设施披露框架》的要求进行公开披露。

（五）澳大利亚

1. 法律基础

RITS 由澳大利亚中央银行拥有并运营。澳大利亚中央银行为 RITS 的高效管理和稳定运行搭建了完备的法律基础，RITS 的法律基础涵盖了运行、参与者的权利和义务、澳大利亚中央银行职责与监管职能及每个会员需要执行的标准化协议，主要包括《支付系统（管理）法》《支付系统与净额结算法》和《RITS 法规和运行规则》。《支付系统（管理）法》明确了澳大利亚中央银行对支付系统相关事务的管理权限，如澳大利亚中央银行可对指定的支付系统实施准入管理并要求所有参与者遵守。《支付系统与净额结算法》明确规定，澳大利亚中央银行有权批准某一 RTGS 交易指令豁免于破产法中的零点法则，并确定了多边轧差净额指令的最终性。《RITS 法规和运行规则》是澳大利亚中央银行管理和运行 RITS 的重要法律基础，主要明确了 RITS 运行规则、澳大利亚中央银行和系统参与者在参与 RITS 业务处理过程中的权利和义务。

RITS 从合规的报文传输平台接受结算指令，报文传输平台准入标准在 RITS 法规中有特殊规定，RITS 的报文传输平台包括 SWIFT PDS、Austraclear 和澳大利亚清算所电子登记系统。SWIFT PDS 是由澳大利亚支付网络负责管理的大额支付系统平台。澳大利亚中央银行和澳大利亚支付网络都与 SWIFT 签订了涵盖 SWIFT PDS 的协议。Austraclear 和澳大利亚清算所电子登记系统的报文传输平台是由 Austraclear 和 ASX Settlement 分别运行的，均为澳大利亚证券交易所（ASX）的子公司。澳大利亚中央银行与这两家子公司单独签订了涵盖报文传输平台的协议。

根据 RITS 的法规，RITS 参与者的交易和 ESA 记账完成后，结算即具有最终性，已清算的 RITS 交易不可撤销，该规定受《支付系统及轧差法案（*The Payment Systems and Netting Act* 1998，PSNA）》第二部分中 RTGS 内容的保护。基于上述法案，不论 RITS 的参与者是否开始破产的外部介入程序，RITS 系统日间发生的业务均具有同等效力，即所有破产当天完成的支付清算交易均不可撤销和解除，也就是说与零点法则不存在法律冲突。

2016 年 6 月 1 日，澳大利亚中央银行对 PSNA 的修订生效，再次明确了参与者受到司法介入时的结算最终性问题，旨在保证受监管的金融机构仍能发挥其在经济中的重要作用。PSNA 的变化表明，金融机构破产清算对于 RITS 是一种非终态管理模式，即通过 RITS 进行付款交易时，不论参与者是否进入非终态管理模式，其通过 RITS 发送的业务具有相同的效力。基于该变化，由于司法介入时间一般早于破产 1~2 天，澳大利亚中央银行有权暂停受到司法介入的参与者的业务权限以规避风险，但并不意味着澳大利亚中央银行在参与者受到司法介入时必须停止参与者业务权限，此规定有助于受司法介入的参与者继续使用 RITS。与净额清算业务相关的抵押品的法律基础主要是 PSNA 第三部分净额清算安排相关内容和全球债券回购交易主协议，主要规定了违约情况下回购的可执行性、回购双方的权利义务和违约后果，具有高度的法律确定性，即当发生违约时，协议允许非违约方终止合同并按照合约终止时的市场价值计算净债务，拥有直接清算抵押品的权利。

作为 RITS 法规变更的一部分，澳大利亚中央银行将回购协议从 2000 年版更新至 2011 年版。新版回购协议反映了从国际金融危机和雷曼兄弟倒闭中汲取的经验教训。修改内容主要包括三个方面：一是简化了违约情况下协议的终止流程，赋予未违约方在证券价值决定方面更多的灵活性；二是允许未违约方将平仓金额与其需要向违约方支付的其他任何费用相抵销；三是扩大了"破产行为"的定义，为跨司法管辖权的破产事件提供了更多的灵活性。

用户手册和其他专业文档对 RITS 的法规进行了补充解释，从而进一步增进了对 RITS 规则和流程的理解。RITS 的法律基础层级较高，以清晰易懂的方式通过澳大利亚中央银行网站和 RITS 信息工具进行公开披露，并通过 RITS 法规的资料论文对其作出详细介绍。澳大利亚中央银行修改重要法规时寻求了外部的法律支持，保证了 RITS 法规和相关协议得到有效执行，且从未出现法院的判例与 RITS 的法律框架相抵触的情形。RITS 法规受新南威尔士州法律管辖，并要求所有会员服从新南威尔士州的专属管辖，从 2011 年起，澳大利亚中央银行要求国外 RITS 申请人提供法律意见，确认 RITS 会员的法律文件有效并具有法律约束力和执行力，该意见必须包含当地法院的管辖权是否会影响选择新南威尔士州作为法律管辖的判定，以及澳大利亚法院的判决能否在不需要重审的条件下在当地执行。澳大利亚中央银行经与国外会员沟通，除 2014 年后加入、已经签署相同或类似新协议以外的所有海外注册会员外，在执行新的 RITS 会员协议后，新会员需提供相应法律意见。

2. 治理结构

RITS 由澳大利亚中央银行拥有并运营，不作为单独的法律主体，因此 RITS 的管理和运行是澳大利亚中央银行治理结构的一部分。执行委员会是澳大利亚中央银行重要的决策委员会，由澳大利亚中央银行最资深的高层管理人员组成，具备管理和行政双重性质，具有战略性意义，RITS 的重大决策由该委员会决定。澳大利亚中央银行的支付政策部门负责在政策框架下监管 RITS 和澳大利亚其他的 FMI，支付系统董事会负责最终政策框架的制定，并对支付政策部门进行监管。RITS 的设计旨在消除大额交易的结算风险，进而促进澳大利亚金融体系的稳定，澳大利亚中央银行以极高的可用性和弹性标准来运行 RITS，确保其结算服务能够满足不断变化的、全面的支付系统需求，也体现了 RITS 的重要性。

3. 全面风险管理框架

澳大利亚中央银行具有完备的风险管理框架，有助于识别、分析和处理所有风险，包括 RITS 运行中经营（自上而下）层面和业务（自下而上）层面衍生的风险。澳大利亚中央银行的风险管理框架是整个澳大利亚中央银行风险管理政策的最高框架和核心指导，包括风险管理政策和风险容忍度公告，由风险管理委员会按照其章程负责监管。澳大利亚中央银行董事会和支付系统委员会对货币政策和支付政策风险负责，董事会每年审查此类风险的管控情况，并作为其决策考量标准的一部分。风险容忍度公告作为风险管理政策的补充，阐述了澳大利亚中央银行管理重要风险的情况，包括策略、财务、人员和运行风险，并在澳大利亚中央银行网站公布。

风险管理委员会由执行团队成员构成，执行团队负责澳大利亚中央银行运营和核心支持功能，委员会由联储副主席主持，由负责业务服务、企业服务和金融市场的主席助理、首席财务官、首席信息官、审计部门负责人、人力资源部门、信息部门、风险合规部门和法律顾问组成。该委员会每年至少召开 6 次会议，报告执行委员会和澳大利亚中央银行董事会审计委员会的各项工作，并由风险合规部门协助履职，其主要职责是协助业务部门在全面统一的管理框架下管理风险。风险合规部门也负责监管和报告金融市场上有关本行业务的组合风险和合规性，为业务领域的欺诈行为管理、业务连续性和合规管理提供支持，该部门负责人直接向联储副主席负责，同时审计部门为风险管理框架提供支持，但其工作与风险合规部门是相互独立的。除保证银行风险管理政策的有效性外，审计部门独立承担测试程序充分性的任务并对澳大利亚中央银行的各个层面风险进行控制，审计部门的负责人直接向副主席和联储董事会审计委员会负责。

澳大利亚中央银行的治理安排确保了 RITS 成员和其他组织的问责制度和公开披露的有效实施。为充分考虑利益相关方的诉求，澳大利亚中央银行致力于为所有成员和顾问搭建一个常态化的沟通联络渠道，用于披露运行中的所有重大变化，主要包括：向其成员告知所有影响 RITS 运行的决定；通过媒体向社会公众发布影响 RITS 政策的决定；通过年度报告对澳大利亚中央银行的主要决定进行阐释，也会视情况在支付系统董事会年度报告中进行阐释。根据澳大利亚中央银行风险管理政策，支付结算部门依照风险登记指南识别可能影响 RITS 安全和效率的所有风险，包括会员之间的高关联性、其他 FMI 和服务提供商所产生的风险。风险登记指南每年至少更新一次，当运营和业务环境发生重大变化时也会同步更新，同时支付结算部门制定了相应的控制措施来降低风险。

澳大利亚中央银行风险管理框架中的风险被分为战略风险、信用风险、流动性风险和运行风险及相关细分风险（如法律、信息技术风险等）。对每种已被识别的风险而言，支付结算部门列出了风险发生时可能的潜在影响，并确定了现行的控制和缓解策略（包括应急预案）以降低风险发生的可能性及其影响。其他业务领域的风险管理，如 RITS 的运营控制由澳大利亚中央银行的信息科技部负责，澳大利亚中央银行风险管理政策要求支付结算部门在每年或在风险环境发生变化后更新风险手册。从系统设计角度看，RITS 确保了会员不会为其运营者带来流动性和信用风险；从会员管理要求角度看，RITS 降低了单个会员影响其运行的可能性，如果会员无法达到相关要求，澳大利亚中央银行可能会对此类会员实施处罚或强制执行额外的要求。

（六）瑞典

1. 法律基础

RIX 在瑞典境内运行并受瑞典相关法律法规管辖，瑞典境外的参与者受其所在国家或地区的法律管辖，RIX 参与者主要分布在瑞典、挪威、比利时、英国、芬兰、丹麦、法国、美国和荷兰等国家（数据截至 2017 年 12 月），为保障 RIX 运营的法律支持与司法确定性，瑞典中央银行对境外 RIX 参与者的司法管辖问题予以重点关注。瑞典中央银行在瑞典境内运营 RIX，用于以瑞典克朗计价的支付，并确定其运营程序在境内合法合规，境外参与者在面临破产等情况时，需同时遵守其所在地的法律。大多数抵押品都是根据瑞典法律持有的，但根据比利时法律，外国证券也被接受为 RIX 的抵押品。

　　《瑞典中央银行法案》规定了瑞典中央银行在支付结算过程中的法律义务及职责，即瑞典中央银行应重点关注支付系统的安全性与有效性。瑞典中央银行提供支付结算系统并参与支付结算，以适当抵押品为条件向系统参与者提供日间信贷。由瑞典金融监管局监管的信贷机构或任何其他公司应按照瑞典中央银行的要求提供必要信息，以便瑞典中央银行监督支付系统的稳定性。《金融市场结算系统义务法案》中基于欧盟关于结算最终性和证券结算的指令规定，即使参与者启动破产程序，此前进入系统的涉及第三方的支付业务也具有法律效力，该法案还禁止在系统规定的时点之后，通知结算系统或第三方的参与者撤销支付指令。《瑞典中央证券存管和金融工具账户法》规定了非实体金融工具和已经流通的实体工具的所有权登记，瑞典金融监管局授权中央证券存管机构维护所有权登记册。

　　《金融工具交易法》对抵押品问题作出了相关规定，其内容包括但不仅限于金融抵押品指令和使用安全的金融抵押品的安排等。该法案建立了信贷机构和投资公司的恢复和解决框架，规定了针对陷入困境的银行、其他信贷机构和证券公司的特殊管理程序，在保证不宣布破产的同时，最大限度地降低纳税人的成本。《破产法》保证质权人能以可接受的商业交易形式立即出售其作为抵押品的任何金融工具。《合同法》构成了在瑞典处理金融合同和交易的法律依据，并规定了在胁迫、欺诈、欺骗和高利贷四种情况下，其他具有约束力的协议或法律行为可以被更改或宣布无效。根据该法案，任何协议或合同条款均可在必要的范围内修改或撤销，以避免产生不合理的结果，即使这些结果是在协议订立或合同期限结束后发生的。

　　除上述法律条款外，RIX 的核心规则、程序和合同包含在其披露的《条款和条件》中，是系统运行法律保障的重要部分。除瑞典境内相关机构外，境外机构也可加入 RIX 处理业务，瑞典中央银行要求所有参与者都具备有效的法律地位并有能力承担《条款和条件》所赋予的权利和义务，确保了《条款和条件》所涉及参与者在另一个司法管辖区注册的情况下的高度法律确定性。如果外国参与者破产且相关破产程序受其本国法律管辖，则可能产生司法管辖权问题，因此外国参与者加入系统前必须提供司法材料，以证明 RIX 的条款和条件在其当地法律管辖范围内合法有效并对其具有约束力，从而最大限度地避免上述问题。瑞典中央银行聘请法律专家起草并审查与系统参与者相关的规则、程序和合同，如果外国参与者新加入 RIX 或建立抵押安排，则需分析加入规则与合同的可执行性和确定性，并根据具体情况出具法律意见。

《条款和条件》受瑞典法律管辖，RIX 仅在瑞典境内提供支付服务，外国参与者进行交易以及在 RIX 内使用外国抵押品可能会产生法律冲突。与瑞典中央银行抵押品相关的大多数国家都实施了抵押品制度，可以减少因抵押而产生的法律风险，同时在考虑外国抵押品的托管安排时，瑞典中央银行分析了对相关司法管辖区质权人的权利保护问题。《条款和条件》正文、C 部分、第 2.6 章中关于不可撤销性和最终性的定义，明确 RIX 中的资金结算指令的最终性时点为贷记接收方参与者账户的时间。

2. 治理结构

促进支付系统安全有效运行是瑞典中央银行的主要目标之一，也是瑞典支付系统管理关注的重点方向，出于公共利益方面的考虑，瑞典中央银行承担了运行大额支付系统的工作。瑞典中央银行的治理安排在相关法律和公开文件中均有描述，其中规定了瑞典中央银行具有建立和实施风险管理框架的职责，其内部职责分工明确了 RIX 的运营职责与监督职能相互独立，在 RIX 的运行和发展过程中，参与者也可以提出意见。

RIX 有明确文件规定了系统运行及管理部门的职责与分工，瑞典中央银行由总理事会和执行委员会管理，总理事会和执行委员会是瑞典议会直属的公共机构，总理事会由议会任命的 11 名成员组成。《瑞典中央银行法案》规定了总理事会的职责，包括执行委员会成员的要求与任命、理事会内部审计和发表意见等，总理事会还监督瑞典中央银行的行为是否符合其目标，并管理瑞典中央银行的风险。

瑞典中央银行执行委员会负责瑞典中央银行的支付系统及有关金融稳定的业务，决定瑞典中央银行的财务风险政策，并负责制定政策与指导工作，以实现运营的高效性、可靠性和公平性，执行委员会将部分职责授权瑞典中央银行的部门负责人。《瑞典中央银行法案》要求瑞典中央银行执行委员会向议会提交年度报告，其中包括损益情况、资产负债表和董事会报告，董事会报告应包含外汇与货币政策和瑞典中央银行支付系统推广的安全有效措施，在年度报告的基础上，议会确定总理事会和执行理事会是否会就某些问题免除瑞典中央银行管理层的责任。《瑞典中央银行法案》并未具体提出对瑞典中央银行执行委员会成员的要求，但明确了潜在成员不能为议会成员、内阁部长、受雇于政府办公室和政党中央政府、金融监管下的银行或任何其他公司的董事会成员或副成员，从而避免了不符合条件的候选人成为执行委员会委员，最大限度地减少利益冲突。"议事规则"对执行委员会的职责进行了更为详细的说明，《瑞典中央银行指令》规定了委员会需要集体决定的问题以及委派给各部门负责人的职责。理事会文件中规定了总理事会和执行理事会的会议程序与公开会议记录的要求，总理事会和执行委员会成员禁止加入金融机构董事会，同时也禁止金融机构直接雇用上述成员，降低了产生利益冲突的风险。

RIX 的运行由瑞典中央银行现金和支付部门负责人负责，抵押品规则执行、系统运行情况监督由其他部门负责，各部门相互独立。瑞典中央银行组织和治理结构设计使部门一级承担了大量决策责任，这种安排减少了利益冲突，利益冲突的存在是瑞典中央银行审计师在判断运营和风险管理时所考察的核心要素。RIX 的运作由现金和支付系统部门负责人负责，部门主管负责运行该系统，确定系统规则并确保抵押品充足、系统配置完善以及必要事项提交执行委员会审议，抵押品规则由市场部维护和决定，金融稳定部门负责监督支付系统。因此，RIX 和瑞典中央银行监管职能由不同部门负责，并由不同部门负责人作出日常决策，监督职能与运行职能是相互独立的。

瑞典中央银行执行委员会向议会和瑞典公众负责，瑞典中央银行的高级管理层由执行委员会决定选出。《瑞典中央银行法案》要求瑞典中央银行设立由州长担任主席的工作人员纪律委员会，如果有必要，该委员会还负责解雇高级管理层。现金和支付系统部门负责人向瑞典中央银行执行委员会和RIX参与者负责，委托RIX部门负责人为操作RIX和抵押品管理的人员设计工作流程，并按照流程运营系统。瑞典中央银行的治理安排主要记录在政府文书、《瑞典中央银行法案》、"程序规则"和"指示"中。这些文件可在Riksbank网站上获取。虽然"议会文书"和《瑞典中央银行法案》由议会颁布，但瑞典中央银行总理事会确定了"议事规则"，瑞典中央银行执行委员会制定了《瑞典中央银行指令》。此外，瑞典中央银行还制定了政策、规则和惯例以补充这些文件。根据瑞典法律政策，除包含机密信息的内容外，其余文件均可公开披露。

瑞典中央银行设有内部审计部门，受国家审计局审计，同时总理事会也承担审计职能，开展三个不同级别的审计。根据《瑞典中央银行法案》，执行委员会有责任确保瑞典中央银行拥有内部治理和控制职能，且瑞典中央银行应具有内部审计职能以监督内部的治理和控制。瑞典中央银行的审计职能由执行理事会下的一个单独部门履行，执行委员会确定审计的范围和程度，并有责任确定审计中提出的意见或建议应如何落实，瑞典中央银行行长负责落实整改意见。瑞典国家审计局评估瑞典中央银行的年度报告，完成评估所需的调查，并可根据其计划开展额外的审计活动，瑞典国家审计局独立于瑞典中央银行的管理层，根据法律有权确定其审计重点并获得执行审计所需的所有文件。总理事会监督瑞典中央银行执行委员会是否遵守所有相关法律并履行其职责，审计范围的确定具有独立性。

RIX的决策取决于参与者及其他国家部门的需求，在新增和修订时会征求参与者及公众意见。瑞典中央银行致力于在其有关 RIX 的决策中考虑参与者、客户、潜在用户和公众的利益。RIX 理事会进行有关 RIX 的战略问题和主要决策的讨论，RIX 理事会由瑞典四大银行（SEB、Svenska Handelsbanken、Nordea 和 Swedbank）、Bankgirot（瑞典 ACH）、Euroclear Sweden（瑞典 CSD）、瑞典国家债务办公室、外资银行分行（丹麦银行）、中型银行（Länsförsäkringar 银行）以及瑞典银行家协会的代表组成。RIX 用户小组讨论操作和技术相关的具体问题，并将问题向所有 RIX 参与者代表开放，对《条款和条件》的所有建议与更改都会发送给参与者以征求意见，并在决策中充分考虑这些意见。瑞典中央银行执行委员会关于 RIX 的所有重要决定均在瑞典中央银行网站上公开披露，包括与瑞典中央银行组织相关的决策或重大投资决策，与系统操作相关的主要决策将通知 RIX 用户组的参与者，同时在 RIX 相关网络上发布。利益冲突可能存在于瑞典中央银行内设部门之间、个人参与者与系统整体之间以及 RIX 参与者与其客户或潜在参与者之间，瑞典中央银行依靠透明度和协商来缓解利益冲突，有关 RIX 的决定需要在瑞典中央银行进行磋商。

3. 全面风险管理框架

瑞典中央银行具备完整的风险管理框架，用于识别、监控和管理 RIX 运营中出现的风险（主要包括操作风险、财务和信用风险等），同时瑞典中央银行设置了报告和追踪风险程序，以确保风险在可控范围内且负责人有足够的信息制定风险管理决策。瑞典中央银行考虑了服务提供商在运行风险管理中承担的风险，向参与者提供信息并建立合作，以促进系统的安全有效运行。瑞典中央银行也与瑞典金融市场合作，建立可以避免大范围风险和危机事件的处理流程。

风险管理框架的第一步是风险识别，瑞典中央银行的风险管理分为财务风险管理和操作风险管理，由现金和支付系统部门负责人负责日常对风险的管控，风险管理部门独立于系统运行部门并每年对风险政策进行审核。瑞典中央银行已将除信用风险和法律风险等其他风险以外的操作风险，确定为 RIX 中的主要风险关注点和管理难点。瑞典中央银行的操作风险管理规则确定了操作风险的级别和类型，执行委员会制定内部控制政策，总秘书处负责人制定实施该政策的规则。为根据风险管理框架管理运行风险，瑞典中央银行定义了风险识别流程，该流程包括 RIX 的运营或任何其他变动在内的所有活动，每 4 个月至少审查一次与此类活动相关的风险。瑞典中央银行还建立了记录、分级和跟踪业务事故的流程，有关事故的信息可作为年度风险控制自我评估报告的材料来源，事故可能导致新的风险或表明系统缺乏控制。现金和支付系统部门负责人审查风险控制自我评估报告，并根据瑞典中央银行操作风险框架中的指导原则，确定已发现的操作风险是否属于可接受范畴，或需要采取措施以减轻或避免此类风险。

瑞典中央银行执行委员会制定了瑞典中央银行针对财务风险与操作风险的风险管理政策。RIX 的主要风险是操作风险及该风险的扩散，操作风险管理政策中明确瑞典中央银行对操作风险的容忍度较低，并且应当尽量消除任何重大风险，该政策进一步规定了识别和降低运行风险的程序和控制措施，现金和支付系统部门负责人负责识别、分析和减轻与 RIX 及其抵押品管理相关的任何操作风险。瑞典中央银行执行董事会已授权现金和支付系统部门负责人负责管理 RIX 运营中出现的风险，并负责管理危机处置的例行程序和规则，《条款和条件》和风险管理计划中均涉及此类危机，但包括与危机管理相关决策在内的操作还是受到《瑞典中央银行法案》规定的日间信贷授信的财务风险限制。

瑞典中央银行受法律及其自身政策和规则的约束以管理可确定的风险，瑞典中央银行法案严格限制可能导致财务风险的日间信贷。瑞典中央银行风险部门在需要时或每年至少一次审查财务风险政策和内控政策，如果市场条件不好或风险较高，风险部门需要对政策进行修改，政策可以在短时间内落地实施。风险管理的主要政策由瑞典中央银行执行委员会决定，变更需求提交至执行委员会审议，政策的实施由执行委员会或对应的负责部门主管决定。风险部门是瑞典中央银行的风险管理职能部门，直属总秘书处而非任何业务部门，风险部门负责人由执行委员会任命。除了起草管理风险的政策并向瑞典中央银行的运行经理提供专家建议外，风险部门每年还向执行委员会提交 3 次报告，监督瑞典中央银行的风险和风险管理，确定风险管理方法和模型。风险部门负责人应根据执行理事会在操作风险政策和财务风险政策中制定的指导原则以及市场风险与流动性的相关规则，确定用于量化和监控瑞典中央银行风险的方法和措施。针对财务风险，执行理事会建立了衡量流动性、市场和信用风险的模型和方法，为了验证相关模型和方法，风险部门定期对其他中央银行使用的模型和方法进行基准测试以监控风险管理发展动态，并根据得到的发展情况反馈对瑞典中央银行的模型和方法进行审查。

瑞典中央银行设立了 3 个评估指标并定期发布报告以评价系统运行情况，保证系统能够满足安全高效的支付需求。为了评估 RIX 的运作方式以实现促进支付系统安全高效发展的目标，瑞典中央银行已经建立了包括技术可用率 99.85%、客户满意、全额成本回收在内的具体且可衡量的运营目标。瑞典中央银行每年发布 3 次报告，确定如何完成其运营目标，并在年度报告中公布实施情况。瑞典中央银行提出支付系统服务的首要目标是稳定和效率，瑞典中央银行征求其他政府机构和 RIX 参与者的意见，保障了支付系统的公共利益。作为年度报告的一部分，瑞典中央银行评估其他机构给中央银行带来的风险，包括 IT 系统提供商以及报文和电信服务提供商带来的风险。为评估 RIX 给参与者带来的风险，瑞典中央银行对 RIX 中不同类型的业务，特别是与清算所（包括 CLS 银行）、证券结算系统和中央对手方相关的支付交易分别进行评估。瑞典中央银行还与瑞典金融市场的参与者积极合作，瑞典金融市场由政府机构和金融市场参与者组成，由瑞典民事应急机构支持，该机构致力于提高金融部门的适应能力，并关注金融行为者之间的相互依赖性以及对服务提供者的共同依赖性。瑞典中央银行允许 Euroclear Sweden 管理一系列中央银行账户以进行证券结算，这构成了两个系统之间的特定相互依赖性，瑞典中央银行和 Euroclear Sweden 已经制定了特殊的备份程序，并定期召开会议以评估各项安排和运营涉及的风险，会议上瑞典中央银行还会和参与者讨论有关 RIX 应用系统解决 RIX 付款风险的内容。

瑞典中央银行定期检查自身的运行风险，确保在一些危机情景发生时仍能提供服务。作为瑞典中央银行定期运行风险管理的一部分，瑞典中央银行通过维持冗余和建立应急程序两种方法降低对其服务提供者的依赖，例如，瑞典中央银行要求参与者拥有两套发送报文的方式。瑞典银行对 IT 提供商提供的服务以及 IT 提供商的安全性有严格的要求，并通过定期会议和现场调研来确保满足这些要求，瑞典中央银行还对服务提供商的所有交付进行严格测试以保护自身安全性，从而降低了 IT 系统提供商相关的风险。除应急设施外，瑞典中央银行还有人工应急程序，该程序足以确保在没有可用的 IT 系统或通信网络的紧急状态下进行关键支付。瑞典中央银行定期测试所有预留站点、备份消息服务和手动流程，以最大限度地降低风险扩散可能性。在出现影响地区和整个瑞典金融市场的广泛危机时，RIX 将无法提供服务，瑞典中央银行与参与金融部门私人公共合作组的瑞典金融市场参与者合作，建立了减轻风险和危机对金融部门服务影响的程序，并定期与其他该合作组成员一起测试这些程序，努力避免此类情况并尽量减少其影响。除该测试外，瑞典中央银行还与 RIX 参与者每年进行两次应急测试。由于极端应急情况下的应对是与广义上的市场参与者合作进行的，因此所达成的解决方案需要考虑相互依赖性。

执行委员会已为瑞典中央银行制定了总体财务风险政策，根据该政策，瑞典中央银行应识别和衡量所有财务风险，现金和支付系统部门负责人负责根据政策管理与 RIX 相关的风险，并将这些风险报告给瑞典中央银行风险部门主管和执行委员会，风险部门也应对瑞典中央银行的风险进行独立审查。由于瑞典中央银行会为参与者提供日间授信额度，可能导致重大的信用风险，瑞典中央银行要求所有日间授信提供高质量抵押品以降低信用风险，如果瑞典中央银行需要在动荡的市场中清算抵押品，并且这些资产以明显较低的价格出售，则存在剩余信用风险。由于瑞典中央银行仅授予瑞典克朗的日间信贷且能保证流动性充足，因此不会面临流动性风险。瑞典中央银行的抵押品管理系统支持金融风险的监控和管理，该系统每日自动评估抵押给瑞典中央银行的抵押品，确保只有在抵押品充足且能覆盖其信贷额度后，才会划拨新的信贷额度。瑞典中央银行可以通过抵押品管理系统提供的数据，查看与参与者信用便利相关的风险敞口，分析瑞典中央银行的抵押品库存，瑞典中央银行的业务规划系统允许在瑞典中央银行财务总监的监督下全面了解瑞典中央银行的运行风险。此外，瑞典中央银行的法律专家负责起草和审查所有法律文件，并就可能出现法律冲突的问题提出法律意见，预防因 RIX 的规则或合同不健全引起的法律风险。

RIX 旨在降低参与者在使用中形成的风险，尽管如此，某些风险来源于参与者的行为而非系统设计，例如，在 RTGS 环境中参与者流动性不足影响支付结算，或参与者将支付集中在一天中的特定时间（特别是在当天晚些时候）所增加的操作风险，瑞典中央银行分析了潜在的风险来源并与参与者合作以降低风险，鼓励其高效使用系统，但未使用财务激励措施。瑞典中央银行根据抵押品授予日间信贷额度，为参与者提供足够的流动性。瑞典中央银行建立了有效的合作论坛机制，与参与者共同处理与系统使用有关的问题，例如，根据参与者提供的信息共同解决了 9 点 30 分至 11 点之间的付款集中问题。根据《条款和条件》中的要求，参与者需要尽量减少其操作对 RIX 的干扰影响，因此多次发生技术中断的参与者可能会被驱逐出系统，参与者还需要向瑞典中央银行提供书面解释对其在系统中发生的任何事件进行说明。瑞典中央银行向 RIX 参与者提供有关支付流量和参与者运营问题的信息，支付系统允许参与者实时获取其账户、信用和抵押品的信息，以协助参与者评估其使用 RIX 的风险。参与者通过 RIX 用户组的定期会议了解系统的整体运营和结算流程，瑞典中央银行在 RIX 用户组会议上讨论参与者的需求，通过了解其他中央银行政策和服务确保其政策和系统支持参与者管控其风险。

（七）土耳其

1. 法律基础

土耳其支付清算系统相关的法律法规主要有《土耳其中央银行法》（*Central Bank of the Republic of Turkey*，CBRT）、《支付、证券结算系统、支付服务和电子货币机构法》（*Law on Payment and Securities Settlement Systems*，*Payment Services and Electronic Money Institutions*，Law No. 6493，PSL）。CBRT 规定了土耳其中央银行的制度和权力安排，包括对支付清算系统的监管和运营的权力。PSL 是包含支付清算系统相关法规的特殊法律，规定了结算最终性、净额和抵押品等法律基础，以及 CBRT 对支付清算系统有监管权。

CBRT 详细制定了与支付清算系统运营框架、准入和监管等安排相关的法规，根据 PSL 的要求，CBRT 作为电子转账系统（Electronic Fund Transfer System，EFT）的运营者制定了支付系统运营规则，EFT 系统由 CBRT 运行。EFT 作为一个可以进行定期多边轧差的 RTGS 系统，其参与者均为在土耳其获得土耳其银行监管部门运行许可的商业银行，参与者所有活动包括加入 EFT 系统都需要遵守土耳其法律。法律明确了 CBRT 负责运营支付系统的权利和义务、结算最终性、DvP、抵押、净额结算、业务发起的电子渠道等 EFT 相关内容。支付系统运营规则的法律基础是 PSL 和 CBRT 法案，PSL 清楚地规定了系统的运行规则，CBRT 作为 EFT 系统的运营商，其内部法律团队负责审查所有的程序和协议，而后进一步获得 CBRT 的批准。鉴于支付系统运营规则有清晰而完备的法律基础和参与者协议，相关的规则和程序也具有高度的法律确定性，尚未发生过任何不利的法律裁决。

2. 治理结构

CBRT 是一家股份制公司，在 CBRT 法律中没有明确规定的方面，受其他法律约束，因此《土耳其商业法典》也适用于 CBRT。CBRT 第 15 条给予了会员大会审查和评估 CBRT 董事会工作的权利，土耳其商业法典确定了相关审查和评估的步骤。CBRT 董事会成员由 CBRT 会员大会选举产生，《CBRT 法》要求董事会成员有大学及以上学历并拥有丰富的银行、经济或金融的从业经验，董事长也需要满足上述要求。除董事长之外，CBRT 董事会的其他成员不直接参与 CBRT 的日常管理，这些成员被称为非执行董事。CBRT 规定 CBRT 董事会作为最高决策机构有权作出支付系统的战略决策，批准相关制度，制定各部门政策及批准投资和运行的预算。CBRT 董事会的权利和职责在 CBRT 第 22 条中进行了规定，CBRT 董事会的构成、运作方式和对成员的要求在 CBRT 第 19 条、第 20 条和第 21 条中有明确规定。CBRT 董事会下设多个委员会，如数据安全委员会、业务连续性委员会等，业务连续性委员会和信息安全委员会每年需要向执行委员会和 CBRT 的董事会报告，董事会成员并不作为委员会的成员。CBRT 明确了中央银行执行委员会职责，包括确保 CBRT 运作等，相应的 CBRT 执行委员会在 EFT 系统的治理方面具有重要作用，提交至 CBRT 董事会决策的事项首先由执行委员会进行评估，支付系统运营规则的修正案需经执行委员会批准。执行委员会由主席和 4 位副主席构成，副主席任期为 5 年，并由主席任命，副主席可以在任期满后重新任命。

EFT 系统由 CBRT 拥有并运营。根据 CBRT 和 PSL 的规定，CBRT 有关支付系统的基本职责和权利被定义为"建立证券交易和结算系统，确保系统平稳运行，为交易设定包括电子渠道在内的程序和工具，并进一步维护财务稳定性"，法律法规还规定了支付系统对金融稳定的影响，并要求 CBRT 采取必要的措施降低这些影响。

CBRT 根据法律和 CBRT 的战略规划制定支付和证券结算系统的政策目标，并在 CBRT 网站公开披露，CBRT 2014—2018 年战略规划明确承诺 CBRT 力争安全、高效运行支付系统。CBRT 实施了一系列政策措施以实现上述要求和目标，如为保证系统安全性、业务连续性、有效运行以及降低相关风险，制定了一系列法规，定义了支付方法和工具，制定支付系统最新的政策并应用国际标准，以确保金融和货币政策的稳定以及货币政策的有效性，监管支付系统以确保国内、国际规则和标准的应用，保证公众对支付和证券结算系统的信心，持续监管支付系统对 PFMI 的遵守情况，防止支付系统系统性风险发生，开展金融系统的监管机构和系统参与者的合作活动。

CBRT 的支付结算部门负责 EFT 的日常运营和监管，其职责是开发 CBRT 的支付和证券结算系统，安全有效的运行系统，并根据既定的政策进行监管，CBRT 相关法规中明确了相应职责。支付结算部门由执行总裁负责，CBRT 支付系统运行和监管由两个不同部门负责，每个部门向不同的执行副总裁（Deputy Executive Director）报告。在执行副总经理（Director）一级，支付系统的运行和监管相互独立，每个执行主任均负责在符合法律法规的前提下制订计划、确定流程、组织工作、协调各处室和培养员工，并保证所有日常工作按时完成。作为 CBRT 战略规划和报告的一部分，CBRT 每年制订绩效考核计划以支持 CBRT 战略规划的实现，绩效计划每年进行评估并向 CBRT 董事会提交报告，制定 CBRT 支付系统发展目标时也会对国内和国际发展、标准、参与者的需求和公众的意见进行考虑。

为了更好地研究支付系统，1991 年 1 月，董事长和法律委员会批准成立了 CBRT 支付系统管理和运行委员会协调支付系统的各相关部门。2013 年 12 月，执行委员会决定对支付系统管理和运行委员会进行重组，其中包括银行和金融机构部、法律部、信息技术部、审计部、发行部、会计部、市场部、支付系统部等。在支付结算部门分管副董事长的领导下，相关部门参与战略决策并对执行委员会和董事会负责。会员大会审查 CBRT 董事会和审计委员会提交的年度报告，并对财务报告进行审批，支付系统管理和运行委员会更类似于合作论坛。支付结算部门将支付系统月度报告呈报给 CBRT 董事会成员、审计委员会和执行委员会，每季度系统运行情况需要报告执行委员会，报告涵盖了系统功能的详细信息、交易量、交易金额、交易方式的分析、系统中断等异常情况和新功能改进等。考虑支付系统所需的技术升级，CBRT 支付系统每年针对特定主题进行评估，并在 CBRT 定期评估报告中上报高级管理层，从而更好地审查和评估 CBRT 支付系统。

CBRT 建立了多种沟通渠道，推动 CBRT 和参与者之间的信息共享和交流合作，如每年至少举办一次 1~2 天的用户座谈会，会议期间，参与者可以提出系统运行和系统改进的相关建议，相关研究成果将会共享。土耳其银行业协会建立长期工作组，主要负责 CBRT 的支付和证券结算系统相关工作，一些特别的工作组帮助 CBRT 开展参与者的沟通和交流合作。CBRT 的法律、组织架构和职责也在其网站上公开披露。CBRT 通过官方信件、电子邮件、CBRT 支付系统用户组网站、工作组会议、用户会议、董事长公开声明和新闻稿等渠道向参与者公布支付系统相关的决定。

3. 全面风险管理框架

支付结算部门的风险管理框架使用 PFMI 来识别主要风险，包括信用风险、流动性风险、运行风险、法律风险、系统性风险、一般业务风险、托管风险和投资风险。EFT 系统可能给自身或参与者带来的风险主要包括法律风险、信用风险、流动性风险、运行风险和托管风险，作为土耳其的核心系统，ETF 需要降低发生系统性风险的可能性，由于 EFT 的运营者是 CBRT，一般业务风险不作为重要风险进行考虑。EFT 系统是 RTGS 系统，EFT 的流动性支持是 CBRT 货币政策工具的一部分，在 EFT 系统之外提供。

支付结算部门在 ISO 31000 的标准下制定了风险管理框架，于 2014 年 10 月被正式采用，此框架包括应用流程和风险管理政策文件。其中政策包括风险管理的准则、目标、范围、角色和义务，应用流程包括投入、产出、触发条件和具体措施等风险管理流程和活动，风险管理框架也包含了风险标准、定义风险的影响、可能性及风险等级。风险管理框架由支付结算部门执行，框架内有 3 种角色，分别为部门风险管理小组、风险工作小组和风险管理应用的工作人员。部门风险管理小组是由支付结算部门的执行董事、负责运营处室的副执行董事以及研究业务拓展和运行的经理构成，主要负责提供方向和目标、制订必要的任务并保证风险管理框架的一致性。风险工作小组负责每年对风险管理框架进行评估、对框架进行更新并指导其应用。运行处室的工作人员需要确保风险管理框架的应用，其他 CBRT 的部门、系统参与者和服务提供商必要时也需要加入风险管理过程中。

为了消除法律风险，与支付、证券结算系统相关的 CBRT 法规由法律部审查后发布，以确保具备完善的法律基础。EFT 系统为 RTGS 模式，参与者之间不会产生信用风险，但提供日间信用时，CBRT 可能面临参与者违约，此风险通过高质量抵押品的全额担保、合适的估值并设置垫头等措施进行管理。为管理流动性风险，EFT 系统提供一些功能，如排队管理、账户余额查询等，同时使用多边撮合的形式，多边撮合每分钟进行一次，也可以根据需要手工触发，并对 EFT 系统的流动性进行监控。为解决可能影响金融市场效率的临时流动性短缺，CBRT 会提供有抵押的日间或者隔夜信用作为最后贷款人操作的一部分，未归还的日间流动性支持将会按照隔夜利率计算利息，除了最后贷款人之外，对流动性支持额度有整体限制，从而限制了借款机构使用其他 CBRT 流动性便利。参与者可以使用在线工具实时监测其账户余额和排队业务，结算状态、系统关闭时间和参与者运营方面的任何变化都会自动通知所有参与者。CBRT 建立了业务连续性委员会以确保 CBRT 重要活动的连续性，并负责定期改进、测试和评估 CBRT 的业务连续性计划。在支付系统的业务连续性实施计划中，运行风险是支付系统风险管理框架中最重要的一类风险，已确定的控制措施包括识别风险、为尽快恢复运行准备的技术流程和文档等。CBRT 提供流动性支持后收到的抵押品。土耳其政府债券保存在电子证券转移和结算系统（ESTS）中，特殊证券（土耳其政府欧元债券或者由国际伊斯兰流动资金管理公司发行的债券）保存在国际中央证券存管系统中，CBRT 不会重复使用或者转让这些抵押品。

支付结算部门认为运行风险是 EFT 最主要的风险，按日、月、季度、年度收集系统运行时间和 IT 系统性能指标向执行委员会报告。CBRT 使用"Sink-Rank"的方法对交易方式和交易密度进行分析，这种分析为参与者流动性管理提供了特殊视角，并写入月度、季度和年度报告。支付结算部门制订了业务连续性计划和运行风险管理计划，是 EFT 管理运行风险的最主要工具。自 2016 年 2 月起，风险管理框架每年进行评估，国际标准、最佳实践、股东的反馈、参与者要求、用户满意度调查、研究结果等都会被纳入考虑范畴。

为消除运行时间延长对支付带来的风险，CBRT 对系统运行时间有严格要求，如果运行时间延长，在官方业务截止时间后发生的业务将按照 10 倍的价格收费。2015 年，共发生 9 次共计 245 分钟的延时，涉及业务 2408 笔，总金额约 56 亿土耳其里拉，其中 5 次延时为 CBRT 货币政策操作，其余均为参与者要求。延时要求批准权限根据延长时间确定，15 分钟内由运行部门总经理批准，15 分钟至 1 小时是由支付结算部门的执行董事批准，1 小时以上由副主席决定。当参与者发生可能会影响 CBRT 支付和证券结算系统的问题时，应当尽快通知 CBRT，在用户座谈会和工作组会议上，CBRT 和参与者将讨论运行问题、共享技术革新计划并交换意见。

（八）中国香港

1. 法律基础

HKD CHATS 在所有相关司法管辖区内都拥有完善、清晰、透明和可执行的法律基础，涵盖了系统的所有相关重要活动。中国香港法律构成 HKD CHATS 运营的法律基础，并辅以各种法规、规章和合约条文，所有相关法律文件均受中国香港法律管辖，具有约束力和可执行性。

外汇基金条例为建立和使用 HKD CHATS 提供基础，中国香港金融管理局根据该条例第 3A（1）条行使权利，向中国香港各家银行发出通知，要求它们在中国香港金融管理局开立外汇基金账户，该账户实际上是 HKD CHATS 的结算账户。自 HKD CHATS 推出以来，中国香港的所有特许银行都必须在中国香港金融管理局开设港元结算账户。中国香港金融管理局于 2000 年 5 月宣布，只要符合业务需求，中国香港的受限特许银行也可获准加入 HKD CHATS，中国香港金融管理局负责根据客观要求，基于风险和公开披露的标准评估是否允许受限特许银行加入。《港元清算所规则》规定了 HKD CHATS 参与者的权利和义务，相关文档对每个加入 HKD CHATS 的参与者公开。HKD CHATS 参与者必须遵守规则、开户表格中的条款和条件以及中国香港金融管理局和中国香港银行同业结算有限公司规定的其他文件内容，该规则可在中国香港银行同业结算有限公司网站查阅。

《清算及结算系统条例》《支付系统及储值设施条例》确保了 HKD CHATS 支付结算业务的最终性。HKD CHATS 于 2004 年 11 月 4 日由《清算及结算系统条例》认定，并获得确保最终性资格，该条例于 2015 年 11 月 13 日更名为《支付系统及储值设施条例》，确定了 HKD CHATS 的最终性资格继续在新条例下生效，最终性资格为通过系统进行的交易结算最终结果提供了法律支持。《支付系统及储值设施条例》保障该最终性免受破产法和其他法律的约束，这确保了通过 HKD CHATS 结算的交易是最终且不可撤销的，甚至在系统参与者破产等特殊情况下也不会被撤销，任何此类交易的相关交易所产生的权利都将被保留。HKD CHATS 的系统结算管理职能和监督职能由中国香港金融管理局的两个不同部门执行，以确保职责分离并避免利益冲突，HKD CHATS 的结算管理机构和系统运营机构均须符合《支付系统及储值设施条例》规定的安全及效率要求，以及中国香港金融管理局公布的其他指引或规定。

《主要销售及透支协议》列载了结算管理机构通过透支机制向 HKD

CHATS 参与者提供流动资金的相关条款及条件，其他法律文件则规定了针对中国香港金融管理局参与者结算账户的条款和条件以及中国香港金融管理局与参与者之间的透支安排。HKD CHATS 的所有参与者均须遵守中国香港金融管理局颁布的规则，该规则受中国香港法律管辖。

2. 治理结构

HKD CHATS 的治理机制清晰透明，能提升 FMI 的安全性和效率，支持更广泛的金融体系的稳定性，并满足公共利益和相关利益方的期望。HKD CHATS 的结算管理机构是中国香港金融管理局金融基础设施管理部门下的支付系统运营管理处。系统运营商（HKICL）由中国香港金融管理局及中国香港银行公会共同拥有，负责 HKD CHATS 的日常运维、数据操作、系统开发以及设备升级和维护。中国香港银行公会是中国香港银行业协会，代表银行界的利益。

3. 全面风险管理框架

HKD CHATS 拥有完善的风险管理框架，全面管理法律风险、信用风险、流动性风险、运行风险及其他风险。作为中国香港金融管理局的一个部门，结算管理机构职能受中国香港金融管理局管理架构的约束，风险管理框架要求定期评估与该部门有关的所有方面的风险，并采取有效措施预防和化解相关风险。中国香港银行同业结算有限公司董事会、董事会小组委员会和中国香港风险管理委员会监督中国香港银行同业结算有限公司实施全面风险管理框架，重点关注支付系统的信息技术、运行恢复能力及业务连续性，已建立的风险管理框架能够有效识别、衡量、监控和管理 HKD CHATS 的风险。中国香港银行同业结算有限公司对信息技术和操作风险管理有严格的要求，通过组织包括常规计算机审核、操作审核，支票影像系统的合规性评估和财务审核等在内的外部和内部审核来评估公司的核心业务。HKD CHATS 在引入新的系统之前会先对已有系统进行审核，以确保运行质量和完整性，并进行日常应急演练和灾难恢复安排的演练，以确保灾难情景中的业务连续性。中国香港银行同业结算有限公司已获得两个 ISO 体系的认证，并建立了相关的风险管理框架：ISO 27001 信息安全管理体系标准和 ISO 9001 质量管理体系标准。HKD CHATS 拥有清晰而全面的规则和程序，方便参与者了解加入系统所产生的风险、费用和其他重大成本，对 HKD CHATS 的主要特点、程序以及系统周转率均进行了公开披露。

二、风险管理

（一）美国

1. 信用风险

美联储作为属地管理者，对辖区内参与者的全部联储金融服务（不仅仅包括 Fedwire）进行统一信用风险管理，根据执委会政策，美联储对信用风险管理的雇员和提供金融服务的雇员进行分离。美联储通过其开户流程初步评估每个账户持有者的信用风险，金融机构在申请开户时，美联储会对申请者的资质、交易对手方信用风险和指定净借记限额进行评估，还会在需要时对账户进行风险控制。开户后，美联储至少每季度评估一次账户持有者的信用风险，如有需要，会在评估时对相关账户进行设置或者调整风险控制。除特殊情况外，美联储会将所有超过净借记限额的行为视为违反支付系统风险政策，并对账户持有者进行劝告。

支付系统风险政策第二部分规定，美联储在提供日间信用、促进支付系统平稳运营方面具有重要作用，并管理由此产生的信用风险。当参与者申请日间透支时，美联储应对该机构的财务、市场及监管信息进行评估，只有财务健康的参与者才能获得临时日间信用，如果金融机构财务状况不好，美联储不会允许其日间透支请求。美联储通过多重方式管理信用风险，包括鼓励参与者自愿为日间授信提供质押（有质押的日间透支不收取费用）、设置参与者账户的日间透支上限以及在特定情形下强制参与者提供质押，美联储对每个账户持有者进行分钟级的日间透支事后监控，并对 Fedwire 业务相关的每个账户进行实时监控。账户持有者不允许隔夜透支，任何超过 Fedwire 营业日日间的透支都会被按时间收取高额罚息。根据美联储的运营通告，如果账户持有人不履行其义务，无论何种原因，美联储都可以用抵押品清算或其他方式处置抵押品以履行其未偿还债务。美联储的损失将由扩展信用的储备银行承担，作为美国中央银行的业务部门，美联储不受适用于私营部门 FMI 的资本或流动性限制，因此没有必要持有额外资源以弥补潜在风险。

根据《J 条例》和《第 6 号运营通告》，不论付款参与者是否向美联储支付了相应的资金，支付业务的最终性发生在美联储借记收款参与者主账户和发送给收款行相应的入账通知时（以二者较早的一个时间计算）。如果付款行开户的联储银行允许付款行透支，而付款行无法补全透支金额，其开户的联储银行就会面临损失，美联储通常对参与者所有财产拥有担保权，这些抵押品可用于抵消上述损失。作为美联储的业务机构，美联储可以在压力情景下向 Fedwire 参与者提供流动性。

2. 抵押品

Fedwire 系统处理报文前，不会检查参与者是否有抵押品、拥有抵押品的价值以及抵押品的折扣率。各储备银行可接受的抵押品类别由它们自行确定，这些抵押品必须是符合监管标准的高质量资产，多为证券或贷款，贷款包括商业贷款、消费贷款及美国联邦机构担保的贷款，详细标准规定于美联储的抵押品指引中。美联储会定期评估标准并适时作出调整，如果抵押品不再符合上述标准，美联储会将抵押品价值设置为 0。美联储提供了抵押品管理系统，参与者可以在工作日实时管理抵押品，抵押品的估值使用第三方定价或应用美联储内部模型。每种定价方式都会对抵押品设置估值折扣率，估值折扣率根据市场公允价值估计，证券的估值折扣率根据其种类和期限设定，要求能代表资产的风险状况和波动水平；贷款的估值折扣率基于现金流特点、无风险利率的历史波动率及近似信贷展期设定。内部计价模型的估值折扣率根据每种抵押品的历史价格波动情况逐年调整，历史数据需足以覆盖市场压力较大的一长段时期。在美联储官网可对每种抵押品详细的估值折扣率进行查询，为了有效管理风险，美联储有权提高估值折扣率，美联储一般不对抵押品的头寸规模或集中度进行限制，也不会根据头寸规模或抵押品种类集中度调整估值折扣率。

美联储在与外国证券托管机构签署协议并使用国外发行或外币计价证券前，会先进行尽职调查以评估这些抵押品的变现能力，目前美联储只和欧洲清算银行（Euroclear Bank）及明讯银行（Clearstream Banking）签署了类似协议，托管机构根据美联储预设的资格标准筛选 Fedwire 参与者承诺的抵押品。美联储只接受某些资产类别的投资级证券，以澳元、英镑、加元、日元、丹麦克朗、欧元、瑞典克朗、瑞士法郎计价的外币资产，美联储对此类外币计价证券会额外提高估值折扣率以规避汇率风险。参与者每次重新指定头寸时，美联储都会重新评估估值折扣率的充足度，并进行持续监控。

3. 流动性风险

Fedwire 是贷记支付系统，付款行的流动性来自其自身在美联储开立的账户或美联储向其提供的流动性，美联储提供的流动性没有限额，其根据支付系统风险政策第二部分的框架管理为参与者提供流动性上限，这一职能与 Fedwire 的运营职能相互分离，超过主账户余额及参与者日间最大透支限额的支付业务会被系统拒绝。作为美国的中央银行，美联储可在需要时创造美元流动性，即在极端压力情况下也不存在流动性风险，因此不需要持有、测试流动性资源，Fedwire 只以美元在中央银行账户结算。

4. 参与者违约安排

作为中央银行运营的 RTGS 系统，Fedwire 自身及没有违约的参与者都不会受到其他参与者违约的影响，Fedwire 的规则和程序确保美联储在一个或多个参与者违约的情况下可以持续提供结算服务。美联储根据支付系统风险政策规定，可以向绝大多数参与者提供日间流动性支持，确保在付款行违约的情况下，依然可以完成对所有相关收款行的偿付，美联储对参与者所有财产拥有担保权并可用于抵消上述损失。通过这些规则和程序，美联储可以确保参与者违约风险不会通过 Fedwire 蔓延，因此，Fedwire 不需要特定的违约规则和流程。

5. 一般业务风险

《货币控制法案》规定，Fedwire 是美联储提供的一项金融服务，其服务定价以长期收回所有直接成本和间接成本为原则，其中包括投入的成本加上私营公司提供这些服务所应获得的股权收益。WPO 严格控制成本和预计收入，通过费率设置确保长期运营成本不超过收入，控制一般业务风险；持续监控实际收入，每月根据预算统计成本回收情况并在年度预算中进行详细说明，如果成本超过控制，通过提升费率或采取其他措施增加收入；每年根据成本回收情况，充分考虑业务量、预计收入、Fedwire 的收入分布、外部市场条件、经济和政策环境等因素以确定下一年的服务费率，目标是确保长期成本回收，费率定价将提请执委会审议通过，并在官网披露。

为促进与私营部门 FMI 的竞争，执委会要求美联储在预计资产负债表上持有相当于或高于它们 6 个月服务运营支出的无负担流动金融资产，这影响了储备金银行的服务费定价。用于定价服务的预计资产负债表上的未支配流动金融资产包括联邦基金和美国国债，6 个月的服务运营支出根据执委会通过的年度预算计算。执委会认为这些高质量、高流动性的资产足以满足美联储的要求，美联储不会因为业务冲击而影响 Fedwire，因此执委会并没有要求 Fedwire 制订恢复或有序解散计划。

6. 投资及托管风险

Fedwire 没有独立于美联储运营金融服务的资产，也不持有参与者的资产。美联储依照广泛使用但针对中央银行特点调整的会计记账规则进行记账，美联储使用 2013 年美国反虚假财务报告委员会下属发起人委员会的综合内控框架，自愿遵守 2002 年的《萨班斯—奥克斯利法案》，并实施多项控制措施确保了财务报告和运营的有效性和充分性。美联储的账务和内控受执委会的内审、外审以及美国政府问责办公室监管。

（二）英国

1. 信用风险

由于必须有足够的资金才能完成结算（包括多边轧差净额的结算），RTGS 结算机制已经完全排除了信用风险，唯一可能发生的信用风险源于中央银行为商业银行提供的日间流动性。CHAPS 直接参与者有时会有日间流动性需求，CREST 结算行会利用自动质押回购以满足流动性需求，在此种情况下的流动性均为日间流动性，以最高质量的抵押品作保证（Level A 级别的抵押品），并设置了足够的估值折扣率以覆盖日间的价格波动。日间流动性完全取决于参与者拥有的 A 级抵押品和相应的估值折扣率。英格兰银行保留了日间流动性规模的裁量权，可以在需要时加以限制，也可以在需要时限制自动质押回购的规模（至今没有限制过），在极端情况下，英格兰银行会通过相应的应急安排将日间流动性转变为隔夜流动性。如果抵押品不够，英格兰银行会要求参与者追加保证金，当极端信用风险发生时，英格兰银行会使用存款准备金弥补任何资金短缺。所有有资格进行日间流动性调整的参与者必须接受相应的审慎监管和内部风险评估。英格兰银行不允许透支完成支付交易（由系统自动检查），该规则在相应法律文书中有明确说明，因此不存在直接信用风险。当发生参与者违约时（例如，账户持有者破产），RTGS 条款与条件规定了明确的平仓和中断流程，此外在中央银行范围内还有更全面的违约管理流程。RTGS 由中央银行提供服务，不需要通过向流动性提供者筹借资金完成结算。

英格兰银行鼓励和支持支付系统运营商和它们的参与者管理系统内的信用风险。例如，英格兰银行使用 MIRS 作为 CHAPS 的应急系统；英格兰银行自 2015 年 9 月起启用 Bacs 和 FPS "全额预注资及违约者支付"

模式，规避直接结算参与者的信用风险。

2. 抵押品

英格兰银行只接受最高质量的抵押品，CREST 自动质押回购接受的债券，包括金边债券、短期国库券等中央银行发行的债券。可担保提供日间流动性的抵押品是从一系列国债和中央银行债券中挑选出来的，具体选择方法在英格兰银行介绍英镑货币体系的红皮书中公布，Level A 抵押品名录公布在英格兰银行网站上，抵押品列表每年评估一次，并接受第二道防线的检验。英格兰银行也接受欧元标价的中央银行货币作为日间流动性抵押品，并为这些外币抵押品设置了特别的外汇估值折扣以抵御价格风险，这些抵押品通过发行国 CSD 交付给英格兰银行在发行国中央银行开立的账户，降低跨境使用抵押品的操作风险。

英格兰银行对抵押品设置了审慎的估值折扣，并定期评估估值折扣率，根据市场情况进行调整，确保能准确和审慎地对抵押品进行估值。为了考虑潜在的压力情景，并充分考虑抵押品的顺周期特点，英格兰银行进行估值折扣时，使用了 1999 年后（或数据可得的最早年份，选取二者中较早年份）波动最大的两年作为参考，这样可以确保估值折扣率在不断变化的市场条件下也能保持稳定，估值折扣计算基于抵押品持有期间的极端价格变动。由于上述高质量抵押品的发行人较为集中，英格兰银行确实会面临集中度高的风险，但中央银行的态度是接受这一风险，如果为了降低集中度而扩大抵押品范围会带来更多的信用风险、流动性风险和市场风险。这些抵押品的流动性非常好，因此英格兰银行没有对各类抵押品的集中度进行限制。英格兰银行的抵押品管理系统是一个抵押品池，RTGS 账户持有者可以直连处理或者以浏览器方式进行实时管理，抵押品管理系统使用双数据中心确保安全稳定运行，抵押品不会进行二次质押，不存在重用风险。

3. 流动性风险

英格兰银行通过以下渠道向参与者提供日间流动性：CHAPS 直

接参与者支付管理工具；改善了 CHAPS 的日间流动性管理、降低了 CHAPS 支付业务对日间流动性需求的 LSM；通过 CREST 进行的调节流动性自动质押回购操作；Bacs 和 FPS 的覆盖最大净借记头寸的全额预注资等。

4. 一般业务风险

RTGS 的主要投资项目受英格兰银行投资委员会的监管，如果必要的话还会提交董事会审议，RTGS 涉及的财务状况、成本和收入都由中央银行财务部门统一管理，并通过每年一次的费率更新来调整。RTGS 的运营原则是通过向账户持有者收费以完全覆盖中期成本，没有长期利润或损失，各服务之间不进行交叉补贴，RTGS 费率根据上述原则每年设定一次，以便收入覆盖预算成本。作为每年度流程的一部分，英格兰银行还为 CHAPS 公司和负责运营 CREST 的公司提供相关运营成本和投资计划，其他支付系统运营商有进行任何影响它们的实质性投资计划的行为时会进行咨询，并预估需支付给英格兰银行的费用。

（三）欧洲

1. 信用风险

TARGET2 提供两种信用便利，其信用风险管理框架遵循欧元区及各国有关货币政策的管理框架，欧洲体系货币政策工具和程序的综述文档详细描述了欧元体系货币政策操作框架，包括可授信条件、可接受抵押品种类及相关垫头等。由于信用风险框架是货币政策执行的前提，而 TARGET2 的运营者不会产生信用风险，只有中央银行在欧元区施行货币政策时，才会出现信用风险暴露的情况，因此执行框架不在运行部门的职责范围内。TARGET2 运营者为其参与者提供流动资产日间信贷和自动质押融资，二者都必须当日偿还，如果参与者当日无法偿还贷款，将会形成隔夜借款并触犯相关条例条款，非货币政策对手方参与者需支付惩罚性利息。

2. 抵押品

TARGET2 中提供的流动性均有抵押，对抵押品的种类等方面的限制防范了抵押品大幅度贬值带来的相关风险，TARGET2 的运营者在得到抵押品后向参与者提供形式为日间信贷或自动担保的日间流动性。抵押品框架基于欧元体系的货币政策，特定资产的使用资格受到一定限制，用于防止对手方使用由于对手方违约导致大幅度贬值的抵押品，该限制应用于所有由金融机构或与其有紧密联系的机构发行的资产。欧洲中央银行还提供代理中央银行模式（CCBM）以保障对手方使用其他欧元区的抵押品，在此情况下，持有抵押品国家的中央银行在抵押期间持有其信用。

3. 流动性风险

TARGET2 是实时全额清算系统，所有业务即时、不可撤销且具有最终性，因此其本身不存在流动性风险，但会提供辅助平台及工具协助各国中央银行及参与者监控其流动性状况，预防风险发生。TARGET2 提供全面的流动性管理工具协助参与者管理流动性风险，如撮合机制、结算算法、流动性预留、支付优先级以及基于信息和控制模块的实时监控平台，如果参与者拥有多个支付模块账户或同时拥有支付模块账户和专用现金账户，也可以对一组账户（包括专用现金账户）执行监控。欧元体系通过 TARGET2 的数据库分析监控所有参与者的日间与长期流动性情况，2016 年 TARGET2 建成了服务各国中央银行并用于监控重大银行集团跨境层面整体流动性状况的设施。当参与者破产时，已经提交至系统的交易将基于可用资金清算（依据最终结算指南要求），根据各国法律要求及破产方管理人员要求，新的支付交易将被拒绝或者单独处理。欧洲中央银行体系会根据 TARGET2 的数据详细分析流动性不足带来的影响，尤其是在部分抵押品急剧贬值的极端情况下。

4. 参与者违约安排

TARGET2 指南中明确了参与者违约情况下的业务处理流程，参与者发生破产时，在破产流程开始之前进入系统的交易将被正常处理，但并不保证其被正常清算，未在该时间前进入系统的交易将被搁置，只有收到主管部门指令后中央银行才能恢复处理该业务，业务截止时点后尚未清算的业务将被拒绝。TARGET2 的指导规范中明确定义了违约事件的概念，参与者发生违约时 TARGET2 运营者将会收到相关部门通知，运营者将根据指令冻结该参与者的 TARGET2 账户，并通过广播通知其他所有参与者该违约事件。

5. 一般业务风险

在运营者希望增加系统功能的情况下，中央银行执行部门将根据具体功能提出预算，运营者将提供预期收益分析，即新增功能可能会带来的新增收益总额，董事会在作出任何决定前会考虑新增收益分析结果和成本回收计划。由于收入突然减少或成本突然增加造成的巨大损失将由欧洲中央银行董事会承担，以确保欧元体系运行的系统成本，必要时保障维持系统运行，该流程符合事先商定的 TARGET2 恢复计划。

（四）日本

1. 信用风险

日本中央银行不作为支付交易的对手方，因此不承担系统参与者在个人付款或结算行为中产生的信用风险和资金流动性风险。日本中央银行提供的日间透支工具会通过质押合格抵押品并保证抵押品价值始终能够覆盖透支额度的方式对相关风险进行管控。当日本中央银行认为有必要时，可以终止与参与者的协议，只要是关系到清算账户交易的安全性问题，日本中央银行都有权就必要事项采取行动。日本中央银行对质押的合格抵押品设置严格管理框架，其为每个参与者设定一个贷款上限（等于参与者抵押给中央银行的所有合格抵押品的评估值之和）并进行现场检查和监测，日本中央银行还对参与者实施惩罚性措施，对日间业务截止时点出现的任何未结清日间透支余额征收逾期利息（基本贷款利率加 6% ）。日本中央银行通过以上措施管理并降低当前和潜在信用风险。

虽然参与者的信用风险并非因使用系统而产生的风险，但在交易发生到最终结算完成之间，参与者通常会面临因交易对手违约导致不可恢复损失的相关信用风险。在充分考虑到此类信用风险的情况下，日本中央银行已将 RTGS 结算方式引入 BOJ-NET FTS 系统中，由于发送给 BOJ-NET FTS 的付款指令会立即结算，即使参与者违约，信用风险的影响将仅限于其交易对手，通过日本中央银行资金结算系统向其他参与者和整个金融系统蔓延的可能性很低。日本中央银行还通过现场检查和对参与者的监测，尽可能确定参与者面临资金转移所产生的信用风险。

2. 抵押品

在提供日间透支时，日本中央银行要求参与者提前抵押足以支付信贷金额的合格抵押品，为确保中央银行资产的合理性，日间透支的合格抵押品包括日本中央银行认可的，具有足够信誉和可变现的金融工具，且该工具不得损害中央银行担保权和其他抵押质押权的行使，作为抵押品的合格境外证券也需要满足上述条件。在此基础上，日本中央银行建立了足够保守的估值折算体系，日本中央银行与抵押品相关各方签订协议以应对因适用外国法律而产生的法律风险以及此类资产位于国外的运行风险，该协议需通过事务律师及所在相关国司法管辖区的法律审查。日本中央银行在提供日间透支时所接受的抵押品价值，通常按抵押品类型和到期期限对其市场价值进行一定的折算，抵押品的估值与市场基准价格每日对标。考虑到市场压力，估值折价基于市场价格的长期趋势、利率和不同金融产品的价差并每年调整一次。

3. 流动性风险

日本中央银行为 BOJ-NET 提供信贷额度的监控、查询，监控日间透支的未结余额，合格抵押品的接受决定，使用抵押品进行不同类型的信用延期（抵押品一旦被接受，可以用于中央银行提供的任何类型的信用延期），计算抵押品价值，在到期日返还抵押品和检查抵押品短缺等，以确保在市场压力下的运营灵活性。日本中央银行以日间透支的形式向已授权的参与者提供信贷，确保支付交易的顺利结算，虽然参与者的流动性风险并非在系统下进行资金结算所产生的风险，但在交易发生到最终结算完成之间，参与者都面临无法在结算时点获得充足流动性的风险。日本中央银行充分考虑到此类流动性风险，BOJ-NET FTS 系统下的资金转账采用全额实时结算方式，要求参与者一旦收到资金后立即进行结算，如果参与者需要在收到他人付款之前进行付款，就需要采取包括日间透支在内的一系列措施。日本中央银行还通过在 BOJ-NET FTS 系统中提供 LSF 以减少参与者的流动性获取成本，提高整体结算效率，并实现流动性的有效再利用，系统中提供了充足的流动性以解决市场交易中的死锁，目前尚未出现由 RTGS 产生的参与者流动性风险。

4. 参与者违约安排

作为系统运营商，日本中央银行在清算账户规定中制定并公布参与者违约规则，当发现严重事件导致参与者无法继续清算账户交易时，可采取必要措施确保清算账户交易正常处理，并有权终止该参与者清算账户的使用。BOJ-NET 与参与者签订的协议规定，如果日本中央银行认为某种行为可能危及 BOJ-NET FTS 的正常使用，则有权终止协议或限制参与者对 BOJ-NET 的使用，但中央银行与参与者之间的协议也明确指出，只有出于保障 BOJ-NET 在清算账户交易中正常运转的目的时，中央银行才可以采取此类裁量措施。日本中央银行还建立了必要的业务处理框架，无论何时采取上述必要行动，日本中央银行都需要以合适的方式通知参与者。

5. 一般业务风险

在操作风险管理方面，日本中央银行对系统运营进行了详细分析，并建立了控制相关风险的业务流程，为参与者及其自身制定了详细的操作流程。在系统机制方面，出于业务连续性的考虑，BOJ-NET 对重要的信息采取双重备份，主控制中心的数据与备份中心准实时同步，并且主备控制中心可以相互切换，以保证系统发生中断时能在两小时内恢复运行。

（五）澳大利亚

1. 信用风险

澳大利亚中央银行 RITS 系统无信用风险，并采取了三种措施以避免潜在的信用风险：一是支付交易使用会员的 ESA 资金进行结算，不可透支，澳大利亚中央银行不保证所有提交至 RITS 的交易均能结算；二是在会员违约时，澳大利亚中央银行不会因为运行 RITS 而遭受损失，且不会因为会员违约而产生财务问题；三是 RITS 中的 RTGS 的结算机制保证在会员结算过程中不会发生意外的信用风险。在向获得审批的 RITS 会员提供流动性时，有发生信用风险的可能，此类风险通过澳大利亚中央银行在回购中提供高质量债券、保守地设置债券垫头、限制参与回购的会员范围和逐日盯市制度等措施进行管理。为获得澳大利亚中央银行的常备便利，RITS 会员需持有 ESA 并成为 Austraclear 的成员，且受到澳大利亚中央银行的监管，保证在 Austraclear 中能够及时高效地完成交易结算。Austraclear 提交至 RITS 结算的业务，主要是债券交易的资金端，采用 DvP 模式 1 降低结算中的信用风险。由于 RITS 的转账均为两个 ESA 间的支付交易，因此不存在信用风险。

2. 抵押品

澳大利亚中央银行在国内市场的运行目标是实施货币政策、支持支付系统运行并保障财务稳定。澳大利亚中央银行为其运营中的债券设置了准入标准以管理资产负债表风险，为审批通过的会员 ESA 提供流动性时，澳大利亚中央银行仅支持澳元高评级的债券，抵押品需要进行保守估价、设置垫头并进行逐日盯市。作为合格抵押品的证券需有较高的流动性和高信用度，其通常由澳大利亚政府、借款州和地方政府（半政府债券）、投资级授权存款机构（ADI）、3A 级的资产支持证券（ABS）以及有明确政府担保的超国家组织、外国政府和政府组织等机构发行。此外，还必须满足以下条件：一是澳元计价；二是与澳大利亚中央银行达成交易时，必须在 Austraclear 登记并有效；三是作为抵押品通常必须达到最低信用评级，最低信用评级要求该证券被发行方和任何主流评级机构评级为 A 级（确定的信用增强证券除外，如担保债券）；四是对于 ADI 发行的超过一年的证券，必须至少有两家主流评级机构对证券和其发行人进行评级；五是对于 ADI 发行的担保债券，如果有两个或者多个安全评级，可以只考虑证券本身的评级；六是 ABS 必须在二级市场交易，必须基于真实的破产专用的资产；七是证券在回购期间不得到期。

澳大利亚中央银行不接受高度结构化证券，例如，由其他收益支持的 ABS。为加强 ABS 的风险管理，自 2015 年 6 月 30 日起，澳大利亚中央银行要求回购此类证券时需要提供更多的详细信息，以便其符合澳大利亚中央银行回购的条件，新要求主要是降低澳大利亚中央银行 ABS 的风险暴露风险，这种偶然风险显著增加了公开回购和合格流动性工具的应用风险。抵押品信息，包括与交易相关的数据和标的资产的信息（如贷款评级数据），须进行实时更新，满足上述条件的澳大利亚政府和半政府债券是自动符合条件的抵押品，其他证券需要经过初步审批，在审批流程完成被加入合格证券清单之前，澳大利亚中央银行不会回购此证券。澳大利亚中央银行定期监控信用降级等事件，以确保其清单上抵押品仍然合格，如果特定抵押品不再符合条件，澳大利亚中央银行会要求其回购对手方在一天内置换合格的抵押品。澳大利亚中央银行使用市场价格对回购证券进行估值，无法确定市场价格时，澳大利亚中央银行将采用保守的估值公式。

澳大利亚中央银行对所有回购的证券设置垫头（初始保证金），为了简化操作，澳大利亚中央银行为证券设置了固定的垫头率，垫头将最大限度地弥补证券市场价格变动而造成的损失。制定垫头的关键是市场价格、证券在资产市场上的成熟度和证券的信用评级，澳大利亚中央银行可以随时调整垫头，相关数据在澳大利亚中央银行的网站上公开披露。澳大利亚中央银行进行逐日盯市计算保证金，以保证能够弥补证券组合价值的变动，即澳大利亚中央银行每天根据回购证券上个工作日的收盘价，计算每个对手方的风险暴露金额，当澳大利亚中央银行与某个对手方的净风险暴露大于 100 万，并超过 1% 净回购额时，澳大利亚中央银行将要求按照市场价格支付保证金以弥补净风险暴露，当对手方与澳大利亚中央银行的净风险暴露大于 100 万且超过 1% 净回购额时，澳大利亚中央银行也会满足对手方根据市场价格调整保证金的要求。

3. 流动性风险

RITS 基于 RTGS 模式，澳大利亚中央银行作为 RITS 的运营者不承担流动性风险，但 RITS 要求会员通过高效的流动性设计来管理流动性，一是通过常备便利管理流动性；二是实时提供交易和 ESA 余额信息；三是澳大利亚中央银行业务人员对 RITS 的结算情况和会员账户余额的不断监控。如果会员遇到经营和财务问题，流动性会受到干扰，澳大利亚中央银行发现该问题后将联络会员降低影响，为进一步降低这种可能性，会员遇到的任何经营问题都需要通知澳大利亚中央银行，RITS 法规也规定了会员违约情况的应对方法。

澳大利亚中央银行为经过审批的 RITS 会员通过公开市场操作或者自身的常备便利提供流动性，银行机构可以和澳大利亚中央银行进行回购交易，使用合格证券置换 ESA 的信用资金，并以协议方式约定在日终前或澳大利亚中央银行开放的时间进行逆回购。符合条件的会员也可以通过参与澳大利亚中央银行每日的公开市场操作获得流动性，公开市场操作旨在为银行间市场提供隔夜流动性以保证利率维持在目标水平，此类交易通常涉及对手方以回购方式或直接出售债券给澳大利亚中央银行。澳大利亚中央银行仅提供高质量澳元债券的回购交易，该政策适用于澳大利亚中央银行所有的国内操作，不论通过常备便利还是公开市场操作进行回购，相关政策可以在澳大利亚中央银行网站查询实时更新版本。

4. 参与者违约安排

RITS 法规规定了破产事件的定义、RITS 会员和澳大利亚中央银行在破产情况下的权利和义务，以及管理此类破产情况时澳大利亚中央银行可能采取的措施。当发生违约时，澳大利亚中央银行将采取如下措施：一是澳大利亚中央银行可以暂停破产会员的权限，当会员权限被暂停时，系统将退回该会员的排队业务，禁止其他会员向其发送业务，并禁止其发出任何新业务，RITS 法规允许澳大利亚中央银行通过这种迅速限制行为，将单一会员违约可能对整个系统产生的影响降到最低；二是通过RITS 法规和参与者服务协议，包括管理规则和程序来管理会员违约，会员如果得知无论是自身或是其他会员的破产事件，必须立即通知澳大利亚中央银行，澳大利亚中央银行可以禁止相关会员的权限，也可以暂停无法进行正常清算的会员权限；三是澳大利亚中央银行有一系列管理违约的内部程序，记录了一旦遇到破产会采取的措施。

（六）瑞典

1. 信用风险

由于 RIX 全额实时处理资金结算指令，参与者和瑞典中央银行均未在结算过程中面临信用风险。瑞典中央银行在授信过程中面临的信用风险由瑞典中央银行承担，RIX 的《条款和条件》规定瑞典中央银行将承担其因日间信贷而产生的任何损失，为降低此类风险，瑞典中央银行实时监控参与者授信状况及抵押品状况。瑞典中央银行的信用风险体现在为参与者提供日间信贷所导致的风险敞口上，但有效应用抵押品会减轻此风险，瑞典中央银行拥有完备的系统和流程确保信贷风险始终由适当的抵押品承担。RIX 中的合格参与者可以向瑞典中央银行质押抵押品以获得日间和隔夜授信，瑞典中央银行除自身提供日间授信，还允许 Euroclear Sweden 代表瑞典中央银行向开展证券交易结算的参与者提供授信。瑞典中央银行制定了风险管理框架，主要使用抵押品来降低日间授信带来的信用风险，该框架的适用范围包括支付系统和证券结算服务等。瑞典中央银行授信均为有抵押授信，其明确了信用风险管理的核心，即对抵押品的要求。日间授信可转为隔夜授信，但瑞典中央银行鼓励参与者在当天结束时偿还所有贷款，因此隔夜贷款的利率较高且涵盖罚息。《瑞典中央银行法案》对中央银行由于日间授信导致的风险进行了限制，瑞典中央银行内部也定期召开信贷抵押规则讨论会，并建立了调整可接受抵押品的流程。除使用抵押品外，RIX 的参与者还必须满足系统对参与者的要求，RIX 的《条款和条件》中描述了对 RTGS 系统参与者要求的一般框架。

瑞典中央银行可同时获取未偿还信贷规模和已抵押的抵押品的实时信息，其每日对抵押品进行估值，并持续监控抵押品关联的信贷。瑞典中央银行拥有适当的机制以确保信用额度不超过已抵押的抵押品的价值，评估用作抵押品的证券时采取保守估值，以涵盖在预期清算抵押品时点前抵押品价值变化所产生的未来风险敞口。

2. 抵押品

作为信用风险的主要防范手段，抵押品的选择需同时考虑《瑞典中央银行法案》的要求与货币准则和金融稳定的需求，对抵押品的评估原则应尽可能保守，保证其在极端情况下也能被正常清算。瑞典中央银行建立了抵押品管理系统，自动处理抵押品管理问题，为了限制信用风险，根据《瑞典中央银行法案》，瑞典中央银行应用的原则是应为所有此类风险抵押提供足够的抵押品。

瑞典中央银行在设计抵押品政策时，已考虑信用、流动性和市场风险，该政策符合瑞典中央银行法案中规定的足额抵押品的要求，并支持瑞典中央银行的货币政策和金融稳定目标，其所有要求均在《条款和条件》中列出，该政策定义了瑞典中央银行可接受为抵押品的资产类型。广义上瑞典中央银行接受由政府、中央银行、地方政府、其他公共机构或信誉良好的公司发行的债务证券。瑞典中央银行拥有一套自动化的抵押品管理系统，用于审查瑞典证券是否符合其所有资格要求，但仍需要专家参与审核，对于其他证券，RIX 参与者必须为他们希望获批的每种证券正式向瑞典中央银行提交申请，获得批准的证券将在瑞典中央银行网站公示，而后瑞典中央银行的抵押品管理系统对将要被接受为抵押品的名单内证券进行逐一检查。所有抵押品都通过自动化流程逐日盯市，瑞典中央银行使用上一个估值日的最新收盘价，如果没有可参考的市场价格，则计算其理论价格，该价格基于特定证券的预期未来现金流量的现值和从相关掉期曲线得出的到期收益率。如果瑞典中央银行发现证券的风险属性未在估值中得到充分反映，则可行使自由裁量权，《条款和条件》规定："鉴于证券的风险特性，瑞典中央银行可以根据需要决定进一步的估值折扣。"《条款和条件》为如何确定估值折扣建立了框架，符合条件的证券根据流动性类别进行分类，同时也将发行人类型与证券类型纳入考量。瑞典中央银行对各种流动性类别的证券根据持续时间和收益率结构采取不同的估值折扣，对于以其他货币计价的证券还进行额外折扣。瑞典中央银行的垫头波动性非常高，垫头经定期审查，在市场波动性增加的情况下可以增加审查频率。为了减少对顺周期调整的需求，瑞典中央银行旨在建立一个保守的框架以涵盖压力市场情景。

瑞典中央银行的抵押品政策规定了对证券交易对手的集中限制，瑞典中央银行认为集中持有可能会削弱其在某些市场条件下清算抵押品的能力，该政策还旨在限制错向风险。根据政策，交易对手的抵押品中由信贷机构发行的合格证券最多可占 60%，信用机构发行的担保或担保债券必须具有 AA- 的信用评级，同一发行人集团的担保或担保债券最多可占交易对手价值的 50%，交易对手本人或与交易对手密切相关的公司发行的证券不符合资格，瑞典中央银行不接受小额发行证券。瑞典中央银行接受两种跨境抵押品：现金和证券。对于丹麦克朗和挪威克朗的现金，瑞典中央银行通过与丹麦和挪威中央银行一起在中央银行建立账户，以账户的形式制定了自动流程，将其作为其他中央银行的日间信贷抵押品，瑞典中央银行也接受其存放在德意志联邦银行账户内的欧元。瑞典中央银行接受以下列货币计价的跨境证券：美元、英镑、丹麦克朗、欧元、日元、挪威克朗和瑞典克朗，要求是该证券在其发售的国家或地区合法合规。除瑞典中央银行在接受国内抵押品方面面临的风险之外，瑞典中央银行还在接受外国抵押品时面临法律、业务、托管、交易对手（现金）、市场和外汇风险。瑞典中央银行限制持有和发行证券的国家和证券的持有方式以降低法律风险，仅使用中央银行货币以减轻现金存款的交易对手风险，根据发行人的类型和证券类型对不同流动性类别的合格证券分类，从而进行估值折扣以降低市场风险，提高了对外币的折扣以减轻外汇风险，将大部分与跨境抵押品管理相关的业务自动化以降低运行风险。

接受现金作为抵押品的程序完全自动化，可以在几分钟内完成。管理外国证券作为抵押品的程序有效但非自动化，即瑞典中央银行无法控制通过 CSD 触发外国抵押品的所有步骤，但瑞典中央银行在合法使用跨境抵押品之前分析了其法律确定性，并在某种程度上分析了 CSD 链路的运行可靠性。参与者可能需要一段时间来抵押或收回跨境证券，但参与者可通过快速抵押现金降低及时获取抵押品的难度。2017 年，瑞典中央银行推出了新的抵押品管理系统，以提高运营灵活性、创建更有效的程序并更好地分析抵押品使用情况，抵押品管理系统已基本实现自动化，并完全集成至 RIX 中。瑞典中央银行会对账户中的每一项抵押品交易引发的变动进行匹配，以防止抵押品的重复使用。抵押品管理系统管理参与者的所有要求，包括自动添加、移除抵押品或替换瑞典 Euroclear 账户的抵押品，在系统允许情况外不可释放抵押品，系统检查 RIX 以确保抵押品价值在抵押品被释放之前不低于未偿还信用额，对于在 Euroclear Bank 持有的证券，进入质押管理系统之前由瑞典中央银行进行人工匹配。抵押品管理系统允许对合格抵押品清单的交易对手名单和参数进行小范围实时变更，必要时也可进行大范围变更。抵押品管理系统高度自动化，使瑞典中央银行即使在紧张的市场条件下也能够处理运营工作，系统由IT 技术人员和操作人员在其运行时间内进行监控，并已经开发了备用程序以降低抵押品系统对支付系统运营的干扰。

3. 流动性风险

瑞典中央银行作为中央银行具有无限流动性，因此不会面临瑞典克朗的流动性风险，如果需要在非流动性市场上清算抵押品，瑞典中央银行可能会面临困难或可能获得比预期更低的价格，这可能导致瑞典中央银行的信贷损失，但绝不会影响其履行瑞典克朗义务的能力。RIX 参与者不会面临瑞典中央银行带来的流动性风险，如果参与者没有按预期付款，则会产生流动性风险，获得日间授信可以减轻此类风险。

4. 参与者违约安排

如果参与者未能偿还信用额或被法院宣布破产，则会出现违约情况，《条款和条件》中描述了无法偿还信贷的定义以及制裁。参与者破产将根据清退参与者的程序进行管理，瑞典中央银行对可能出现的任何损失负责，并备有处理该情况的应急储备金。瑞典中央银行可以向参与者提供瑞典克朗的信贷（主要为日间信贷），未能偿还其日间信贷的参与者将按照惩罚利率收取隔夜未付信贷费，如果在 12 个月内发生未偿还日间信贷超过 4 次，则可暂停授予参与者日间信贷。瑞典中央银行为提供给参与者的所有信贷收取抵押品，即使在参与者违约等市场压力较大的情况下，瑞典中央银行也有足够的抵押品与保守的垫头来弥补其风险敞口，在发生信用损失的极端情况下，瑞典中央银行作为货币发行的中央银行，可以始终提供瑞典克朗的流动性以弥补信用损失。根据《条款和条件》的规定，瑞典中央银行可以暂停、清退部分或全部违约参与者，现金和支付系统部门负责人负责根据瑞典中央银行指示作出此类决定，违约前处理的所有交易均受《金融市场结算系统义务法案》的约束，瑞典中央银行不会取消已经在系统中处理的任何交易。瑞典中央银行的内部文件描述了违约处理流程与瑞典中央银行内部责任划分，对参与者《条款和条件》公开披露，但不公开违约参与者的应急处理计划。瑞典中央银行已制定与所有利益相关方进行沟通的例行流程，必要时会对应急计划进行审查。

5. 一般业务风险

瑞典中央银行监控可能影响 RIX 的支付流量或参与者导致的支付市场变化，并参与各类瑞典市场支付相关发展的信息讨论，包括瑞典中央银行自身举办的论坛、RIX 用户组和 RIX 理事会。瑞典中央银行与参与者进行双边对话以了解他们的需求，并每两年对参与者使用 RIX 以及持续履行 RIX 参与职责进行评估，以获取进一步的信息，瑞典中央银行也通过 RIX 用户组和 RIX 理事会收集有关参与者使用 RIX 的信息，支付系统部门参与金融部门私人公共合作组也是获取市场发展和市场需求信息的手段。

瑞典中央银行每 4 个月监测一次成本，公布该期间 RIX 有关信息报告，并每年发布其预算流程和年度报告。根据《RIX 服务供应定价原则》等文件规定，瑞典中央银行需实施 RIX 服务全额成本回收政策，即参与者必须承担瑞典中央银行为 RIX 支付的所有费用，使用的所有内部资源和外部资源都包含在成本中并应由参与者支付。瑞典中央银行也作为参与者加入 RIX，实施其货币政策和外汇政策交易，并代表外国中央银行和国际金融机构在瑞典中央银行代理银行活动范围内执行交易，其与其他使用 RIX 参与者支付相同费用。RIX 定价模型包括 4 个主要部分：每笔支付交易费用，所有参与者的固定月费，所有可能行使其权利获得信贷的参与者的固定月费以及根据瑞典银行家协会的汇总，在国内交易金额超过 10 亿瑞典克朗的 RIX 参与者之间分配的额外费用，新加入 RIX 的参与者还需缴纳接入费。全面回收成本的原则以 3 年为实施周期，因此可以消除短期内的成本波动。RIX 收入的显著减少或成本的显著增加将影响系统的成本回收，例如，有较大的参与者（国内交易金额超过 10 亿瑞典克朗）退出 RIX，或两个或更多参与者合并，收入将大幅下降，RIX 的定价模型可以在未来几年内对价格进行灵活微调以减轻此类收入损失。

瑞典中央银行致力于确保参与者充分了解系统的成本、收入、价格和定价模式，瑞典中央银行在每 4 个月发布一次的 RIX 报告中公布本期的成本和收入，以便参与者直观地掌握情况，RIX 的定价透明地呈现给参与者，参与者在定价的初期就可以通过相关渠道了解到相关信息。由于瑞典中央银行是货币发行的中央银行，瑞典中央银行无须持有任何特定资产以弥补商业损失。

（七）土耳其

1. 信用风险

EFT 系统是 RTGS 系统，其内部不提供流动性工具，参与者可以通过 CBRT 寻求流动性支持，并受银行间货币市场抵押品整体限额的限制，CBRT 提供的此类流动性支持作为货币政策工具，由市场部进行管理。管理信用风险的方法主要包括：一是根据资产规模控制参与者借款额度；二是要求高质量的抵押品；三是设置垫头；四是通过 DvP 结算形式消除通过 EFT 系统进行结算的证券交易（一级市场和二级市场）的主要风险。

CBRT 提供有抵押的日间或者隔夜信用以解决可能影响金融市场效率的临时流动性短缺，CBRT 一般进行的货币市场操作包括日间流动性支持、隔夜回购、逆向拍卖、隔夜信用以及最后贷款人，每种操作在 ESTS 都有独立的抵押账户。日间流动性支持不收费，但收取 10 里拉 / 百万里拉的佣金，其他货币市场操作的利率也在合理水平线上。信用风险管理框架由 CBRT 市场部负责，参与者无法偿还信用额度或在抵押品需要被强制执行时证券价格下跌可能导致信用风险，CBRT 采取的主要风险管理方法包括：一是需要全额抵押获取信用；二是仅接受高质量的抵押物；三是整体额度限制；四是解决集中风险的机制；五是设置垫头；六是如果抵押品价格发生较大变化，要求提供额外的抵押品；七是延期的信用便利需要每日进行监测和重新估值，抵押品的估值每天更新。由于 EFT 系统作为 RTGS 系统并使用 DvP 结算模式，参与者不会面临任何信用风险暴露，EFT 的结算最终性有法律保障，因此不存在诉讼可能给参与者带来的信用风险。

2. 抵押品

CBRT 的市场部门指定了可接受的抵押品包括：里拉计价的政府债券、CBRT 票据、土耳其财政部资产租赁公司发行的政府租赁债券以及该公司以外币计价的债券、外币存款、外币计价的伊斯兰债券、外国政府债券。参与者在 CBRT 市场部的同意下，可以进行抵押品调整，垫头适用于所有抵押品，但垫头根据证券的到期日进行变化，旨在保护 CBRT 免受抵押品价值降低的影响，使 CBRT 借款数额低于抵押品的市场价值。垫头主要由以下几个因素决定：一是证券类型；二是到期日少于一年的抵押品被认为风险较低，因此适用较低的垫头，到期日越长垫头率越高；三是考虑到风险暴露的问题，CBRT 可能会针对某个特殊的对手方提高垫头率。CBRT 对运营中常用的抵押品每天进行估值以保证其有效性，至少30% 的抵押证券应为政府债券，CBRT 市场部也会接受一些外国政府债券，参与者需要将此类债券转移至 CBRT 在国际中央证券存管系统（现阶段仅支持欧元清算）的账户，以保证 CBRT 完全拥有抵押品并能够在违约时及时处理。EFT 系统仅支持里拉的交易，CBRT 作为中央银行，不受里拉流动性的制约，因此不需要立即处理抵押品。CBRT 使用抵押管理系统来管理各种资产及其到期日。银行信用额度受自身资产规模的限制，在 CBRT 的允许下，参与者可随时调整抵押品规模，该过程虽然由系统自动化进行，但包含手动审批流程，在 EFT 运行时间内，CBRT 的市场部可以适当允许快速地审批流程。

3. 流动性风险

EFT 作为一个 RTGS 系统，自身没有流动性风险，CBRT 使用里拉对参与者的流动性进行支持，从中央银行的角度来讲，获得里拉流动性不受限制。EFT 使用如下方式管理参与者流动性风险：一是参与者可以得到排队和交易的优先级，根据需要调整排队交易，EFT 系统每分钟进行多边撮合；二是参与者可以使用 CBRT 的存款准备金以满足 EFT 系统流动性需求，存款准备金计算的平均周期为 14 天，CBRT 对每日存款准备金最低值没有要求，唯一的要求是保证 14 天的平均值符合相关规定；三是 CBRT 作为运营商，为参与者提供 EFT 系统流动性，并作为其货币政策操作的一部分；四是参与者可使用银行间货币市场（由伊斯坦布尔证券交易所运营）获得流动性，CBRT 作为市场参与者通过在银行间进行货币市场买卖将利率维持在预期范围内，通过 TAKAS 银行于 16 点 30 分进行结算，因此参与者可以迅速将流动性注入 EFT 系统，也可以使用 TAKAS 银行信用额度或其他参与者提供的信用额度；五是 CBRT 每天会监测 EFT 系统流动性，包括流动性来源、系统中可使用的流动性及参与者每小时流动性变化。

统计数据表明，EFT 系统 60% 左右的业务于 15 点后结算，35% 左右的业务于 16 点后结算。参与者可以于日间使用各种流动性支持工具，也可以从银行间货币市场获得流动性。根据 BIS 披露，土耳其银行监管部门为银行建立流动性管理框架，一旦框架被使用，银行将与 CBRT 的市场部共享流动性相关分析，CBRT 未进行任何流动性压力测试。

4. 参与者违约安排

EFT 系统是 RTGS 系统，不允许参与者透支，故自身没有信用风险，但其面临参与者违约造成的风险，包括违约参与者为获得流动性便利而使用的抵押品风险，该风险主要通过支付系统运营规则中相关规定进行管理，该规则允许 CBRT 处理所有违约参与者系统内包括抵押品的资产以抵消其损失，该规则第 13 条（7）中定义的违约是指参与者破产或未能通过 CBRT 结算会费，导致其无法偿还 CBRT 提供的流动性支持或者支付费用的情况。该法案还指出一旦发生违约或者其他情况，包括破产、终止经营、并购或其他任何技术和运营问题，CBRT 可以使用参与者在 EFT、土耳其零售支付系统（RPS）或 ESTS 中的资产以偿还 CBRT 的欠款。该规则第13条（8）规定了CBRT在参与者违约或者面临经营或技术问题时，可以采取暂停货币结算或暂停接入系统，并关闭参与者的清算账户，自动拒绝支付交易，使用直接借记纠正参与者清算账户资金或证券，以及将参与者清算账户的余额转移到系统外，保证资金留存在被阻止的账户中等措施。CBRT会向系统其他参与者提供日间和隔夜流动性，以弥补因参与者违约而产生的流动性短缺。

支付结算部门为RPS、EFT和ESTS制定了违约管理流程，具体操作可以在收到CBRT法律部门的通知后，按照PSL、支付系统运营规则等相关法规进行。参与者违约时，CBRT支付系统进行的操作将被记录，包括与相关部门的合作。违约流程的建立考虑了此前处理参与者违约的经验，但该流程尚未被测试，流程的具体要素包含在业务连续性操作中并持续实施，例如，EFT系统中在线交流工具的使用。

5. 一般业务风险

EFT系统中包括一般业务风险在内的所有风险，都涵盖在支付系统风险管理框架中，由于EFT的运营者是CBRT，其一般业务风险很低。EFT的所有费用都包含在CBRT的一般预算中，预算和核算程序由CBRT的会计部门进行控制，并接受CBRT审计部门的审计。EFT的定价模型完全包含了投资和运营支出，包括CBRT支付系统软硬件和人员支出，该定价模型也与系统交易量相关。现阶段的收费架构为按照业务量收取固定费0.2里拉/笔（最低）和20.80里拉/笔（最高）不等，总固定费不低于8000里拉，最高为832000里拉，收费限额和相应费用每年确定一次，并由CBRT向参与者公布。

（八）中国香港

1. 信用风险

HKD CHATS拥有有效的信贷风险管理流程以衡量、监测及管理其对参与者的信贷风险。HKD CHATS不是中央对手方，不会对收款行造成信用风险敞口，付款行无法撤回已向收款行作出的支付。由于通过当日和隔夜透支工具为参与者提供流动性，抵押透支证券的市场价值低于提供的流动性金额时，中国香港金融管理局可能会面临潜在信用风险。结算管理机构只对中国香港金融管理局和中国香港特别行政区政府发行的证券进行回购，因此不会对回购证券的任何第三方发行人产生信贷风险，结算管理机构通过对回购证券的盯市价值应用谨慎折扣（增加剩余到期日），以尽量减少因证券市场价值波动而对参与者造成的潜在信贷风险。作为系统运营商，HKICL 不会对 HKD CHATS 的参与者造成任何信贷风险。

2. 抵押品

HKD CHATS 仅接受没有信用风险、低流动性风险与低市场风险的抵押品，设定并执行保守的估值折扣，外汇基金票据是由市场机制支持，具有高度流动性的工具。通过 CMU 与国际中央证券存管系统的实时接口，参与者可以根据需要随时快速将跨境抵押品带入 CMU，并在实时信息的协助下有效地使用抵押品。

3. 流动性风险

HKD CHATS 有效地衡量、监测及管理其流动资金风险，在潜在压力场景下，港元有充足的流动性资源履行支付义务。结算管理机构的流动性需求仅在通过证券回购（当日或隔夜）向参与者提供流动性的背景下产生，中国香港金融管理局可以根据相关原则为证券回购的参与者提供流动性，即中国香港采用的联系汇率制度，基础货币的不同组成部分可以互换，只要外汇储备仍能完全覆盖其数额的总和。通过证券回购，中国香港金融管理局可以以 HKD CHATS（基础货币的一个组成部分）的账户余额形式为参与者创造并提供一定数量的港元流动性，该流动性等于外汇基金票据（基础货币的另一个组成部分）的金额，从而保持货币基础的整体水平不变。中国香港金融管理局通过 HKD CHATS 的有效流动性设计和回购，提供流动资金并提供交易和实时账户余额的实时信息，帮助参与者管理其流动性要求。

4. 参与者违约风险

HKD CHATS 拥有有效且明确的管理参与者违约的规则和流程，该流程被载入中国香港银行同业结算有限公司发布的规则及流程。中国香港金融管理局已实施审慎的风险管理框架以防范抵押风险，参与者违约事项的处理办法，包括参与者违约触发条件和暂停服务的流程，均在规则和流程中有明确定义，HKICL 会按照违约相关规则和流程进行定期检查。

5. 一般业务风险

中国香港金融管理局是中国香港的中央银行机构，不适用 PFMI 一般业务风险原则。中国香港银行同业结算有限公司拥有强大的管理和控制系统，可识别、监测和管理一般业务风险，公司对其财务及现金流量状况进行长期审慎管理以实现持续经营与发展，HKICL 遵循普遍采用的公司治理标准，设有董事会负责确定公司的战略方向，作出影响公司业务风险状况的重大决策，并定期审查公司的财务状况。中国香港银行同业结算有限公司始终保持足够的现金流，以满足日常运营需要和高质量的流动资金储备，还确定了可行性计划以满足额外临时或持续的流动性需求。HKICL 已根据 2014 年 10 月发布的 FMI 恢复国际标准实施了恢复计划，并进行适时更新。

6. 投资及托管风险

HKD CHATS 有审慎的投资及风险管理政策及流程，以保障其本身及其参与者的资产，负责 HKD CHATS 的中国香港金融管理局金融基础设施管理部门不拥有任何资产。中国香港金融管理局外汇基金方面的资产根据外汇基金投资及风险管理政策进行投资，相关资料说明可在中国香港金融管理局网站及年报中查阅，参与者有关流动资金的抵押品由中国香港金融管理局运作的 CMU 保管，可立刻获取，不受任何信贷、市场或流动资金风险影响。HKICL 不为 HKD CHATS 的参与者持有任何资产，HKICL 的流动资产主要存放于中国香港各银行。中国香港所有银行均受中国香港金融管理局审慎监管。

三、结算、准入及分级安排

（一）美国

1. 结算最终性

美国银行法的清算条款豁免了零点法则，即不会将涉及破产清算的机构经 Fedwire 结算的业务认定为无效，通过 Fedwire 结算的资金不受参与者破产的影响，除非法院判定这笔支付属于欺诈性转账或由于其他非法行为而无效。只有参与者发起的取消指令早于美联储接受付款，且美联储有充分时间对该指令采取行动时，未结算的业务才能被撤销，但 Fedwire 是实时、自动化处理报文的，因此基本不存在撤销时间。

2. 准入与参与要求

美国法律和中央银行政策规定以下机构可以接入 Fedwire：《联邦储备法案》第 19（b）（1）（A）条定义的存款机构；1978 年《国际银行法案》第 1（b）条规定的外国银行在美国的分支机构；根据理事会 H 条例进入联邦储备系统的州成员行；由联邦法规特别授权的财政部和其他将美联储用作财政代理人或存款人的机构；财政部部长根据《联邦储备法案》第 15 条指定的机构；根据美国《联邦储备法案》第 25 条第三段及第 25A 条规定而设立的艾奇法案公司；经执委会批准的外国中央银行、外国货币当局、外国政府和某些国际组织。美联储在符合联邦储备风险管理政策的前提下，向符合条件的参与者提供广泛的接入服务，各美联储对同样风险水平的参与者实施相同的风险管理政策。美联储持续监控并至少每季度评估一次参与者信用风险水平，在必要时会采取或调整风险控制手段，也可能进行更频繁的风险评估。如果参与者不再符合接入资格、给系统带来过高风险或违反相关的规则、政策或流程，美联储有权要求参与者退出 Fedwire。

3. 参与者分级安排

WPO 评估了分级参与安排可能带来的运行风险、信用风险和流动性风险，认为间接参与者的风险与直接参与者的风险并无实质性差异，即用于处置直接参与者风险的措施足以应对间接参与者的风险，因此美联储未在规则和流程中额外增加识别、监控和管理由间接参与者引发的特定风险的内容。WPO 至少每半年对分级参与安排的风险进行一次评估，并在必要时提高评估频率，WPO 会评估分级安排是否可能导致业务量激增，超过系统处理能力。直接参与者通过 Fedwire 代理其客户（例如，间接参与者）进行资金汇划，如果间接参与者通过其他参与者发送业务，或者自身变为直接参与者，并不一定会增加系统处理的总业务量。可能增加业务量的原因只有：过去在直接参与者的账户上簿记的业务转为通过 Fedwire Funds Service 在美联储簿记；从其他支付系统转入 Fedwire Funds Service。WPO 认为上述两种情况导致的业务量增加较少，即使增加较多，以现有的系统处理能力也足够支持系统正常运行。WPO 还评估了单一间接参与者受到网络安全攻击给 Fedwire Funds Service 带来的影响，认为该情况会给系统带来实质性风险，因此，WPO 要求参与者实施特定的安全措施。

分级参与安排可能导致的风险是，如果直接参与者的客户（也就是间接参与者）出现资金短缺，导致直接参与者违约或其他预计本可以收到违约直接参与者资金的直接参与者出现流动性问题，美联储通过向直接参与者提供日间流动性来防范此类风险。申请日间流动性的参与者必须评估自身是否有能力管理日间流动性、是否有相应业务流程、是否有能力评估其客户在各支付结算系统中的财务状况，美联储也可以通过日常银行监管了解参与者的信用信息，美联储而非 WPO 拥有日间授信权。除特殊情况外，信用信息不能向 WPO 及其他提供金融服务的联邦银行雇员共享。不论直接参与者还是间接参与者违约，都不会影响 Fedwire 业务的最终性，付款行违约不会影响收款行。

（二）英国

1. 结算最终性

1999 年《金融市场和破产（结算最终性）条例》（以下简称《条例》）修改了破产法，通过 RTGS 进行结算的系统受法律保护，即使直接结算参与者破产，已提交到上述系统中的任何转账业务都不可撤销，并且可执行抵押担保措施。RTGS 本身不是支付系统，不在《条例》对结算最终性的指定范围内，但 RTGS 包含了一系列由《条例》明确了结算最终性的支付系统（包括 CHAPS、Bacs、FPS、支票和票据结算系统 C&CCC、CLS 和 CREST 等系统），而洲际交易所集团欧洲清算所、伦敦清算所、伦敦金属交易所清算所和证券结算公司 SIX x-clear 的中央对手方系统也通过 CHAPS 和 CREST 结算资金，因此通过上述系统执行的支付指令都受到《条例》结算最终性的法律保护，对于英国 ATM 网络 LINK 以及 Visa 等《条例》未指定的系统，结算最终性通过 RTGS 条款与条件及相关的法律文书予以合同级别的保护。由于 RTGS 的账户直接接入权限将扩大至非银行支付服务提供商，英国财政部修改了条例，将结算最终性的规定扩大至非银行支付服务提供商，新条例已自 2018 年 1 月起生效。《RTGS 参考手册》明确了常规运行模式和应急情景下每一种支付业务的结算最终性：紧急的 CHAPS 支付业务结算最终性发生在 SWIFT 存储了结算回执时；非紧急的 CHAPS 支付业务，即 LSM 匹配结算的业务，结算最终性发生在所有在匹配周期中标记为结算的消息均被 SWIFT 存储时；CREST 结算最终性发生在 RTGS 借记买方 CREST 结算行账户并贷记卖方 CREST 结算行账户时；DNS 系统的支付业务，结算最终性发生在相关结算确认指令被 SWIFT 存储时；MIRS 启动时，结算最终性发生在 MIRS 数据库中收付款人的账户被借 / 贷记时。

RTGS 向 CHAPS 和 CREST 提供当日实时结算的时段是 6：00~18：00，如遇紧急情况可延长至 20：00，DNS 系统每天固定时点进行结算，但结算时点可能由于系统延时或参与者缺乏足够资金而延迟，RTGS 支持一日内多场次 DNS 结算，如 FPS 一天结算 3 场，每个 DNS 系统自行确定各自的准入标准以及结算周期的数量和持续时间。不论由于资金短缺还是系统错误，RTGS 未结算的业务会被系统自动取消，参与者可次日再发，支付指令在结算前可以取消或撤回，一经结算则不可取消或撤回，CREST 及其他 DNS 系统支付业务的可撤销条件由各系统单独规定。

2. 结算货币

所有 RTGS 业务都采用中央银行货币结算，RTGS 不存在任何第三方结算行。

3. 价值交换结算

CREST 是英国的证券结算系统，每个结算周期后 CREST 将该周期内执行的结算指令通知 RTGS，CREST 的结算行以中央银行货币完成结算。CREST 发送给 RTGS 的结算指令不可撤回，并通过贷记收款清算行和借记付款清算行无条件执行，如果 CREST 的软件错误导致 RTGS 结算账户发生透支，结算指令会被挂起，期间被透支账户的持有行需补足透支金额。如果无法补足，英格兰银行会触发运行失误借款计划，由于系统失误而过早收到资金的账户持有行将向透支行提供相同金额的无抵押日间借款。CREST 在 RTGS 中的账户是零余额账户，CREST 结算行日初从 RTGS 的结算账户向 CREST 账户注资，日终再清零回结算账户。

4. 准入与参与要求

中央银行公布并定期评估结算账户的准入标准，任何想要在中央银行开立结算账户的参与者以及希望使用 RTGS 作为结算代理的支付系统运营商，都需要达到规定的运营能力和交易结算效率。英格兰银行还对使用 RTGS 日间流动性提出了法律和技术要求，账户持有者的权利和义务都在 RTGS 条款与条件中写明，如发生任何影响满足 RTGS 准入标准的事件发生，持有者应及时告知英格兰银行。对接入 RTGS 的支付系统运营商而言，Bacs、CHAPS、C&CCC、CREST、FPS 的直接参与者必须在 RTGS 开立结算账户用于资金结算，LINK 和 Visa 的直接参与者必须对接 RTGS 账户用于结算资金，该账户不一定由直接参与者开立，例如，独立的 ATM 运营商不具备 RTGS 开户资格，可以选择一家或多家在 RTGS 中开立结算账户的代理结算银行。

英格兰银行在设置结算账户准入标准和申请时，主要考虑对货币体系和金融稳定的利弊，以及对自身资产负债表的风险（包括通过提供日间流动性可能产生的信用风险、声誉风险以及操作风险），所有账户持有者都要受到相应的审慎监管，这为治理、资本和流动性管理提供了保障。英格兰银行在部分情形发生时有权暂停或终止某结算账户，主要包括：账户持有者发生违约；账户持有者未遵守 RTGS 条款与条件及相关的规定；英格兰银行认为有必要保护自身安全或保证金融系统的安全稳定运行。由于公布暂停或终止结算账户的操作，会引发市场猜测，导致公众对某一金融机构失去信任，从而影响中央银行维持货币体系和金融稳定的职能，英格兰银行一般不公布此类操作信息。

5. 参与者分级安排

RTGS 作为记账系统，接受账户持有者的转账指令并完成记账，支付系统的直接结算参与者作为委托人而不是代理人与 RTGS 交互，因此 RTGS 不采用分级参与安排。加入 RTGS 的支付系统采用分级参与安排，参与者可以代表客户以及其他金融机构发起业务，英格兰银行充分重视此类分级参与安排。对于 CHAPS 和 CREST 等重要性支付系统，系统运营商必须按照 PFMI 进行分级参与管理，英格兰银行强调要求 CHAPS 和 CREST 降低分级参与安排带来的风险，包括收集分析 CHAPS 间接参与者的数据，并要求业务量达到一定水平的间接参与者转为直接参与者。

（三）欧洲

1. 结算最终性

支付业务被处理前发起方可对业务进行撤销，根据进入系统的时点，在 TARGET2 中有可能单方面撤销交易，具体内容被写入 TARGET2 指南，并在各国中央银行网站以及欧洲中央银行网站上披露。对于支付模块账户的交易，撤销交易的最终时点与付款方账户发生借记业务的时点相同，只要交易未包含优化算法，在该时点前的交易都可由发起方单方面撤销（包括所有由于资金不足导致没有被清算的排队中交易）。辅助系统交易只能被结算行撤销或使用结算指令撤销时间提醒功能在未过期前提交到辅助系统，如果使用了该功能，所有结算行都会收到来自信息和控制模块的广播提示可发起撤销指令的最后时间，中央银行一般会代替需求方发起流程。

2. 结算货币与价值交换结算

TARGET2 仅支持实时、欧元、中央银行货币的结算，不提供 PvP 和 DvP 结算。

3. 准入与参与要求

TARGET2 指南的附件 Ⅱ 和 Ⅱ a 中定义了 TARGET2 的准入标准和要求，该指南分别管理支付模块账户和专用现金账户持有人加入 TARGET2，针对两类参与者的法律标准也相同，均被视为 TARGET2 的（直接）参与者。TARGET2 准则由所有欧洲体系的中央银行根据各自国家的法律实施，采用相同的准入标准和要求，并在加入 TARGET2 的所有国家法律下同等适用。接入标准和要求受限于在结算最终指令和参与者的金融安全前提下，对各国中央银行 TARGET2 系统进行保护的必要性，操作要求则受限于可操作性和避免不当操作风险的需求。TARGET2 准许加入的直接参与者包括在欧洲经济区内设立的信贷机构，及其在欧洲经济区的分支机构；在欧洲经济区以外设立的，通过欧洲经济区内设立的分支机构开展业务的信贷机构；成员国的国家中央银行和欧洲中央银行。不同国家的准入标准一致，若参与者不再符合接入要求，则其直接参与者身份将被终止。中央银行或欧洲中央银行也可酌情允许下列机构成为直接参与者：活跃在货币市场的成员国中央或地区政府的国库部门；有权持有客户账户的会员国公共部门机构；在欧洲经济区内设立的投资公司；管理辅助系统并以该身份开展相关业务的机构；信用机构或上述所列类型的任何建立于欧盟，并存在于欧盟的货币协议中的机构。TARGET2 指南中列出了参与者可能被终止或暂停其账户的情况，如果参与者宣布破产或不再符合接入标准，则必须终止其账户；如果参与者因业务或技术原因违约，各国中央银行也可暂停或终止其账户；如果交易对手方的货币政策操作权限被终止或暂停，也可能导致 TARGET2 终止或暂停其账户。

4. 参与者分级安排

TARGET2 中的参与者分为间接参与者和代理行两种模式，TARGET2 会监督这两类参与者运行状况，避免其对系统产生风险，该分级制度意味着部分参与者依靠直接参与者为其提供清算，并在合同中约束双方的权利与责任。间接参与者为 EEA 范围内的信贷机构，其与直接参与者达成协议，由直接参与者的支付模块账户为其提交清算、接收交易；可寻址的 BIC 持有者是使用有效 BIC 的机构，其可能为直接参与者的代理行或客户，也可能为直接参与者或间接参与者的分支行，能通过直接参与者发起或接收 TARGET2 的交易。间接参与者和被代理行均不可以直接向 TARGET2 提交交易，支付交易只能够通过直接参与者提交。分级的参与者不受进一步限制，从运行和法律角度来说，分级的参与者和 TARGET2 运营者并无关系，TARGET2 运营者对直接参与者与其下级参与者之间如何经营不设立硬性要求，包括对定价以及经营关系带来的流动性风险要求。尽管 TARGET2 运营者不对提供接入服务的直接参与者设立额外限制，但会监控其使用状况并对其业务量及金额进行常规分析，用于确保直接参与者不会因间接参与者失误产生过多风险，也不会造成系统性风险。

（四）日本

1. 结算最终性

系统中的资金结算最终时间点为中央银行确认结算并入账的时点，系统内资金结算的最终结果受包括破产法在内的相关法律和法规保障，结算最终性的法律确定性经外部专家法律审查确认。系统内的资金结算旨在确保日间最终结算，该机制在中央银行关于清算账户的规则和 BOJ-NET FTS 的合同中作出了规定，通过 BOJ-NET FTS 进行的资金结算基本在 RTGS 中执行。最终结算在结算日日间立即完成，结算完成后参与者会收到 BOJ-NET FTS 的处理结果通知，中央银行与参与者之间的合同规定了发送到 BOJ-NET FTS 的资金转账指令取消与撤销的时间限制，当中央银行通过主账户收到资金转账指令时，会立即处理并在当前活期存款总账户中进行记录，故此类指令无法取消。在满足某些条件时，参与者处理的某些资金转账指令有资格取消，对于此类资金转账指令，发送指令的参与者只能在满足结算条件之前完成取消操作。中央银行可以根据实际情况按照参与者的要求特别推迟指令撤销时间，中央银行与参与者之间的合同规定了此类细则。

2. 结算货币

系统内的资金结算为日元，即中央银行货币进行结算。

3. 价值交换结算

依据公司股票与债券法案，日本中央银行资金结算系统以 DvP 方式进行日本政府债券及其他证券的账面记录资金结算，支付系统有助于消除结算中的本金风险。

4. 准入与参与要求

根据《日本中央银行法案》第 1 条规定的中央银行目标，中央银行允许在资金结算中发挥关键作用的机构、在证券结算中发挥关键作用的机构、在银行间货币市场中扮演重要中介角色的机构接入系统。日本中央银行为参与者的业务和运营条件以及业务处理能力制定了规则，确保了系统资金结算的安全性，日本中央银行根据资本和流动性充足程度评估经营状况，详细规则中列出了每类参与者的具体标准。如果参与机构为《日本中央银行法案》第37条所定义的"金融机构"，则中央银行要求该机构与中央银行签订合同，根据合同机构同意接受中央银行的现场检查，以便中央银行掌握其经营状况和风险管理框架，从确保系统的安全性和效率的角度出发，日本中央银行还要求使用中央银行资金结算系统的 FMI 与中央银行签订合同，以便中央银行充分运作支付系统并完成其他业务。日本中央银行通过现场检查和监督，持续监控参与者对日本中央银行标准的遵守情况，作为中央银行支付系统参与者的 FMI 也会受到同样的监督。如果参与者不遵守日本中央银行的标准，或存在损害资金结算平稳运行的风险，日本中央银行会采取适当措施加强对参与者的监督。中央银行关于清算账户的管理规则规定，中央银行有终止参与者账户的权利，并在日本中央银行的网站公开披露。

5. 参与者分级安排

日本中央银行通过系统结算数据以及参与者的调查走访，收集间接参与者的信息。通过上述工作，日本中央银行掌握参与者结算资金主要客户的基本信息（如客户数量、名称、交易笔数、金额以及行业类别）、参与者向其主要客户提供的与结算有关的服务、参与者提供服务产生的风险以及如何管理的风险。日本中央银行对参与者进行调查和走访，了解可能影响参与者与其客户之间系统资金顺利结算的相互依赖关系，即中央银行已明确的参与者向其客户提供结算业务、信贷展期和流动性的依赖关系。通过对结算数据的收集以及对参与者的调查和讨论，日本中央银行能够掌握并验证分级参与所产生的风险，日本中央银行确认对参与者而言，交易份额较大的主要客户数量很少，因此分级参与安排所产生的风险有限。

（五）澳大利亚

1. 结算最终性

RITS 中的 RTGS 交易实时逐笔结算，RITS 法规规定当发起方和接收方的 ESA 已被借贷记后，结算具有最终性，结算最终性时点明确定义在 RITS 法规第 13 条中，RITS 已结算交易的不可撤销性在 PSNA 第二部分中做了进一步规定。尽管结算是实时进行的，但是如果付款方选择不清算这笔交易（比如付款方将交易设置为延期）或没有足够清算资金时，交易将会在 RITS 中排队，日终时所有未被结算的交易将会被自动退回，但可以在下一个系统工作日日间重新提交清算。

2. 准入与参与要求

由于 RITS 使用中央银行货币结算，只有在澳大利亚中央银行开立 ESA 的机构才能成为 RITS 的参与者，所有开立 ESA 的机构都必须是 RITS 的参与者并满足所需的所有运行条件。ESA 的准入政策由澳大利亚中央银行支付政策部门的支付系统委员会（Payments System Board）制定，相关政策可以在中央银行网站上查到，该政策公平公开，并通过第三方支付机构准入政策以促进支付服务的竞争。ESA 的准入政策设定了很多基于风险管理的要求，包括业务能力和流动性获取，旨在降低参与者经营和财务问题对系统的影响，对风险管理的要求通常与参与者在 RITS 的预期付款成正比，主要包括以下几个方面：一是有一定的运营能力运行和管理 ESA；二是有能力获得足够的 ESA 流动性以保证日常和高峰时段的结算要求；三是有能力获得日间 ESA 流动性以保证其客户的业务不会影响其他参与者或者降低整个系统的效率；四是保证在不可预测的压力情景下，其提供的抵押品能够满足资金需求；五是必须符合澳大利亚中央银行规定的业务连续性标准。ADI 默认符合准入条件，因为此类机构可以提供第三方支付服务，澳大利亚持牌的可以进行澳元结算的 CCP 和证券结算机构也默认有资格持有 ESA。

为保证机构能够及时有效地授权、执行和结算 RTGS 的交易，澳大利亚中央银行要求机构必须使用自己的 ESA 进行交易，ESA 的相关责任必须由澳大利亚当地的管理层负责。任何不是 CCP 的 ESA 拥有者如果交易量少于 RTGS 总量的 0.25%，就可以选择代理接入模式，这最大限度地减少了 RITS 小业务量参与者的数量。由于担心支付业务集中于某些直接参与者，RITS 的间接参与安排没有广泛推广，因为代理机构和直接参与者之间通过商业银行货币进行结算，间接参与安排也增加了会员的信用风险。因为 RITS 用户接入的技术成本很低，并通过网络与 RITS 连接，还是有一些小型机构要求直接接入 RITS。

澳大利亚中央银行监管 RITS 会员的行为，以保证会员有足够的运营能力和流动性来进行支付活动，监管措施主要包括以下几点：一是要求 RITS 直接参与者每年制订业务连续性计划；二是要求重要的 RITS 参与者，如 ADI、CCP 和证券结算机构，在运营和流动性方面接受澳大利亚审慎监管局、澳大利亚证券投资委员会或者澳大利亚中央银行的监管；三是如果 RITS 会员也有 ESA，则相应的运营或其他方面要求更高，并需定期向澳大利亚中央银行报告。RITS 规则明确了澳大利亚中央银行可以暂停会员权限，在有序退出系统的流程中，澳大利亚中央银行可以在任何时间中止或更改参与者协议条款以及增加特殊条款。澳大利亚中央银行可以在参与者不遵守 RITS 规则、违背其他参与者利益以及破产等条件下、在适当的时间内暂停某个会员的权限，为了有序退出系统，被暂停权限参与者未清算的业务将被退回，新业务将被拒绝。

3. 参与者分级安排

澳大利亚中央银行按照参与者在 ADI 系统中交易额的占比对参与者进行分级管理，同时通过 ESA 相关政策对分级参与者安排中的重大风险范围进行控制，分级安排的主要内容包括：一是超过 RTGS 交易额 0.25% 的 ADI 和系统重要性的 CCP，要求使用其自身的 ESA 进行澳元结算；二是只有低于 0.25% 的 ESA 拥有者可以使用代理模式进行结算，ADI 的间接参与者只能是交易额占比在 0.25% 以下的参与者；三是为了减少对代理人的依赖，间接参与者出于应急需求仍需要保留 ESA。澳大利亚中央银行要求间接参与者每季度报告通过 RTGS 清算的交易量和交易金额，并在更换代理行时及时通知澳大利亚中央银行，从而监管间接参与者并及时获取信息，当某个间接参与者达到 0.25% 的交易额限制时，澳大利亚中央银行会考虑将其转为直接参与者办理业务，这些要求也被写入了参与者协议"参与者管理补充条件"中。

（六）瑞典

1. 结算最终性

RIX 已被指定并上报欧洲证券和市场管理局作为《结算最终指令》（1998/26/EC）法律范围内的系统，结算系统的管理者应根据上述法案制定联合规则和标准化安排，以执行支付指令以及制定适用于瑞典法律的规则。RIX 是 RTGS 系统，全天实时提供最终结算，《条款和条件》提供了明确的最终规则，并与证券结算系统的规则相协调，解决了中央银行账户中 DvP 证券交易的支付部分问题。《结算最终指令》（1998/26/EC）规定，在付款指令于破产通知下达前进入系统的前提下，即使结算系统的参与者启动了破产程序，也应当遵守与第三方有关的付款指令，该法还禁止在规定时间之后，通知结算系统或第三方参与者撤销支付指令。《条款和条件》清楚地标明了指令何时进入支付系统："当进入自动转账过程的第二步，验证资金结算指令时，转账指令被视为已进入 RIX。"不可撤销性和最终性被定义为收款人 RIX 参与者的账户已根据资金结算指令贷记的时刻，结算终点定义在《条款和条件》中，因此它是公共信息。参与资金结算指令的参与者可以在结算最终时刻前将指令撤销，但结算后指令不可撤销，有关不可撤销性的规则已在公开的条款和条件中明确说明。

2. 结算货币

RIX 以瑞典克朗，即中央银行货币进行结算，以最大限度地降低系统风险。参与者从瑞典中央银行自身账户向瑞典中央银行的另一个参与者账户进行流动性转移，该流动性为中央银行始终且唯一的负债。

3. 参与要求

参与 RIX 的条款规定在《条款和条件》中，信贷机构、清算组织、瑞典国家债务办公室和投资公司可以加入 RIX，外国机构也可成为参与者。RIX 参与者必须满足的资格条件包括以下内容：一是申请加入的参与者必须履行适用于欧洲经济区（EEA）或其本国类似要求的资本充足率和大额风险的规定；二是申请加入的参与者必须在其本国接受监管；三是申请加入的参与者必须具有一定的法律地位和能够承担瑞典中央银行《条款和条件》中规定的权利和义务的能力；四是申请加入的参与者必须拥有适当的组织架构、必要的风险管理系统和程序；五是外资银行必须就申请加入的参与者居住国的与《条款和条件》相关的法律行为提供报告以满足瑞典中央银行要求；六是申请加入的参与者必须确认负责解决 RIX 相关问题的工作人员接受了必要的培训并拥有相关技能；七是申请加入的参与者必须符合技术设备和通信要求。机构可以选择成为 RIX 参与者的客户，该参与者将代理并负责该客户在 RIX 中的付款，RIX 参与者的客户与瑞典中央银行没有任何关系。

RIX 进行大额支付结算，对安全性和可访问性的要求非常高，RIX 对参与者的大多数访问要求旨在限制对系统的操作风险，并确保其在 RIX 中的支付安全，参与者还必须有足够的资源以管理应急程序。所有参与者和公众均可参阅《条款和条件》的申请说明，条款每次修改或更新时都会及时分发给 RIX 参与者，公众也可以从瑞典中央银行的网站下载。参与 RIX 的要求是客观的，主要包括法律、技术、业务处理能力等方面，旨在确保参与者拥有使用该系统的财务、技术和组织基础，而不会给其他成员带来问题，不同规模、商业模式和所属国家的参与者在满足最低要求的前提下均可申请加入系统。申请加入的参与者必须拥有完善的程序和系统，以处理 RIX 或参与者本身正常通信系统中断的情况。申请加入的参与者应具有有效的法律地位以履行《条款和条件》所规定的权利和义务，外国参与者必须提供证据证明《条款和条件》在其所在国家或地区有效，从而降低了法律风险。

瑞典中央银行对参与 RIX 的申请评估符合自由获取和中立的原则，寻求参与 RIX 的机构的申请须遵循相同的程序，并需要相同的证明文件。对于已加入的参与者，瑞典中央银行将对其进行定期评估，确保其始终满足加入条件，对于不符合要求的参与者，瑞典中央银行将按规定启动清退程序。瑞典中央银行有权出于多种原因清退 RIX 参与者，包括参与者不再满足参与要求以及参与者不遵守《条款和条件》，《条款和条件》还规定了瑞典中央银行清退参与者时，参与者和其他 RIX 参与者应遵循的程序。有关清退原因、与清退有关的权利以及警告和信息公开要求的信息可在条款和条件中公开获得，但瑞典中央银行的内部处理流程不公开。

4. 参与者分级安排

RIX 的间接参与者不会影响系统的运行，也不会对系统带来风险，瑞典中央银行也不强制参与者承担由间接参与者带来的风险。RIX 对间接参与者所占业务量进行监控，同时允许能够成为直接参与者的间接参与者转为直接参与者，避免对所属直接参与者带来风险。分级不会对 RIX 构成重大风险，RIX 以 RTGS 为基础运作，交易不直接相互依赖，瑞典中央银行提供日间流动性以减少因意外流动性不足造成的任何干扰影响。瑞典中央银行拥有监控系统支付活动和流动性的措施，发送给 RIX 的资金结算指令显示包括发送机构和最终收款人在内的信息，并允许瑞典中央银行获得间接参与者的信息，瑞典中央银行每半年对间接参与者在支付系统中的活动进行分析。瑞典中央银行与 RIX 参与者签订了协议，其与间接参与者没有任何关系，瑞典中央银行没有义务与间接参与者沟通。

瑞典中央银行分析了不同类型支付的重要性，特别是来自发往清算所（包括 CLS 银行）、证券结算系统和中央交易对手方的交易。瑞典中央银行与 FMI 讨论此类业务，FMI 可以委托另一个 RIX 参与者结算其业务，但商业银行需告知 RIX 其发生的委托结算业务。瑞典中央银行跟进交易流量的相对规模，各参与者管理和记录其交易流量的来源，包括对清算所和证券结算系统的支付、银行间支付或其他类型的支付。瑞典中央银行还对系统中的流动性使用情况进行分析，并在必要时跟踪个别参与者的流动性。RIX 的设计、计划或操作中没有任何内容强制参与者承担与其间接参与者相关的风险，RTGS 设计时考虑其应可在整个支付日发送付款，并将其营业时间与瑞典结算所和证券结算系统相协调，从而降低了使用 RIX 的相关风险。RIX 通过参与要求使具有大额支付业务的金融机构成为其参与者，从而降低了负责 RIX 中大部分支付流程的金融机构通过系统现有参与者发起业务的可能，并降低了因此面临和导致的风险以及交易对手风险敞口。

（七）土耳其

1. 结算最终性

PSL 的第 10 条规定了结算最终性，《土耳其中央银行法》第 11 条规定了不可撤销性，交易不可撤销时点是当交易指令进入系统并进行最终结算时，根据其他任何法律对包含净额结算在内的所有交易指令作出的裁决，仅当系统运营者收到通知后才对进入系统的交易生效。土耳其中央银行支付系统运行法规进一步规定将服务器时间作为时间记录标准，可以用于记录发起、不可撤销和结算最终性的时间，此规定也适用于通过 EFT 系统结算的 DvP 交易。在 DvP 模式下，证券所有权的转移和资金转移需要同时进行。PSL 可以在土耳其中央银行网站中查阅，土耳其中央银行支付系统运行法规对参与者公开，并作为参与者加入系统的条款之一。

交易指令只有在发起当天、付款方清算账户余额充足时才可以被清算，EFT 进行实时日间结算。在 EFT 系统中，交易被结算前可以取消交易指令，但已结算的交易不可被撤销或篡改。参与者可以获得系统排队业务的详细信息并可以撤销未结算的排队业务，日终时所有排队业务将被自动撤销，在交易结算前，EFT 系统不为接收方提供任何来账信息，但排队业务撤销对接收方是透明的。参与者可以通过电话要求延长 EFT 运营时间，运营时间的延长会迅速通知所有参与者，延时要求的批准权限根据延长时间确定，15 分钟内由运行部门总经理审批，15 分钟到 1 小时由支付结算部门的执行董事批准，1 小时以上由副主席决定。

2. 结算货币

EFT 系统使用土耳其中央银行簿记系统进行结算，使用中央银行货币。

3. 准入与参与要求

土耳其中央银行支付系统运行法规（CBRT Payment Systems Operational Rule Book）的第五条规定了参与者分级和准入要求，所有根据《银行法》在土耳其运营的银行还有土耳其中央登记处都可以加入系统，但需满足如下条件：获得土耳其中央银行执行委员会的批准、签订参与者协议、在土耳其中央银行开设账户、完成参与者加入系统所需要的技术准备工作、拥有接入系统所需要的软件并准备好连接的网络设备且获得土耳其中央银行批准、加入时间由土耳其中央银行确定并确保在事前完成准备工作、成功完成系统接入测试。《银行法》定义了银行的财务要求，即实收资本，包括现金和所有各类资金应当不少于 3000 万里拉。政策要求参与者必须同时加入 EFT、RPS 和 ESTS 三个系统，除了土耳其中央登记处仅加入 ESTS。

参与者准入安排在土耳其中央银行支付系统网站中公开披露，包含具体信息和操作流程的土耳其中央银行支付系统运行法规通过土耳其中央银行支付系统用户网站在参与者之间进行共享。银行加入系统事宜由土耳其中央银行执行委员会批准，相关申请由支付系统管理和运行委员会初审，由执行委员会最后决定，参与分级变更也需要经历相似流程。

土耳其邮政的 PTT 银行被批准加入系统，但该审批后来又因其没有流动性管理的有效措施被支付系统管理和运行委员会取消。参与者在土耳其中央银行支付系统的银行或分支代码在必要时会进行更新或者注销，在参与者退出的情况下，所有参与者将通过电子邮件组中的声明和网站上的参与者列表得知相关信息。

4. 参与者分级安排

支付系统运营规则中没有关于分级参与的定义和安排，不能参加 EFT 系统的中介机构或者支付机构可以成为 EFT 系统参与者的客户，但不被视为分级参与者。不过系统中仍有部分属于 PFMI 中规定的分级参与安排，包括 PTT 银行的机构通过其他直接参与者接入 EFT 以及 Takasbank 运营的 Takasbank 电子资金转账系统，代理行可以通过 Takasbank 的系统将其在该行的资金通过 EFT 和 RPS 转移到其他银行，此类交易作为 Takasbank 分支机构的特别交易显示。土耳其中央银行支付系统运行法规没有分级安排的规定，且没有分级参与安排的相应监管。

（八）中国香港

1. 结算最终性

HKD CHATS 在日间和实时模式下提供明确且确定的最终结算，《支付系统及储值设施条例》赋予在 HKD CHATS 结算的所有支付交易的结算最终性，包括实时结算交易和批量模式结算交易，支付交易一旦从参与者在中国香港金融管理局开户的结算账户中进行借记或贷记，即视为已完成、不可撤销并具有最终性。

2. 结算货币

HKD CHATS 通过中国香港金融管理局的账户进行中央银行货币结算。

3. 价值交换结算

HKD CHATS 已设立机制消除以港元进行相关债务方支付结算的

本金风险，中国香港金融管理局能以 PvP 方式进行 USD/HKD、RMB/HKD 和 EUR/HKD 外汇交易，并支持通过支付系统及 CMU 和 CCASS 进行股票和债券的 DvP 交易。CLS 银行可以使用 HKD CHATS 结算，以便 HKD CHATS 支持涉及港元对其他符合条件的 CLS 货币的外汇 PvP 交易。HKICL 在相关的 CHATS 和证券结算系统中实施了自动撮合机制以支持有效和高效的 PvP 和 DvP 结算，此类机制将有助于撮合各自系统中的 PvP 或 DvP 相关债务方，并同步实现结算。

4. 准入与参与要求

HKD CHATS 为参与者提供客观、基于风险设立并公开披露的标准，允许参与者公平公开地接入。《外汇基金条例》为建立和使用 HKD CHATS 提供了基础，中国香港金融管理局根据该条例第 3A（1）条行使授权权利，向中国香港各银行发出通知，要求其在中国香港金融管理局开立外汇基金账户，该账户实际上是 HKD CHATS 结算账户。HKD CHATS 的准入标准根据《外汇基金条例》设定如下：一是所有特许银行都必须加入；二是具有明确业务需求的受限特许银行可以申请加入；三是其他机构可在中国香港金融管理局酌情决定下加入。加入、退出标准是客观的并基于风险设立的，已在中国香港金融管理局网站公开披露。

中国香港金融管理局的金融市场基础设施监管牌照部门会通知金融基础设施管理部门任何机构的牌照状态变化情况，以便所有参与者变动能够按照既定的政策和程序顺利进行，暂停和退出安排也包含在规则和程序中，HKICL 和参与者之间的合同指明了这一点。HKICL 建立了既定程序，用于处理新参与者的加入、参与者的暂停和退出以及通知此类变更。

5. 参与者分级安排

HKD CHATS 采用单层会员结构，合格的机构直接作为参与者并在中国香港金融管理局开立结算账户加入，没有参与者分级安排。

第四章 CHAPTER 4

支付系统技术发展情况

一、系统运行

（一）美国

多年来，美联储与 CPMI 和 IOSCO 一直合作推动保障金融市场的支付、清算、结算和记录系统的安全性和效率。美联储针对 FMI 的监管条例 HH 规则和支付系统风险政策第一部分中的风险管理和透明度标准基于并基本符合 PFMI。

在效率与效力方面，Fedwire 在满足参与者的要求和其所服务的市场方面具有效率和效力，Fedwire 在清算和结算安排、风险管理政策、程序和制度、清算和结算的范围，以及使用技术和通信程序方面都明确界定了可衡量和可实现的目标，如最低服务水平、风险管理目标和业务优先级等。同时，Fedwire 的运营机构具有定期审查其效率和效力的政策和程序，Fedwire 使用或至少适用于国际公认的通信程序和标准，以促进有效的支付、清算和结算。

在参与者管理和服务方面，参与者可以通过端对端和基于浏览器的电子访问服务两种方式访问 Fedwire Funds，大额资金转账参与者通常使用端对端的服务，中小规模资金转账参与者通常使用基于浏览器的服务。FedLine Advantage 虚拟专用网络设备可以在 Internet 服务提供商中断期间协助提供对 FedLine Advantage 解决方案的不间断访问，参与者也可以通过美联储的离线访问渠道以手工方式访问 Fedwire 并处理关键业务。

Fedwire 为参与者提供多种服务，一是金融机构可以指定另一机构作为其服务提供商，接入 Fedwire Funds Service 和 Fedwire Security Service；二是 Fedwire 提供覆盖面广、可用性强、可靠性高的测试环境，满足了参与者环境变化和相关测试需求，如为参与者提供每周一至周六每日运营的存款机构测试环境，Fedwire 还在特定的周六为参与者提供生产环境测试；三是为参与者提供 FedLine Direct Message 连接测试、备用站点重定位测试以及应急测试，参与者在测试前需每日填写计划测试注册表，并于 10~15 个工作日前提出申请，美联储每年在其网站上发布测试日期。为了不断完善服务水平，Fedwire 鼓励参与者在完成服务应急测试（业务恢复测试）后反馈测试体验，同时还提供了通过 FedMail 开展 Fedwire 资金离线服务代码认证等服务。参与者在首次与 FedLine Direct 或 FedLine Command 进行连接时，必须指定至少两名人员作为终端用户授权联系人，并指定其中一名人员在连接实施时作为主要联系人，上述联系人负责参与者授权请求、续订服务器证书以及指定服务器证书使用范围等工作。

在运行风险管理方面，Fedwire 具有全面风险管理框架和高透明度。监管规则 HH 中的风险管理标准基于 PFMI，旨在推进稳健的风险管理、降低系统性风险、支持金融体系的总体稳定。FMI 之间的相互依赖关系可以促进系统在支付、清算、结算或记录过程中的安全和效率，但也成为了可能来自系统运营者、参与者或其他相关方风险的传播渠道。因此，Fedwire 在建立风险管理框架时考虑了以下因素：一是明确识别风险，制定合理的风险管理目标；二是建立健全的监管机制，监督风险管理框架；三是制定明确、适当的规则和程序以执行风险管理目标；四是运用必要的资源来实现系统的风险管理目标，并有效地执行系统的规则和程序。美联储认为以下三个方面可以有助于实现 Fedwire 系统的运行风险管理目标：一是合理的系统资源和管理规则；二是系统运维人员掌握的专业技能、知识以及使用的运维工具；三是应急管理水平。

Fedwire 对运行风险的管理包含以下九个方面内容：一是确定内部和外部运行风险的潜在来源，并通过使用适当的系统、规则、程序和内控制度来减轻其影响并定期或在重大系统变更后进行审查、审计和测试；二是识别、监测和管理可能对其他关联 FMI 造成的风险；三是制定具有明确目标的政策和制度，以确保高度的安全性和操作的可靠性；四是系统要保证资源的充足性和可扩展性以应对日益增长的业务压力，并达到既定的对外服务目标；五是具有全面的硬件、信息和网络安全规则、程序和策略，以应对潜在的和不断变化的网络攻击和威胁；六是业务连续性管理应具备能够在大规模中断或严重中断等情况下快速恢复关键业务的能力；七是制订业务连续性计划，实现主备站点的一体化运行，且主备站点间需保持足够远的距离，关键系统能够在破坏性事件发生后的两小时内恢复运行，在极端事件中，所有终端均需在一天内完全恢复运行，系统每年至少测试一次；八是每两年对参与者进行一次风险评估，并会在系统架构、运行环境发生重大变化后重新评估；九是对系统流程细节的公开披露应以不损害 Fedwire 安全性和可靠性为前提。

▼ 专栏 4-1

CHIPS 运行风险

　　CHIPS 系统运行风险管理的具体标准包括：第一，通过使用适当的系统、规则、程序和内控制度，识别内部和外部运行风险的可能来源，并通过定期审查、审计和重大变更后的测试来减轻其影响。TCH 通过每年的 CHIPS 产品风险评估判断可能发生的内外部运行风险，季度风险评估通过运行、技术和信息安全等部门定期报告风险政策的执行情况。CHIPS 业务不会对其他金融市场公用事业或交易数据库构成风险。TCH 为其运营绩效制定了明确的目标以确保高度的安全性和运营可靠性，并具有旨在实现目标的规则和系统。CHIPS 每年进行处理能力测试，每月对系统最大处理能力进行监测，该测试确保系统在满足 CHIPS 运行标准的前提下有足够的业务处理能力以应对不断增加的业务量。TCH 有一系列关于安全的规则，包括信息安全、硬件和环境安全、访问控制、事件管理和变更控制等。TCH 根据需要每年更新规则，以确保能够解决潜在的和实时变化的漏洞与威胁，并每年由其管理委员会、企业风险委员会和其他内部信息安全机构进行审查。

第二，TCH 通过其风险框架管理运行风险，该框架每年由管理委员会批准。CHIPS 运行可靠，并保证了超过 99.9% 的系统可用时间，TCH 维护备份设备并能够在宣布灾难发生后的 60 分钟内将 CHIPS 运行从主数据中心切换到备份数据中心，应急预案每季度进行 1 次演练，CHIPS 参与者每年至少就其备份设备进行 1 次演练。TCH 还拥有全面的硬件、信息和网络安全规则、程序和内控制度。

第三，TCH 的风险管理框架每年需经管理委员会的审核，运行风险管理是该框架的关键组成部分，需要对所有产品和关键操作进行评估，TCH 通过跟踪 CHIPS 各种性能标准和关键风险指标来监控运行风险。一般经营风险按照 TCH 的风险管理框架进行管理。

第四，CHIPS 的运行可靠性主要取决于系统应用程序、环境应用程序和电信网络的可用性，应用程序中断是指系统应用软件的中断，环境中断是指涉及不特定用于应用程序的硬件或环境软件的丢失，硬件和软件中断则包括例如磁盘驱动器或操作系统中断等事件，网络中断发生在通信网络的任何部分，导致在 TCH 控制下的硬件或软件无法运行。CHIPS 的大型机、网络和分布式系统等主要组件的可用性标准为 99.95%，TCH 还制定了一些其他操作标准，包括因软件、硬件或程序故障导致的操作事件或结算延迟的数量等，系统运行绩效每月按上述标准衡量，并向 CHIPS 业务委员会和管理委员会定期汇报。TCH 在其标准回归测试案例中定期验证系统的处理能力，该测试的重要组成部分是性能和处理能力测试，即系统中任何变更都不会降低主处理系统或其任何子系统的性能或处理能力，系统具有处理参与者可能发送的所有支付业务的能力。

第五，作为信息安全计划的一部分，TCH 采用了包括监测和预防性控制在内的详尽的安全策略，具体措施包括内部逻辑和物理访问控制、加密、发送方身份验证以及变更控制等。TCH 每年对其信息安全计划进行审查和修改，以适应行业标准变化、不断演变的威胁以及其他具体要求。例如，TCH 利用行业信息共享资源，在批发支付领域和金融系统的其他载体上与不断演变的网络安全威胁保持同步，TCH 将此类信息纳入其正在进行的信息安全评估。CHIPS 参与者每次在建立用于 CHIPS 信息传输的安全通信通道时都要进行身份验证，且需要负责其内部用于创建和接收 CHIPS 支付报文系统的安全。

在应急管理方面，为了管理 Fedwire 的运行风险，美联储制定了一系列应急预案，以确保对外服务的连续性，包括为系统应用提供区域外可实现主用设备全功能和技术保障的备用设备等。美联储定期组织各种应急演练，模拟基础设施、硬件、网络或人员不可用等场景以测试系统相关应急预案，确保当发生本地、区域内或更广泛的中断时及时恢复系统。系统定期优化应用程序和相关故障恢复流程，相关步骤需提前测试，系统备份应用程序和相关的恢复程序需定期进行修订和测试，以覆盖各种新风险场景。FedLine Advantage 和 FedLine Command 服务为参与者提供了一系列应急预案，包括在主备站点安装备份虚拟专用网络设备、利用辅助 Internet 服务提供商以及在适当情况下通过代理行或第三方供应商等机构为联邦资金转账提供应急服务等。

由于 Fedwire 系统的网络设备故障或者某一参与者故障，Fedwire 可能将运行时间延长 15 分钟到 30 分钟，以避免可能发生的信用风险或流动性风险，系统要求参与者提前 15 分钟提出系统运行时间延迟申请，且延迟转账总金额需高于 10 亿美元。为避免故障可能导致的系统运行时间延长，参与者应具有应急预案，发生不可避免的运行时间延长的故障时要立即将详细情况电话报告美联储。系统尽量保持每天 2 小时的维护时间，如确需延长运行时间，会发布信息告知延长的具体时间和系统当日日终以及次日开启时间。

▼ 专栏 4-2

CHIPS 应急管理

1. 应急管理措施：CHIPS 的中央主机运行在两个互为备份的数据中心，TCH 使用其中一个站点作为主用中心，另一个站点作为热备份中心，该备份中心可在灾难发生后 60 分钟内接管，即一旦主用中心发生故障，备份中心系统将被激活，这两个数据中心位于全国不同地区，以降低区域性电力和电信中断的影响。每个数据中心都具有以下的应急措施：一是电力供应和备用系统，包括部署在每个数据中心的来自不同电力公司的电力供应、UPS、配电单元以及备用柴油发电机；二是环境和紧急控制系统，包括备份空调、冷却塔、自动喷水灭火系统等；三是冗余的通信管理环境和具有自动切换功能的网络管理系统，每个数据中心均有不同电信公司的通信线路接入，以便在通信线路故障时自动切换至备份线路；四是备份管理环境和具有自动切换功能的用于识别和报告问题的管理系统，数据中心负责日常管理和监控，双网络运营中心由两个运营中心的网络运营人员进行不间断的通信监控和管理。

2. 同一站点内的恢复：CHIPS 使用三重备份同步镜像磁盘存储系统，同时在 3 个单独的磁盘存储区域处理和存储所有系统数据，如果部分磁盘存储出现故障，该系统能够保障系统的业务连续性，在主生产环境发生中断时，有一个完全相同的备份镜像将接管生产处理。

3. 非现场恢复：主数据中心的所有数据将同步写入备份数据中心磁盘存储系统，如果主数据中心发生故障，系统可在宣布故障后的 60 分钟内切换至备份数据中心运行。

4. 应急演练：TCH 每年进行 4 次强制所有 CHIPS 参与者参与的灾难恢复演练，主要检查通信设施的容量、网络线路和相关的支付业务，以确保 CHIPS 能够在灾难发生时恢复通信。业务恢复演练包括主数据中心故障演练、网络恢复和备用数据中心恢复等。

5. 参与者责任：参与者负责制定自身的应急和恢复预案，确保其有能力在发生设备故障或其他操作中断时继续处理 CHIPS 业务。CHIPS 规则要求每个参与者的备份资源具备和主用资源同样的业务处理功能和信息安全水平，且与主用资源位于不同的网络内，所有备用资源必须符合 TCH 通过的相关应急标准。

（二）英国

在效率与效力方面，CHAPS 系统的效率与效力体现在英国中央银行以实现货币和金融稳定为目标设计和运行 CHAPS，并在不损害金融稳定的前提下为用户提供更多的增值服务，英国中央银行作为 CHAPS 系统的运营者，为 CHAPS 提供与直接参与者良好的沟通渠道。在设计 CHAPS 时英国中央银行进行了广泛的行业沟通，收集了行业内一百多家机构的意见，其中包括当前和未来的 RTGS 用户、其他中央银行、学术机构等，英国中央银行平衡不同用户的需求并参考更广泛的公共政策目标，在各方需求不一致的情况下作出权衡，优先考虑完善功能方面的调整。英国中央银行非常重视系统硬件和软件的性能，并认为基础环境的改善为 CHAPS 的发展提供了良好的条件，CHAPS 系统之前的处理能力能够保证 3 个小时内处理相当于单日业务总量的 30 万笔业务，即在系统中断一天的情况下也能在系统恢复后短时间内处理完当天所有业务。更新换代后的 CHAPS 系统可以实现 3 小时内处理 40 万笔业务，且该指标会随着业务量的增长不断提升，其系统可用率目标是 99.95%，并于 2013 年引入流动性节约机制。CHAPS 的效率效力在系统层面体现为以下几个方面：一是通过安全的外联网将 CHAPS

业务数据发送给直接参与者的电子支付渠道；二是帮助参与者降低 CHAPS 的日间流动性使用的流动性节约机制；三是应急基础设施 MIRS；四是消除结算风险，提高支付速度的日间透支制度。此外，CHAPS 不仅需要接受一年一次的国际审计与鉴证准则理事会（ISAE）所组织的 ISAE 3402 外部审计，还需要接受定期的内部审计，英国中央银行还周期性地组织 CHAPS 的外部利益相关方评估 CHAPS 的效率和效力。

在运行风险管理方面，为保证 CHAPS 系统的稳定性和恢复能力，英国中央银行从以下三个方面进行管理：一是系统变更前需要进行充分的评估和测试，获知直接参与者的变更可能对 CHAPS 的潜在影响；二是 CHAPS 的业务在主用站点运行，而数据实时复制到另一个冗余站点的备份服务器上；三是使用第三方网站和替代技术，即 MIRS，它是一个额外的应急基础设施，可以在 CHAPS 基础设施连接失败的情况下使用，MIRS 确保银行可以在发生中断时继续结算 CHAPS 付款，而无须求助于延期净额结算模型，这也促进了零售支付系统的净额结算。

2017 年 7 月，英国中央银行批准了一系列关键风险指标以监控由于系统性能不足引发的不可容忍的系统风险，这些风险指标连同已有的监控工具和报告程序统一构成了 CHAPS 系统的风险管理框架。英国中央银行每两年进行一次系统风险指标的水平扫描，并每季度对关键风险指标进行监测，以确保风险水平不超过 RTGS 战略委员会确定的容忍范围。虽然 CHAPS 软件由英国中央银行自主研发，但硬件通过外部厂商提供，因此英国中央银行将服务水平管理和供应商管理也纳入风险管理框架，并考核服务提供方的服务水平，将供应商管理系统中处理的供应商风险作为一项关键风险指标进行监控。当出现由于 SWIFT 连接失败导致的系统中断情况，CHAPS 支持少量业务的手工处理。

对 CHAPS 的日常维护操作和流程管理都纳入日常运维管理，RTGS 交付委员会负责审查和监督所有功能性变更，重大变更还需要经过 RTGS 战略委员会批准。英国中央银行的技术部门制定了完备的变更管理流程以审核变更目标和可能带来的系统风险，并定期召开变更请求审查会评估高优先级的变更请求，技术部门会根据需要进行相关的应用测试和用户测试，并在测试完成后将更新应用和用户的相关信息作为验收工作的一部分。该流程结束后，由 RTGS 运行委员会对变更进行评审，变更的执行过程都记录在变更管理系统中。英国中央银行从减少运行风险的角度对 CHAPS 进行周期性的内部审计和系统测试，风险评估也将第三方引发的风险纳入考查范围。

英国中央银行制定了一套非常严谨的信息管理系统，并在物理和逻辑上对系统都设定了一定的访问限制，非数据中心员工需要经过安全审查后方可进入数据中心，并需了解和遵守数据保护与信息安全相关规定，硬件和敏感资料的处理、办公区和数据中心隔离、建立网络防火墙保护机制、报文监听和信息加密等安全机制都已应用到日常的信息安全管理工作中，信息安全管理不仅局限于系统层面，还在更广阔的范围内按照一定的国际国内标准广泛执行。建立第二备份站点和第三备份站点有助于降低运行风险，如果 RTGS 的主备站点均有相当长的一段时间无法运行，英国中央银行也制定了相应的应急预案和备份策略。

CHAPS 的运行风险通过包含业务连续性计划的运行风险管理框架来有效管理，并通过制度、策略、流程和管控等手段识别和管理各种类型的运行风险。业务连续性框架描述了重要及时恢复操作的角色、职责和目标。网络安全是运行风险管理的一个主要方面，2013 年在金融政策委员会倡议下，英国财政部、审慎监管局、英国中央银行和金融市场行为监管局制订了一项计划，在与英国金融体系密切合作的情况下，改善和检验网络的恢复能力，在计划实施后，英国当局包括 FMI 已经深入了解了英国金融部门的网络安全措施，在检验中识别出的弱点已经被反馈给 FMI，并作为 2015 年的监管重点。金融机构被鼓励完成英国国家网络安全项目 CBEST 测试并采用个人的网络弹性措施计划，该测试旨在为企业和 FMI 提供用于进行受控网络安全测试的工具。英国中央银行正计划为

FMI 和审慎监管局监管机构开发一个网络安全评估工具，以评估 FMI 的网络风险管理能力。英国政府将网络风险视为潜在的金融稳定风险，与其他运行风险相同，英国中央银行强调网络风险可能导致大型金融公司的业务严重中断，可能威胁到整个体系的稳定。在英国的复杂金融体系中，对系统性风险和恢复力的评估应该超越对单个行业的评估。结构性市场变化正在创造企业和行业之间相互联系的新渠道，这些渠道不仅能在企业和行业之间传递冲击，还能放大冲击，因此在不同层次之间全面评估系统性恢复力是相当重要的。近年来对 FMI 的监管明显加强，FMI 监管、审慎监管局对 FMI 参与者的审慎监管以及中央银行在同一框架下的服务等因素结合在一起，共同保证了 CHAPS 的恢复能力。

在应急管理方面，业务恢复能力是英国中央银行对支付系统监管中的关键指标，许多系统核心模块关注 FMI 的操作弹性，其中包括对业务连续性、IT 恢复能力、外包安排和网络安全的审查，所有因素综合评估了 FMI 预防、检测和应对可能影响其关键服务和更广泛金融稳定事件的能力。英国中央银行在应对突发灾难性事件时，主要考虑数据的完整性；在面对突发事件时，CHAPS 运行时间可以延长到 20：00，给参与者足够地解决问题时间；在面临重大事件时，CHAPS 系统可以在 1 个小时内切换到备用数据中心，切换至第三备用中心 MIRS 不会超过 2.5 小时，对于影响不大的事件，基本可以在不影响运行的情况下通过冗余备份等途径解决。

为应对网络风险威胁，英国中央银行已经采取了若干措施，例如，2016 年 11 月，英国中央银行组织参与者进行了严格的模拟长时间服务中断情况的应急演练，并从此类与参与者一同进行的联合演练中取得了宝贵经验。CHAPS 系统的主用站点、第二备用站点和第三备用站点之间每年都至少进行 4 次切换演练，在出现 CHAPS 重大业务中断的情况下，标准响应流程是调用执行关键事件管理计划，该计划执行人包括由本地专家组成的技术团队和高级领导层，由一套标准的金、银、铜操作指令组成。关键事件管理计划通常进行定期测试，能利用英国中央银行范围内的资源有效恢复中断的服务，同时保证与关键外部相关利益方的沟通。

在业务连续性管理方面，英国中央银行每年都会全方面地审查业务连续性计划，以确保应急预案的可行性，特别是在业务需求发生重大变更后重新修订业务连续性计划，业务连续性计划制订的目的是即使在系统受到重大干扰或损失的情况下也能保证一定的业务处理能力，并实现关键业务的及时恢复。CHAPS定义的恢复目标与PFMI原则17要点6一致，该原则规定如果发生故障，关键的IT系统应在2小时内恢复，事件的最终解决应在当日结束前恢复目标应设定为接近零数据丢失。为了保证实现该目标，需要实时保存最新的数据副本，以便在发生故障时快速恢复数据，关键的操作文档在辅助系统上也有备份。未来CHAPS将满足恢复点目标（RPO）接近零，即符合接近零数据丢失的设计原则。为了加强RTGS的恢复能力，并确保其可以灵活应对新出现的威胁，英国中央银行根据以威胁和对策为核心的恢复框架设计新系统。威胁是指可能导致CHAPS服务中断的潜在事件，包括对核心结算系统的攻击以及CHAPS数据中心发生火灾等，对策是系统的应对能力，它提供弹性，使系统能够在特定威胁下继续提供服务，例如，抵抗威胁的对策可以包括主动监控和强大的网络防御。理论上设计一个具有弹性的RTGS系统，主要的挑战包括网络安全事件和成本压力等环境挑战，以及第三方、集中风险和跨境依赖性等系统复杂性挑战。系统设计需要经历三个阶段：一是定义阶段，指确定并评估RTGS服务运行威胁框架的可能性、影响和风险容忍度以及旨在减轻威胁的对策的阶段；二是实施阶段，指利用定义阶段的输出以确定新系统设计的阶段；三是审查阶段，指在新系统的生命周期内进行持续的评估，以确保现有的威胁有正确的对策并能确定及妥善地处理新的威胁的阶段。其中，第三阶段是框架的关键部分，因为随着时间的推移，风险格局将持续演变。除设计新系统外，英格兰银行还持续关注业务恢复能力，并对业务连续性和IT灾难恢复能力进行跨公司审查，审查的重点是治理、战略和风险管理，以及确保每个 FMI 都在确保业务连续性的前提下使其自身按照预期运行，并在其风险容忍范围内。在系统可用率方面，2016 年 1 月至 2017 年 8 月，除 2017 年 3 月"紧急"CHAPS 结算服务的可用率为 99.76% 之外，其余时间均为 100%。

表 4-1　2018 年 1—6 月 CHAPS 结算服务可用率

单位：%

服务可用性	2018 年 1 月	2018 年 2 月	2018 年 3 月	2018 年 4 月	2018 年 5 月	2018 年 6 月
用于"紧急"CHAPS 结算的 RTGS 基础设施	100	99.88	100	100	100	100
用于"非紧急"CHAPS 结算的 RTGS 基础设施	100	99.87	100	100	100	100
RTGS 和 RTGS–CREST 链接的能力，以支持 CREST 中的结算	100	100	100	100	100	100
延迟零售支付系统的净结算（分钟）	0	0	0	0	0	0
RTGS 查询链接	100	100	100	100	100	100

资料来源：英格兰银行官网。

近年来，CHAPS 主要服务中断情况如下：

（1）2018 年 2 月 19 日，由于需要人工操作，紧急 CHAPS 结算服务中断 18 分钟。

（2）2017 年 8 月 4 日，由于银行与 SWIFT 网络的部分链接出现问题，从 6 点 07 分开始，非紧急 CHAPS 结算服务中断 12 分钟。

（3）2017 年 6 月 5 日，由于系统内部出现问题，外部用户在 5 点 05 分至 18 点 06 分之间无法使用 RTGS 查询链接。

（4）2017 年 3 月 13 日，由于 SWIFT 网络出现问题，自 14 点 30 分起，无法进行紧急 CHAPS 结算和非紧急 CHAPS 结算。15 点 10 分紧急结算服务恢复，15 点 30 分非紧急结算服务恢复。

（5）重大中断案例：2014 年 10 月 20 日 RTGS 停电事件发生的根本原因是 2013 年 4 月和 2014 年 5 月对 RTGS 系统进行功能更改的变更导致系

统缺陷暴露。总额为 2893 亿英镑的已提交付款最终在当天的营业时间内结算，英国中央银行通过妥善处置避免了对金融稳定和经济造成实质性的损害。该事件使英国中央银行进一步深入考虑 CHAPS 的应急解决方案以及该系统的未来发展。此外，它强调了加强中央银行危机管理框架的必要性。英国中央银行最终向受影响的各方道歉，并实施了补偿计划，进行了 9 项赔付，总额约为 4060 英镑。英国中央银行还重组了 RTGS 董事会，由市场和银行业务副行长担任主席，着手建立更完备的危机管理框架。

（三）欧洲

在业务连续性方面，TARGET2 业务连续性的概念包括双区域/双站点的架构，TARGET2 在两个区域进行支付业务处理和会计核算服务，每个区域内有两个不同的站点，区域轮转机制确保两个区域内都拥有经验丰富的工作人员。TARGET2 所提供的最高水平的可靠性、应变能力以及成熟的商业基础设施的应急安排均与 TARGET2 系统重要性相符。欧洲中央银行通过 TARGET2 信息系统及时公布与 TARGET2 可用性相关的信息，该信息也可通过路透社金融信息板块提供，所有 TARGET2 相关事故都遵循详细的事故报告和风险管理流程，目的是通过事件学习避免类似事件或事故的再次发生，从而提高监测能力。

在运行风险方面，TARGET2 具有广泛的风险管理程序，包括运营安全框架和信息安全框架，每年都根据技术发展和商业环境变化对这两个框架进行重新审查，信息安全框架的目标是评估 TARGET2 未能有效保护信息引发的业务影响，特别侧重于 IT 安全性和可靠性，运营安全框架的目标更广泛，此外还处理由于治理结构或业务流程效率低下而可能产生的风险，两个框架都使用各种方法以识别和评估运行风险，包括对审计结果和工作建议的分析、安全评估及测试报告等。运营商还积极采纳 IT 安全、法律和采购等领域的专家建议，通过专家的帮助确定最重要的特定类别风险事件，考虑并评估该领域的最新发展情况是否存在风险，对于在一定程度上具有可比性的其他专业组织（例如，政府、公共机构、研究中心、大学院系及商业银行等）的风险事件，TARGET2 也会参考并从中获取信息。

在系统高可用性方面，TARGET2 通过在不同国家使用多个站点来确保技术结构的安全性，这些站点定期轮换以确保系统和员工均处于持续的运行状态，除了站点定期轮换之外，还定期进行从一个站点到另一个站点的全面故障切换测试，同时 TARGET2 还致力于避免单点故障，确保即使在 SWIFT 出现故障时，网络提供商仍然可以实现核心支付功能。在变更管理方面，系统的所有变更在生产环境中实施之前都需要进行全面的风险审查和测试程序，进行充分的风险分析，并向理事会报告查明的任何重大风险，以便就降低风险的措施作出决策，从而将系统变更风险降至最低。在服务管理方面，与所有服务提供商（包括 TARGET2 运营商）签订服务水平协议，协议中设置了各种性能目标，针对这些目标定期审查服务提供商的实际服务水平，并向理事会报告任何异常情况。对于已经发生的事件及时跟进以防止事件再次发生，即使未发生事件，仍定期测试服务应急方案，应急测试安排会与系统参与者定期讨论并发布。除了 TARGET2 服务提供商制定的措施外，关键的系统参与者也需要制订广泛的风险管理程序、应急预案和定期测试计划等。

在效率与效力方面，TARGET2 提供的许多关键功能（如流动性节约功能、流动性管理工具和 SWIFT 服务的广泛应用等）都是应未来 TARGET2 用户的要求而开发的，欧洲银行界与公众通过系统运营者对功能规格的咨询参与了 TARGET2 的设计，咨询过程有利于新系统更容易被接受，且确保了系统参与者的平稳过渡，部分参与者要求的特定服务（如流动性池）在开发阶段完成后可以用可选的方式向其提供服务并单独定价，但是如果有一定数量的参与者对某种服务感兴趣，运营商就会统一开发该服务以确保回收成本。此外运营商的目标之一是避免发展可能妨碍金融一体化的国家特定服务，随着 TARGET2 不断发展并每年发布新版本，参与者会在国家级和泛欧级被征询意见，并可以提出提供新功能的要求。自 2008 年以来，参与者定期举行会议以维护相互关系并促进理解，特别是维持与欧洲同级的国家用户团体和团体合作。

服务水平协议适用于所有服务提供商，协议设置了各种性能指标，服务提供商针对这些指标每月进行绩效指标审查，并向理事会报告任何异常情况，主要指标包括：处理时间，95% 的支付处理应在 5 分钟内完成，其余的应在 15 分钟内完成；系统可用率高于 99.7%；重大故障或灾难（切换到同一区域的备份站点）的恢复点目标（RPO）等于 0 且恢复时间目标（RTO）小于 1 小时；区域性灾难 RPO 低于 2 分钟，RTO 低于 2 小时。TARGET2 还跟踪其他关键指标，如每日支付次数、支付峰值、年增长率、运营时长、业务处理时间等。针对与专用现金账户相关的服务，运行 T2S 平台（TARGET2-Securities）的中央银行和 Eurosystem 之间也存在服务级别协议。系统可用性的测量时间为系统工作日，从周一到周五每日 7 点到 18 点 45 分，包括完成当天操作的延时时间，可用性的测量不包括 TARGET2 管辖范围外的系统和网络，夜间结算期间发生的事故也不计算在内。系统可用性不包括局部停运对 TARGET2 造成的影响，对于只影响辅助系统交易、对其他支付流程活动不产生影响的事故，尽管此类事故会对系统性能评估造成不良影响，仍不能够通过系统可用性进行评价。

在通信程序与标准方面，TARGET2 中的大多数支付服务均使用 SWIFT 服务及 SWIFT 报文类型，以实现 TARGET2 系统与其参与者之间的标准化通信，自 2010 年 11 月以来，除 SWIFT 链接之外，小型 TARGET2 参与者还可以使用 HTTPS 协议通过互联网进行安全链接，参与者可以选择由 Eurosystem 确定的两个增值网络提供商，即 SWIFT 和 SIA-COLT，提供访问专用现金账户的服务。当没有国际认可的标准可用时，TARGET2 也使用一些专有标准，此类服务针对特定系统，不被标准化机构注册接受，如辅助系统接口使用的信息，但此类专有信息已尽可能按照 SWIFT 用于注册 XML 标准的方法建立。当 SWIFT 提供可以取代现有的专有标准的新标准时，新标准会在 TARGET2 中实施。TARGET2 中的所有交易方均由其 BIC 进行识别。系统以电子形式向所有参与者提供专有格式的结构化 TARGET2 目录，从而实现了对付款的自动路由的支持。对于专用现金账户服务，参与者和 T2S 平台之间的交互完全依靠 ISO 20022 消息标准，TARGET2 运营商密切监控标准化团体或机构（包括 SWIFT 和 ISO 等）的信息发布，以确保系统持续符合国际标准，并评估对这些标准进行的任何变更带来的影响，将其纳入 TARGET2 的变更和发布管理。

在风险管理和监管方面，信息安全风险管理是 TARGET2 治理结构的关键要素，为履行这一责任，TARGET2 建立了完善的风险管理框架，包括信息安全的调查分析与连续监测，贯穿 TARGET2 的整个生命周期。TARGET2 风险管理流程的目的包括：监控 TARGET2 的发展，确保安全控制措施的实施并取得满意的结果；参与业务学习，确保采取适当的措施防止事故再次发生；从不断变化的环境中积极寻找新的威胁和漏洞，从风险控制流程中获取的信息需及时更新并定期报告，提升了对潜在风险问题的意识。TARGET2 由欧洲中央银行和参与各国的中央银行进行监管，欧洲中央银行对 TARGET2 具有领导和协调的作用，各国中央银行负责对 TARGET2 的局部特征进行监督。目前，系统用户对 TARGET2 一直使用的风险管理框架比较放心，对其安全形势总体表示满意。TARGET2 的定期监管活动包括系统运行性能监控、相关业务发展监控、事件后续处理监控以及系统变更评估，尤其是包括对普通网络服务不可用情况下中央银行间备份应急通道的评估，TARGET2 的监督功能还要求根据 PFMI 提出的新要求对系统进行差距分析，包括对分层参与安排的分析、全面风险管理框架的建立和一般业务风险的分析。TARGET2 还对其依赖关系进行分析，包括基于系统、机构和环境的依赖性，其目的是增加监管者和运营者对于这种相互依存关系的风险防范意识，TARGET2 依赖性分析主要侧重于其他系统对 TARGET2 的依赖性，有助于识别其他机构对 TARGET2 带来的风险，同时评估相关风险管理的有效性。

（四）澳大利亚

在运行风险方面，RITS 旨在实现高标准的运营可靠性，采用全面的策略和控制措施确保 IT 基础架构的可靠性，实时监控性能并及时解决潜在问题，保持足够的运营能力，保障系统的安全性和完整性，并有效地管理变更。澳大利亚中央银行在全行组织范围的风险管理框架内管理 RITS 产生的经营风险。澳大利亚中央银行制定明确的运营可靠性和能力目标，并实施实现这些目标的制度、程序和控制措施，RITS 的主要运营目标是 99.95% 的可用性和能够提前 18 个月预计业务量与 20% 上限空间的最低业务处理能力。澳大利亚中央银行拥有足够的资源运营 RITS，有效的变更管理框架能确保系统变更不会对 RITS 的运营产生不利影响。

RITS 的业务连续性安排包括详细的应急计划，计划至少每年进行一次更新并定期测试，恢复目标时间最长为 40 分钟，具体用时取决于运营中断的性质。RITS 共有两个站点，两个站点都保存有完全备份，任一站点都不存在单点故障，在地理位置偏远的第二站点进行数据同步镜像，且该站点配备人员定期在两个站点之间进行实时操作的轮换，通过员工轮换和交叉培训确保关键职能不依赖于特定的个人，还为关键职位制订了替代计划和程序。澳大利亚中央银行还设立了一个框架来维护 RITS 的安全性和完整性，并使用一系列物理和网络安全控制方法严格控制对 RITS 的访问，根据 2015 年 11 月的评估建议，澳大利亚中央银行完成了审查 RITS 网络安全和网络弹性的项目，包括审查网络风险和现有安全控制措施、全面的渗透测试计划和单独的审查选项等，以提高检测和恢复 RITS 服务中断的能力。

澳大利亚中央银行监督 RITS 成员的经营表现，2013 年澳大利亚中央银行为 RITS 成员推出了业务连续性标准，并收集会员最新的年度自我评估声明。截至 2016 年底，60 家 RITS 成员中有 59 名完全符合标准，澳大利亚中央银行持续与其余成员合作，以实现参与者全面合规。

澳大利亚中央银行同样对关键服务提供商和与其有关联的 FMI 拥有相应的控制措施对风险加以限制，澳大利亚中央银行与 Austraclear 签订了服务级别协议，并拥有 SWIFT 的高级支持服务，这两个机构对 RITS 的运作至关重要，协议规定了每个机构的响应时间和最低支持水平，澳大利亚中央银行还与一家关键技术供应商签订了服务水平协议，以提供增强的监控和技术支持。RITS 持续监控和测试关键服务提供商和关联 FMI 的服务及使用。

澳大利亚中央银行建立了强大的运行风险管理框架，其中包括识别、监控和管理运行风险的系统、政策和程序，支付结算部门需要确定可能影响 RITS 的风险范围，澳大利亚中央银行采用历史法，从过去发生的问题中吸取教训以识别运行风险，并采用理论方法，由经验丰富的工作人员确定可能的其他风险来源，支付结算部门评估运行风险的可能性及其潜在影响，并考虑控制和缓解策略。操作控制记录在程序手册、管理指南和每日清单中均有体现，这些控制和应急计划每年由管理层审核和签署，或在计划系统更改或升级时进行审核。RITS 运行风险管理框架以相关的国内和国际标准为基准，主要包括：业务连续性——管理与中断相关的风险（AS/NZS 5050—2010）、欺诈和腐败控制（AS 8001—2008）、实体举报人保护计划（AS 8004—2003）。

澳大利亚中央银行制定了变更管理策略，并有详细的控制程序保障 RITS 的完整性和可靠性，变更管理策略符合信息技术及金融行业最佳实践标准，主要包括 ITIL 信息技术基础设施库 V3.0、ISO 20000 标准等。根据该变更策略，任何重大变更通常都需要由直接负责该业务的部门或领域准备变更实施计划，该计划将识别变更及控制减轻可能产生的风险，在必要情况下这些控制措施将包括回退已实施的任何变更的计划。被评估为具有中等风险或高风险的变更将提交至变更咨询委员会批准，变更咨询委员会由澳大利亚中央银行业务和信息技术领域的高级管理层组成，主要变更或高风险变更将在运营时间之外实施，以便在 RITS 开始营业之前进行测试，确保了变更不会中断 RITS 的运行。实施任何重大变更之前都需要对数据和系统配置进行备份，批准变更实施之前，任何系统变更都需要在单独的测试环境中进行大量测试，包括连接、功能、处理能力和应急切换测试等，且 RITS 成员有机会在实际实施之前熟悉测试环境中的新功能。

澳大利亚中央银行拥有覆盖面广的项目管理框架，该框架包括确保项目风险管理方式内部一致性的指导及管理项目的具体安排，并与广泛使用的行业最佳实践保持一致，包括受控环境下的项目管理框架。框架由企业项目管理办公室提供支持，该办公室向澳大利亚中央银行高管提供有关主要举措的风险分析和状态报告，它还为从事项目工作的澳大利亚中央银行工作人员提供建议和支持。获得支付结算部门运营 RITS 的资源是相关高级管理层的责任，澳大利亚中央银行为主要工作人员制订了替代计划和程序，支付结算部门依靠银行的信息技术部门为 RITS 提供技术支持，为确保双方达成共识，内部文件明确记录了信息技术部门为 RITS 提供支持的服务层级。

澳大利亚中央银行制订了一项评估欺诈风险的计划，并审查其现有欺诈控制框架，主要的预防性欺诈控制包括审计日志、双输入检查、职责分离、管理签核和处理清单等，控制由管理层进行审核，同时澳大利亚中央银行定期开展和监督员工欺诈意识培训，审计部门将对欺诈和欺诈控制可能性的调查作为其定期审计工作的一部分。RITS 的运营政策、程序和控制措施由审计部门在外部顾问的协助下进行审计，审计报告由审计委员会审查，并向风险管理委员会提供副本，系统、策略、程序和控制措施也作为运行风险框架的一部分定期进行测试。

RITS 的可用性目标（99.95%）已明确定义并记录在案，可用性基于系统开放期间结算和报告的总小时数计算，该目标按季度由支付结算部门和支付政策部门的高级管理人员进行评估。为确保 RITS 符合可用性目标要求，澳大利亚中央银行制定了详细的业务连续性政策和变更管理框架。此外，RITS 还应用了许多控制措施以防止或管理业务中断，包括操作程序手册、双输入检查和使用检查表等。澳大利亚中央银行还监控 RITS 的组件状况以及时发现问题，在某些情况下，使用自动化工具可以实现每隔 1 分钟验证一次系统组件的运行，并向相关的银行员工提供自动生成的电子邮件警报，监控工具中包括一部分第三方工具，通过从银行内部通信网络登录来测试系统链接性，并将 RITS 组件的性能数据实时传送给银行职员，RITS 对系统流动性、排队和结算情况的监控也近乎实时监控，监控工具在系统服务工作时间以外还会监控 RITS 日终处理情况并督促零售支付的提交和结算。

澳大利亚中央银行已制定流程和控制措施，以确保 RITS 拥有足够的业务处理能力，RITS 业务处理能力目标主要包括：RITS 应能在不到两小时内处理日交易高峰、RITS 应能预计未来 18 个月的业务处理能力并预留 20% 的冗余、系统对指令的最大响应时间设置了目标。RITS 对业务处理能力的测试每季度执行一次，并每日进行实际处理业务能力监控，测试结果由支付结算部门管理层审核，如果出现问题，澳大利亚中央银行将研究提高业务处理能力的方案。业务处理能力监控纳入监控系统，监控系统会自动通知操作人员统筹协调各种 RITS 组件的运行能力。

信息技术部有一个由银行首席信息安全主任领导的专门小组，负责审查和实施适用于 RITS 的信息安全政策，RITS 的信息安全政策与澳大利亚政府的保护性安全政策框架相一致，网络安全实践也符合国内和国际最佳实践标准。信息安全政策每年进行审查，并审核安全风险，包括风险的性质和被保护的资产是否发生变化，也会定期委托外部顾问针对新的 RITS 组件以及 RITS 系统的重大变化进行安全审查。澳大利亚中央银行风险容忍度声明指出，澳大利亚中央银行认为外部恶意网络攻击造成的银行资产威胁非常低，所以该银行致力于强有力的内部控制流程和稳健的技术解决方案，澳大利亚中央银行认为现有的信息安全政策能够应对所有潜在威胁，但为了更好地防止网络安全风险事件，澳大利亚中央银行通过信息化项目对现有安全控制的风险进行定期审查及执行深度测试综合方案，并根据审查和测试的结果确定了一套附加安全措施。澳大利亚中央银行也将网络弹性与 RITS 操作更广泛地联系在一起，风险管理委员会将其视为风险管理框架的一部分。

物理设施管理部门管理澳大利亚中央银行的物理安全政策，该政策需符合澳大利亚政府制定的保护性安全政策框架，RITS 根据该政策确定物理安全风险，并采取控制措施以降低此类风险，同时采取了控制措施以限制对敏感区域的物理访问。澳大利亚中央银行制订维护详细的业务连续性计划，明确可能破坏 RITS 操作的事件应对措施，计划涵盖了接入、通信方式和应急切换程序，并至少每年更新一次。减少意外事件影响的主要控制措施是 RITS 的双中心一体化运行机制，以及应对各种潜在的业务中断的应急预案。潜在的灾难事件包括个别 RITS 组件的失效和洪水、瘟疫等大规模的外部中断，RITS 针对每个演练场景都设定了目标恢复时间，系统应急预案定期进行评审，并在重大系统变更和测试后进行评审。应急预案还包括向利益相关方（RITS 成员和系统运行所必需的运营商）及时提供联络信息的安排，也包括内部和外部各方的联系人列表，并根据各方职责定期进行更新。基于网络的 RITS 危机通信设施使澳大利亚中央银行能够在几分钟内通过电子邮件和手机短信向大量相关方传播信息，该设施可以从远程位置操作，且不依赖于单一操作站点的可用性，电话会议设施也可用在关键利益相关方之间进行及时的讨论，RITS 会定期组织员工使用危机通信设施以确保员工熟悉这些设施的应用。

RITS 至少每年进行一次应急演练，以确保应急预案的有效性和稳定性，RITS 也会定期通过桌面推演的形式对应急预案进行测试，使员工充分理解应急预案。澳大利亚中央银行总部的支付结算部门工作人员每年都会到第二站点工作，对相关设施保持熟悉度，负责 RITS 日常运作的工作人员也需要每季度至少有 1 天在两个不同站点工作。在发生极端事件导致 RITS 不可用且无法恢复的情况下，由于 RITS 大部分交易笔数和金额来自 SWIFT PDS 和澳大利亚供给商系统交易，可以使用"应急结算安排"来解决事件，采取包括在第二天 RITS 的多边轧差批次中由两个分支系统进行银行间债务的递延净额结算等措施。澳大利亚中央银行对现有的应急安排持续进行评估，以确定是否需要进行任何改进以确保在 RITS 或其外部分支系统不可用的情况下能够继续提供支付清算服务。

RITS 的有效运行还取决于其参与者的操作可靠性和运行弹性，所以 RITS 要求任何影响参与者交易活动的技术问题必须立即通知澳大利亚中央银行，澳大利亚中央银行也实时监控成员的支付流程，一旦发现潜在问题，澳大利亚中央银行将与该参与者联系以获取进一步信息。如发生业务中断，澳大利亚中央银行要求参与者向其提供包含中断的原因和补救措施的详细报告。2013 年 5 月，澳大利亚中央银行公布了 RITS 参与者的业务连续性标准，该标准旨在促进 RITS 支付处理操作中可用性的提升，提高系统组件的弹性和快速恢复能力，澳大利亚中央银行持续监控 RITS 成员是否遵守业务连续性标准要求。

SWIFT 是 RITS 的关键服务提供商，SWIFT 故障将严重损害成员实现第三方支付以及通过 RITS 自动化信息设施管理澳大利亚结算业务的能力。SWIFT 向澳大利亚中央银行提供服务支持，服务条款中明确了 SWIFT 的响应时间和支持水平，澳大利亚中央银行还定期与 SWIFT 联络，参与协调全球业务中断测试，模拟 SWIFT 的操作中断情景。SWIFT 自身的运维弹性和可靠性由 SWIFT 监管组织进行监督，监管组织由十国集团中央银行组成，比利时国家银行支持其监督活动，监督小组制定了服务水平的最低标准和最高标准要求并对 SWIFT 进行评估。澳大利亚中央银行制定了若干应对措施，解决了公用事业提供商为 RITS 带来的风险，例如，每个操作场所都有一个不间断电源和备用发电机系统；两个站点的外部通信线路从地理层面上分离，并在可能的情况下通过不同的电信提供商进行通信；定期对备份方案进行测试等。澳大利亚中央银行与 ASX 达成的服务水平协议对 Austraclear 系统有严格要求，包括要求 Austraclear 系统在营业时间内提供至少 99.9% 的可用性、Austraclear 系统每年与

RITS 进行连接性测试等，澳大利亚中央银行还监控 Austraclear 和 ASX 抵押品之间的相互依存关系。除 Austraclear 系统外，CLS 依靠 RITS 结算以澳元计价的支付，如果 RITS 不可用，CLS 的业务将中断，通过确保 RITS 的运行可靠性和弹性，可以降低 CLS 业务中断的风险，澳大利亚中央银行还与 ASX 和 CLS 进行联合应急测试。

在效率与效力方面，RITS 的主要运行目标是 99.95％的可用性和能够提前 18 个月预计业务量、20％上限空间的最小业务处理能力冗余，澳大利亚中央银行通过定期与 RITS 参与者协商确保 RITS 满足其参与者的需要。除了每半年在墨尔本和悉尼举办 RITS 用户论坛之外，澳大利亚中央银行还与澳大利亚支付网络和澳大利亚金融市场协会密切联系，并直接与 RITS 成员商议 RITS 的计划变更，这种协商机制是制订和沟通 RITS 业务未来发展计划的关键。澳大利亚中央银行设定最低服务水平和风险管理相关的目标，并针对这些目标监控系统性能，确保了 RITS 业务的效率和有效性。澳大利亚中央银行有适当的措施以确保 RITS 以有效的方式运行，澳大利亚中央银行定期审核 RITS 的功能并提交给审计委员会，对支付结算部门管理层进行绩效评估，并定期进行系统运行绩效评估。

在通信程序和标准方面，RTGS 支付指令既可以通过 SWIFT PDS 和 Austraclear 两个外部分支系统提交给 RITS，也可以直接输入 RITS，通过 SWIFT PDS 发送的支付消息大部分使用国际公认的 SWIFT 消息标准和网络发送，自动化信息工具消息（包括 ESA 语句）也使用 SWIFT 消息标准和网络，向 Austraclear 发送支付信息的程序和标准由 ASX 决定。澳大利亚中央银行还参与了 SWIFT 的国际合作监督，SWIFT 提供通信服务，以促进金融系统参与者之间的支付和其他信息的转移。虽然 SWIFT 不是支付系统，但它为 RITS 和 CLS 以及其他 FMI 和市场参与者提供关键服务。

▼ 专栏 4-3

SWIFT 系统概况

1. 业务连续性

SWIFT 系统设置的业务连续性目标包括：系统可用率为99.999%；一年中断服务时间小于 5 分钟；系统跨数据中心技术切换时间少于 1 分钟；从发现问题、逐级报告、决策到最终切换完成小于30 分钟；在市政电力中断情况下发电机可提供 14 天运行电量；等等。所有的系统设计全部都留有充足的冗余，SWIFT 数据中心跨站点的RPO 是实时的，RTO 是 40 分钟，SWIFT 在不同站点的数据中心进行切换时，规定只有当两个数据中心都收到用户发送的报文后才会给用户反馈报文发送成功的消息，通过这种方式来保证数据中心切换时没有数据丢失。

SWIFT 的呼叫中心对外提供 7×24 小时服务，SWIFT 拥有瑞士、荷兰、美国三个数据中心、包括香港在内的三个控制中心以及一个地址绝对保密的灾备中心，由于 SWIFT 的三个控制中心恰好位于三个不同时区，其运营类似三班倒方式，当其中一个控制中心成为主运营中心时，另外两个控制中心只保留少量值班人员。SWIFT 的三个控制中心都是全功能的，可以接管所有运行工作，三个运营中心有统一的上级领导，SWIFT 有维护窗口和值班经理等制度，系统升级基本采用在线滚动升级的方式。

在信息安全方面，SWIFT 设置多重安检与多层隔离区，聘用职业雇佣军进行安保，SWIFT 内部建立红白队，红队模拟包括但不限于网络攻击、密码攻击、社会工程攻击等攻击方式，以提高信息安全保障水平。SWIFT 每年开展 4 次大型应急演练，以及包括消防演练在内的一百多次中小型演练。SWIFT 采用包括用户大会以及专业用户组大会等方式收集参与者需求，部分参与者软件升级工作是强制性的，也为参与者提供安全配置建议、切换指导、安全预警等服务，还可针对业务和技术多层面的异常进行预警。SWIFT 每年对员工进行大量技术培训和认证考试，员工需通过认证才能上岗。

2.运维标准化情况

SWIFT 数据中心运行中所采用的 ISO 的标准包括 ISO 9000、ISO 14000、ISO 22301、ISO 27000、ISO 50000 以及 ISO 55000。

（五）日本

在合规情况方面，日本银行根据《日本银行监管金融市场基础设施政策》将 PFMI 用于评估私营部门 FMI 的安全性和效率，政策中以下 7 种风险被认为是至关重要的：系统性风险、法律风险、信用风险、流动性风险、业务风险、托管和投资风险以及运行风险。根据每个 FMI 的具体特点，日本银行识别、分析和评估 FMI 的风险和风险管理程序，并鼓励它们按要求改进其业务实践。2015 年 7 月，日本银行公布了 BOJ-NET FTS 和日本政府证券结算系统（BOJ-NET JGB）的披露材料，这些系统由日本银行根据 PFMI 和"金融市场基础设施原则：披露框架和评估方法"运行，BOJ-NET FTS 和 BOJ-NET JGB 均被评估为符合所有适用的 PFMI。关于 PFMI 原则 17 要求的业务连续性安排，日本银行通过 BOJ-NET FTS 和 BOJ-NET JGB，保障灾备中心的运营能在 2 小时内恢复，为确保恢复运行速度，主中心的数据几乎实时复制到备用中心。日本银行已建立必要的应急程序，一旦操作切换至大阪的灾备中心，将由大阪分公司负责运营系统。日本银行每年都要进行切换到灾备中心的演练，系统参与者同样参与此类演练，确保了这些应急程序的有效性。

在业务连续性安排方面，包括日本银行本身在内的金融市场参与者以及支付和结算系统构成了重要的社会基础设施，因此支付系统及其参与者必须制订适当的业务连续性计划，以解决造成运营中断风险的各种事件，此类事件可能包括地震、台风和洪水等自然灾害；系统故障等技术灾难；恐怖袭击、网络攻击等人为灾难；疾病等流行事件。根据 2011年东日本大地震的经验教训以及 2012 年发布的 PFMI 规定提升了 FMI 业务连续性安排标准，日本的 FMI 一直在考虑并稳步采取措施提高系统的业务连续性，PFMI 原则 17 要求 FMI 应制订业务连续性计划，以解决造成运营中断风险的重大事件，该计划应旨在确保关键信息技术系统能够在破坏性事件发生后 2 小时内恢复运营，并使 FMI 能够在发生事件当天完成清算，即使在极端情况下也是如此。如果日本银行的运营受到灾难的影响，日本的支付和结算系统、金融系统以及公民的经济和生活将受到严重影响，根据《灾害控制措施基本法》和其他相关法律法规，日本银行必须在灾难发生时继续运营。日本银行一直在检查和重新审查按照优先级制订的业务连续性计划，并进一步加强总部和分支机构的运营弹性，日本银行做了业务连续性安排，使其能够保障管理资源，以便在风险发生时继续开展关键业务，具体工作主要包含以下 4 个方面：一是提高在紧急情况下继续履行职能的能力和业务工作流程的效率；二是审查银行的指派工作人员框架，以便在紧急情况下继续开展业务；三是审查业务连续性的设施和设备；四是分享业务连续性计划方面的专业知识和技能。

为了提高业务连续性计划的有效性，日本银行开展了各种灾难和破坏场景的实际演练，应急演练通过灾难管理小组开展，演练当天之前不公布演练场景，演练场景包括东京办事处遭到严重破坏，日本银行在备选地点开展业务连续性活动以继续进行关键业务，并在大阪分行执行总部职能等场景。日本银行还进行了在 BOJ-NET 系统出现故障的情况下切换到备用系统的演练，以及将备份系统与用户计算机链接的演练等，这些演练都有大量金融机构和私营部门系统参与，日本银行还通过参与灾难管理委员会及其组织的相应演练，促进与政府和地方公共机构的协调。日本银行通过国际会议和双边会议，与其他中央银行和国际组织就金融和结算系统以及中央银行的业务连续性交换信息和意见，通过这些渠道获得的信息和知识被用于制订日本银行的业务连续性计划，并支持金融机构、金融市场和私营部门支付和结算系统的业务连续性计划的发展。

金融机构的业务连续性计划在可能面临的灾害场景和预期措施等方面各不相同，取决于金融机构的具体环境和地位，计划手段可以多样化，金融机构将制订适合其情况的措施，并通过参考调查结果和其他机构的安排，稳步提高其业务连续性计划的有效性。

表 4-2　加强业务连续性的主要措施

增强运营弹性	审查操作、指派人员的框架和设施
	共享相关知识和技能
实际演练	不事先公布场景的演练
	与私人金融机构联合演练
与国内和海外机构合作	与政府、当地公共实体、其他中央银行、国际组织等加强合作

资料来源：日本银行官网。

2014 年 8—9 月，日本银行对金融机构业务连续性安排发展状况进行了问卷调查，并于 2015 年 1 月公布了调查结果，所有接受调查的金融机构均表示已完成业务连续性管理框架的建立，其中约 85% 的机构表示定期审查其建立的框架，展示业务连续性安排发展的总体进展；超过 90% 的受访者将地震和传染病列为灾难情景；超过 80% 的机构表示对主要数据中心和总部几乎完全瘫痪的场景进行了应急安排。所有受访者均表示确定了在灾难发生时应优先恢复的关键业务；其中近 90% 表示设定了恢复关键业务的目标时间；近 70% 的受访者表示设定了 4 小时或更短时间恢复关键业务活动；超过 40% 的金融机构表示，与其他金融机构建立了合作安排，例如，提供救济物资、临时派遣员工、现金提取等服务。尽管在制订业务连续性计划方面取得了一定进展，还有大约65%的受访者认为其业务连续性计划仍不完善，其中40%~50%的受访者认为，保障业务连续性人员和运营地点等管理资源非常关键。虽然业务连续性有关人员的重要性已被广泛明确，但只有不到40%的受访者检查过这些员工是否真正来到办公室，一些受访者表示，虽然备份办公室机制已经得到保障，但转换到备份办公室的授权并未确定、转换标准尚未制定或备份办公室不够大。20%~30%的受访者表示其内部发电设施无法持续足够长的时间或燃料和冷却水没有充分储存。有些机构尚未检查手册在公司范围内执行关键操作的一致性，或手册尚未编写完成，还有一些机构没有理解外部各方的业务连续性计划的细节，将关键业务活动的部分外包，或没有检查其计划与承包商的计划的一致性。调查还发现，虽然定期进行资金结算或现金供应的金融机构数量一直在增加，但只有20%~30%的受访者在运营部门进行了切换至备份中心的演练。

在各金融机构保证其自身业务连续性的基础上，联合其他金融机构对于保障整个系统的业务连续性也具有十分重要的意义，支付系统对跨市场业务连续性计划的加强能在紧急情况下尽快维持或恢复提供经济活动基础的核心市场功能。市场级别的业务连续性计划旨在建立货币市场、证券市场和外汇市场的市场参与者在灾难发生时的信息共享和通信程序。自2010年以来，日本银行通过不断的努力，已为这些市场建立了市场级业务连续性计划，并举行了多次市场级业务连续性计划的联合演练，先后有五百多名市场参与者和结算基础设施运营商参与演练。在2015年11月举行的第7次演练中，根据市场参与者的要求，日本银行立即启动了针对集合抵押品的资金供应业务，旨在进一步加强金融机构在灾害发生时的业务连续性安排，并检查灾害发生时可能进行的与资金供应有关的各种行政程序。对于整个金融行业而言，日本银行在2010年开展了跨行业基于流感爆发场景的应急演练，自2012年以来，也一直开展大规模地震的年度演练，金融服务局和日本银行都参与其中。

　　为进一步加强跨市场业务连续性安排，日本银行从东日本大地震中汲取了经验教训，提出了几点具体要求，并且已经初步落实了相关措施。第一，加强信息共享与报告的通信工具和网络建设工作，包括构建冗余基础设施，日本现有三个市场的运营商相互发布 ID 和密码以访问其各自的业务连续性计划网站，从而与其他市场共享信息。第二，需要就业务连续性的行政工作框架分享经验。具体而言，各相关方有必要就响应时间表达成共识，在此前提下各相关方将在内部进行可行的调整，在业务连续性计划网站上传递信息，并展开相互协商，协商过程中的提议将被纳入各自市场参与者的业务连续性计划中，此类沟通正在逐步进行。第三，建立和加强有效的灾备机制至关重要。东日本大地震意味着难以继续在东京都市区开展业务的可能性，越来越多的金融机构正在建立和加强东京地区以外的备份，特别是在关西地区。有些机构甚至在东京都市区的主要设施和另一个区域的备用设施建立了永久性双重操作系统，用于关键市场运营，并且永久性地为备用设施分配人员。第四，为了确保市场级业务连续性计划的有效性，通过定期演练保持和提高员工技能并分析结果以帮助改进和更新业务连续性计划非常重要。

　　日本私营部门运营的结算系统将东日本大地震及其后政府举措的经验教训，以及 PFMI 对业务连续性的更严格要求纳入考虑范畴，研究和实施业务连续性计划的进一步增强手段，致力于加强人员配置和备份中心建设，与结算系统参与者合作以及定期进行演练。金融市场和私营部门结算系统所做的努力已取得稳步进展，但支付系统业务连续性运行的保障能力仍然需要不断审查和改进，日本银行积极支持市场层面的业务连续性计划和私营部门结算系统的改进举措，并将作为中央银行继续积极为维护金融市场和基础设施的功能作出贡献。日本银行将充分利用各方的调查结果和举措，通过监督、现场检查和非现场监测等手段，深化与私营部门结算系统和金融机构之间对业务连续性计划的沟通和交流，以便帮助改善金融和结算系统的稳定性。

（六）瑞典

在运行风险管理方面，瑞典中央银行执行委员会每年接收 3 次有关瑞典中央银行的运行和财务风险报告，报告中与支付系统相关的风险与其在瑞典中央银行的总体风险负担中的相对权重相对应，瑞典中央银行根据 ISO 27000 对其 IT 安全性进行基准测试。在系统运行方面，瑞典中央银行对 RTGS 系统的运营可靠性目标是：系统可用率为 99.85%、在灾难性事件发生后两小时内恢复运作并能在中断结束当天完成支付交易。为保证 RIX 的运行可靠性，瑞典中央银行已启用连续监测程序、内置的预警系统和明确的运行计划以应付任何系统突发事件，作为其业务连续性工作的一部分，瑞典中央银行组织内部机构和系统参与者一同定期测试其应急预案。RIX 在异地备份站点进行同步镜像，异地备份站点的风险概况与主站点不同。RIX 运行风险政策和程序需要经过包括内部审计和外部审查在内的全面定期审查，以确保其可用性，瑞典中央银行与瑞典金融部门开展系统性合作，以尽量减少支付系统危机事件的影响。瑞典中央银行开展风险控制自评估工作，以确定与 RIX 相关的运行风险的严重性，瑞典中央银行需要至少每 4 个月审查一次与风险相关的工作计划，RIX 应用瑞典中央银行的操作风险管理框架，该框架基于由风险部门开发和维护的欧洲中央银行体系操作风险管理和业务连续性管理框架，确保在风险被识别后有效管理风险。

瑞典中央银行执行委员会负责制定内部控制政策并监督运行风险管理工作，瑞典中央银行内部控制政策规定应尽可能减轻瑞典中央银行面临的风险，该政策进一步规定了三道防线，以确保运营程序在遵循管理运行风险的政策和计划的前提下的适当实施。第一道防线是现金和支付系统部门负责人，负责管理、监控风险并确保政策得到有效实施；第二道防线是风险部门，负责提供实施程序的建议；第三道防线是瑞典中央银行内部和外部重点关注风险管理的审计师，内部审计部门每年对一部分程序和流程控制进行审计。

作为 RIX 确定的最重要的风险，运行风险与构成 RIX 和抵押品管理系统的硬件、软件、通信渠道、抵押品管理系统以及影响运行和操作系统技术人员的事件均相关，瑞典中央银行将系统中包括软件更改、软件测试或手动重启系统在内的任何变更和干预作为运行风险的关键时间节点。瑞典中央银行基于安全性和关键硬件冗余的原则设立了不同的站点，从而有效管理了与 RIX 硬件相关的风险，针对系统软件相关的风险，瑞典中央银行对所有新软件测试都有严格的规定，并实时监控系统的功能。如果系统在变更过程中出现问题，有应急处置流程降低其影响。瑞典中央银行人员规模较小，仅拥有少量受过 RIX 操作培训的员工，瑞典中央银行对所有操作人员进行培训以执行关键的操作任务，降低了流行病等事件对 RIX 运行的影响，瑞典中央银行认为依赖合格的、高素质的关键员工开展工作是有效管理其运行风险的重要方式。瑞典中央银行有一系列信息安全管理措施，如使用 RIX 的个人必须获得安全许可等，这些措施结合高水平的物理安全性和系统中的高级访问控制，能够最大限度地降低欺诈风险。

由于瑞典中央银行将其系统的任何变化视为运行风险的关键时间节点，瑞典中央银行针对项目管理和变更管理制定了明确的政策，并制订了特定的风险管理计划和控制措施。瑞典中央银行的 IT 部门拥有基于 ITIL66 的变更管理流程，并通过应用项目管理框架确保所有重大变更的完成质量，瑞典中央银行每年制订计划，用于测试整个瑞典中央银行的运营弹性，此外，还有针对 RIX 的特殊计划。RIX 计划还包括年度计划，用于测试参与者使用 RIX 备份站点、备份通信渠道和手动流程的能力，RIX 参与者每年测试 1 次瑞典中央银行的备份站点。

RIX 目前有能力满足瑞典市场的需求，如有需要，可以进一步扩大系统的业务处理能力，瑞典中央银行在每次实施系统更新时都会测试实际业务处理能力，并不断评估是否需要进一步提高业务处理能力。随着系统升级，日均业务量从 2009 年的约 8000 笔增加到 2017 年的约 20000

笔，系统的最大业务处理能力约为每小时 45000 笔。限制 RIX 业务处理能力的最主要因素是 SWIFT 接口容量限制，RTGS 系统自身可以处理更多的资金结算指令，RIX 中的冗余和 SWIFT 接口的可扩展性意味着系统存在很大程度的可扩展性，瑞典中央银行每年至少 1 次与参与者讨论系统变更计划，以便解决业务处理能力问题。系统的整体业务处理能力仅在 9 点 30 分至 11 点之间的高峰期使用，截至每日 11 点，系统已处理业务占当日业务量的 81% 和业务总金额的 56%。瑞典中央银行及其参与者明确了解支付系业务的集中程度，并努力降低这一集中度和与此相关的风险，瑞典中央银行正在与参与者就寻找在结算日分摊付款的方法并降低高峰期支付集中度进行沟通。

RIX 通过多层安全措施实现了严格的物理安全管理机制。进入瑞典中央银行受个人身份限制，RIX 的所有工作站仅限具有适当身份的特定个人进入，系统的组件放置于仅供授权人员使用的单独数据中心。瑞典中央银行采用 24×7×365 防护，具备完善的防盗警报和火警等安全措施，上述物理保护水平遵循中央银行的最佳做法，保障支付系统建筑项目和物理环境的安全始终是系统风险管理的首要任务。瑞典中央银行采用由欧洲中央银行系统合作开发的源自 ISO 27000 标准的信息安全框架，RIX 具有严格的信息安全要求，并持续受到监控，监控措施包括入侵检测、日志记录、防病毒保护、严格访问控制和强身份验证等，所有相关的 IT 安全措施都已部署到位并定期进行更新，相关系统的组件和环境也实现了 7×24 小时监控。瑞典中央银行安全框架专为确保在项目中以及应用程序发生变化时正确处理 IT 安全需求而量身定制，该框架每年至少审查 1 次。在变更方面，瑞典中央银行采取的流程包括确定相关的 IT 安全措施并分析其有效性，以及设计、实施和审查措施等，瑞典中央银行建立的运行风险管理流程包括对网络相关风险的分析，这些流程适用于瑞典中央银行开展的所有业务。瑞典中央银行对 IT 提供商具有强制性最低服务要求，并定期评估其对相关要求的履行情况，还参与了专注于网络安全的 SWIFT 客户安全计划，严格测试系统供应商的所有供应情况。

业务连续性计划旨在使瑞典中央银行在极端情况下仍能持续为 RIX 参与者提供可靠服务，业务连续性安排根据其不同内容定期进行每月一次或每年一次的测试和审核。瑞典中央银行建立的所有数据中心均可以运行 RIX 和所有支持系统，并建立了一个不依赖于 SWIFT 的替代通信渠道，作为最终备份，瑞典中央银行制定了系统的手工结算程序并进行定期测试，旨在保障所有结算在延长后的结算日结束时完成，瑞典中央银行和 RIX 参与者都据此建立了经过充分测试的手工结算预案，如果发生大规模灾难使其数据中心不可用，瑞典中央银行将依赖于人工程序提供对外服务。瑞典中央银行将信息反映给独立的应用程序，通过该应用程序瑞典中央银行可以收到从中断时点起所有参与者的最新资金结算指令和账户状态，并以此作为手动程序的起点，确保了可以及时明确交易状态并降低数据丢失的风险。

瑞典中央银行具有连续性措施以维持 SWIFT 系统出现故障情况下的 RIX 通信，RIX Online 是一个基于网络的转账系统界面，参与者可在 SWIFT 失效时通过该界面管理其流动性和基金结算指令，参与者必须定期测试 RIX Online 的可用性，并通过采购的通信渠道 Verizon Financial Network 或互联网与瑞典中央银行进行沟通。瑞典中央银行将努力进一步改进其应急预案，以便无须借助手工程序即可处置更多的危机场景。瑞典中央银行制订了事故和危机管理计划，以处理影响 RIX 的事件和危机，该计划包括对事件处理流程中各角色职责的描述、通信计划和与参与者进行信息交互的流程，涵盖了系统所有相关的内部和外部利益相关方，计划定期进行测试和更新。

作为运行风险年度审核的一部分，瑞典中央银行评估其承担的来自其他机构的风险。瑞典银行允许 Euroclear Sweden 代表其通过管理与证券结算相关的业务以管理中央银行账户，该安排所带来的风险由瑞典中央银行进行识别和评估，为了降低相关风险，瑞典中央银行和 Euroclear

Sweden 建立了相应的管理制度。瑞典中央银行试图建立备份服务来源并制订应急程序，针对不同风险状况拥有不同的处置流程，降低了对服务提供商的依赖。

在访问和参与者要求方面，瑞典中央银行的参与标准清晰、公平、公开，旨在确保参与者具备技术，运营和财务能力，以履行作为支付系统参与者的义务，且不会为其他参与者带来风险。根据规定，瑞典中央银行为所有 RIX 参与者提供理论和实践培训，参与者参加培训之后，须在 RIX 中进行实际测试以验证是否能够正确使用系统。瑞典中央银行每两年对所有参与者是否满足条款和条件中规定的运营和技术要求进行评估，并明确瑞典中央银行和参与者在终止、暂停或拒绝提供服务情况下的权利和义务。在瑞典境外设有注册办事处的机构必须提供一份声明，详细说明申请人所在国家的法律行为，这些行为对条款和条件在该国的有效性和适用性具有重要意义。瑞典中央银行跨部门委员会至少每 3 个月举行一次会议，定期审查参与要求。瑞典中央银行 RIX 参与者的协议条件包括对 RIX 和货币政策工具的条款和条件，条款和条件中的 3 个附件提供了 RIX 说明、附属说明和交易对手应用说明。

瑞典中央银行采用全额成本回收原则。RIX 参与者很少，固定成本占 RIX 成本的很大一部分，所有参与者都使用相同的定价模型，这意味着交易量较小的参与者使用系统的交易成本会更高，瑞典中央银行可能会向 RIX 参与者收取与其加入 RIX 或开发新服务相关的开发成本或未包含在费用设定基础中的其他费用。

瑞典中央银行和参与者在 RIX 中的权利和义务受条款和条件的约束，条款和条件还包括 RIX 中资金结算说明的特殊规则、通信和技术访问、RIX 的操作和授权管理等内容，瑞典中央银行每两年对所有参与者是否满足条款和条件中规定的所有要求进行评估。根据条款和条件，参与者应主动通知瑞典中央银行任何可能对其履行资格要求或 RIX 运行具有重大意义的变更。瑞典中央银行与瑞典金融服务管理局之间建立了有效的沟通机制，通过这一机制可以获得有关国内外银行的信息，有效识别造成风险状况恶化的参与者。瑞典中央银行建立了跨部门委员会，该委员会拥有瑞典中央银行风险职能和金融稳定功能的专业知识，有能力考虑瑞典中央银行应采取的与风险状况恶化的参与者相关的行动。

瑞典中央银行有权出于多种原因清退 RIX 参与者，包括当参与者不再满足参与要求以及参与者不遵守条款和条件等，除此类原因外，条款和条件还规定了瑞典中央银行在清退参与者时应遵循的程序，并允许瑞典中央银行在特定情况下将参与者排除在部分或全部 RIX 服务之外，条款和条件还公布了清退原因以及与清退有关的参与者权利等，瑞典中央银行内部清退流程尚未公开。

RIX 旨在满足其参与者和瑞典市场的需求。瑞典中央银行考虑参与者需求及其使用系统时的成本设计了 RTGS 结算服务、流动性优化机制以及结算时间表等，瑞典中央银行监控其自身成本及其参与者使用该系统的成本和费用的透明度。RIX 有三个可衡量的目标：技术可用性、满意的客户以及全额成本回收，在过去 3 年中，所有目标均能实现。

RIX 的设计、规则和程序以满足瑞典市场需求为目标，结算程序的设计方式使其不会在参与者之间建立风险。瑞典中央银行可通过向参与者提供抵押品信贷来提供流动性，从而降低由于参与者缺乏流动性而导致支付延迟的风险提高支付系统的效率，系统中提高效率的设计还包括队列管理机制。参与者已就 RIX 中使用的清算代码系统达成一致，该系统定义并识别支付业务类型以及支付应使用的 LOM73 账户，该系统也对支付效率产生了积极影响。RIX 中没有金额限制，大部分交易根据瑞典银行家协会制定的"RIX 参与者之间的国内结算和净额结算协议"进行结算，该协议包括处理不同类型清算产品的时间，从而允许参与者能够据此计划预测进行不同支付业务的视角。RIX 中的付款指令与 SWIFT 开发的国际标准以及许多银行内部系统中使用的报文格式相一致，促进了所谓的直通处理，从而提高效率并实现更安全的支付流程。

在开发新功能方面，瑞典中央银行可提供与大额支付系统运行密切相关的额外支付服务。瑞典中央银行提供此类服务的前提是服务与瑞典中央银行作为瑞典中央银行的角色一致，各参与者需为此类服务提供资金，并且服务必须满足由大多数参与者请求，或虽然仅由某一参与者请求但其有助于维护金融稳定。对瑞典中央银行而言，向某一参与者提供额外服务意味着该服务将提供给具有相同条件的所有其他参与者。

瑞典中央银行以多种不同方式收集参与者的要求和意见，建立了如RIX用户组和RIX委员会等许多不同的议事机构，RIX用户组是代表所有参与者的协作组，为进一步开发RIX做好准备并提出建议，RIX委员会是讨论与系统提供支付服务相关的目标和条件、成本、费用和定价、危机和连续性问题、监管问题、项目问题和IT服务等战略问题的小组，此类议事机构为系统带来了高度的透明度。除从参与者获得反馈的渠道外，瑞典中央银行还收集有关监管和大额支付市场发展的信息，以通过积极开发系统满足参与者需求。

根据法律，瑞典中央银行运行支付系统的首要目标是保障系统安全有效运行，瑞典中央银行确定了具体可衡量的运营目标，包括技术可用率99.85%、客户满意度以及全额成本回收等，从而有效评估了RIX运行如何有助于瑞典中央银行实现促进安全高效支付系统的目标。瑞典中央银行每4个月评估其目标的合理性及其实现情况，评估结果在RIX阶段性报告中披露，2015—2017年，RIX实现了系统可用性99.85%的目标。瑞典中央银行每两年进行一次客户调查以确定系统用户对其服务的看法，调查采用问卷形式，调查结论为RIX运行提供了重要参考，2015年和2017年进行的两次客户调查表明，RIX达到了预定的运营目标，客户满意度超过80%。在其年度报告中，瑞典中央银行同样报告目标的实现情况。基于其预算过程，瑞典中央银行建立了定期审查成本和定价结构的机制，参与者充分了解RIX的支出和收入以及会上成本的方式，为确保有效性，瑞典中央银行采用谨慎的风险管理方法来实现适合大额支付系统的低风险环境。

在通信程序和标准方面，RIX 使用 SWIFT 网络和 SWIFT 标准报文处理所有资金结算指令并向其参与者提供信息，RIX 及其参与者之间的通信使用 FIN-COPY 在 SWIFT 网络上进行，RIX 允许参与者通过互联网程序输入其资金结算指令，并将其转换为 SWIFT MT 标准并通过 SWIFT 发送。SWIFT 网络上所有通信均遵循国际通信标准和程序，通信线路通过两个不同供应商的通信线路设置为完全冗余，RIX 仅与其参与者直接通信，系统与其所有直接参与者之间的通信使用 PKI 架构进行加密，抵押品管理系统使用 SWIFT MT 报文标准通过 SWIFT 网络与提供托管服务的机构进行通信，应急通信程序支持在参与者无法使用 SWIFT 时手动输入 RIX 资金结算指令，该应急通信程序使用 RIX Online，交易在未基于 SWIFT 的图形用户界面中注册并转换为 SWIFT MT 标准，通过 SWIFT 网络发送，报文返回 RIX 时，其处理方式与从直接参与者发送并通过 SWIFT 网络传输的指令完全相同，参与者可通过 Verizon 网络或互联网访问 RIX Online。

（七）土耳其

在风险管理方面，运行风险在 CBRT 层面进行最终管理，CBRT 建立了业务连续性委员会负责识别运行风险，并通过制订和测试业务连续性计划有效管理风险，由业务连续性委员会编制的 CBRT 业务连续性战略文件将运行风险来源分为人力、信息（数据和文件）、物理基础设施、网络基础设施和系统等五大类，分别指在总部、安卡拉和伊斯坦布尔分公司工作的所有人员；所有的硬件和软件；系统内外所有类型的原始或处理过的数据和报告；建筑物及其结构特征、技术基础设施和硬件、设备和家具等要素；电话、传真机、外部网络链接和信息通信技术相关设备等要素。除企业级业务连续性计划外，基于 ISO 31000 开发的 CBRT 风险管理框架负责识别、监控和管理内部和外部风险源。

作为 CBRT 支付系统的一部分，EFT 由 CBRT 设计和开发，设计原则注重快速恢复能力、稳定性和恢复工具。CBRT 支付系统通过使用硬件和网络中的完全冗余机制消除了潜在单点故障造成的风险，系统每年针对此类功能和设施进行评估。根据 CBRT 的内部评估，IT 系统的主要和次要数据中心被归类为第三级，该级别数据中心设计正常运行时间占比为 99.9%，CBRT 要求与提供服务相关的关键工作人员至少需要有一位备份人员，确保了系统能够持续提供关键服务。此外，业务连续性计划还描述了 CBRT 工作人员执行关键操作需遵循的步骤，且关键操作的指南和程序需形成文档，以便工作人员可在紧急情况下执行操作，信息和文件根据 CBRT 信息安全、规则保存和备份，关键数据在防火保险柜中保存两份，其中一份位于备份中心。近年来，CBRT 支付系统的人力、信息、物理和网络基础设施以及信息系统方面未出现任何单点故障。

CBRT 支付系统风险管理框架包括目标和原则、角色和责任、审计政策以及框架应用的流程和细节，系统的运行风险也在此框架内进行管理，系统的业务连续性和灾难恢复管理场景在系统业务连续性应用计划中定义，在系统灾难恢复和应急指南中给出了参与者在应急场景出现时应采取的行动，包括技术和操作程序，相关文件已向参与者公布。CBRT 支付系统拥有涵盖人员、流程和系统的全面运行风险管理框架，该框架每年审查一次，使用 ISO 27001 和 ITIL 等 IT 风险管理框架的行业最佳实践，并使用基于行业标准和最佳实践开发的流程和程序来解决人员问题。CBRT 具备定期的 IT 安全评估机制，并有专门的组织负责监控和管理 IT 安全。CBRT 具备完整的备份站点与主站点进行负载分担，同时具备一套使用完全不同的软硬件平台开发的应用软件包以降低软硬件对基础设施同时产生影响的风险，特别是网络风险。CBRT 的业务连续性计划仅包括与 CBRT 支付系统基础设施有关的情景，并未包括内外部发生的可能造成广泛影响的情景。所有参与者均被包括在系统业务连续性计划中，且所有参与者均报告具备自己的业务连续性计划，但部分参与者在业务连续性计划质量和网络恢复能力方面存在一定不足，因此，CBRT 及其参与者正在拟定新的业务连续性计划以覆盖更加复杂的场景，从而全面覆盖源于其他 FMI 和参与者的业务连续性风险。CBRT 将其对其他 FMI 构成的风险作为评估参与者及其风险框架的一部分。

在规则、流程及内控制度方面，EFT 系统最主要的运行风险来源是信息系统，由硬件、软件和通信基础设施组成，作为 CBRT 支付系统的一部分，EFT 系统使用 CBRT 专有的企业信息技术平台开发，考虑到该平台的灵活性、稳定性、安全性和容量规划，关键 CBRT 服务均在此平台开发运行，该平台使用最新的软硬件设施，根据行业标准和最佳实践，按照预先审定的书面流程开发应用程序。CBRT 建立了基于 ISO 27001 的信息安全管理体系以确保所有信息资产的机密性、完整性和可用性，全部安全措施、内控制度和测试都根据信息安全策略的原则和目标开展，所有IT 运营范围内的服务均根据 ITIL 框架进行分类并签订服务水平协议，与CBRT 支付系统相关的事件、问题和服务请求根据该体系管理，CBRT 支付系统服务台是执行服务操作的唯一联系点。

CBRT 企业组合和项目管理方法根据项目管理协会的方法制定，变更管理和配置管理根据 ITIL 进行，IT 组合、项目、变更和配置管理活动均根据事先审定的流程进行，此类流程基于标准和最佳实践建立，且在每次重大变更后，CBRT 都会对其进行检查和测试，测试在类生产环境执行以尽可能减少所有潜在风险。系统在生产环境中进行的更新需经批准、监控、测试后方可投入使用，且须遵循预先设定的流程，最大限度地减少了变更带来的风险。CBRT 支付系统的所有升级项目均充分考虑预算、人力资源和时间安排等因素，并在与相关部门合作进行规划后根据公司项目和投资组合管理方法进行管理，项目在法律责任、成本效益分析和风险评估的结果满足一定标准的前提下可被优先考虑。

人力资源导致的风险由 CBRT 人力资源部管理，CBRT 聘请各领域的专家和专业人员，并通过全面的培训不断提高现有人员的知识和技能，除世界银行内部培训外，其工作人员还参加了土耳其和国外其他组织或

205

机构的短期或长期培训，其员工流失率非常低。商业行为守则、信息安全规则以及违约惩罚条款在 CBRT 纪律条例和 CBRT 信息安全政策中有明确规定，并向所有员工公布，CBRT 定期开展活动向员工介绍信息安全情况并提高其对相关规则的认识。根据世界银行授权政策要求，系统中关键流程需至少由 2 名员工授权方可进行，相应的身份验证机制基于用户标识和密码，用户 ID 在系统中标记为特定的 IP 地址。

在管理架构方面，CBRT 董事会于 2009 年 12 月成立的业务连续性委员会负责确保业务连续性并降低企业层面运行风险，该委员会由 CBRT 副总裁担任主席，由相关部门的执行董事组成，并任命由相关部门代表组成的工作组开展业务连续性管理活动，该委员会在必要时需向 CBRT 执行委员会报告，并至少每年向董事会提交一次报告。作为 CBRT 业务连续性研究的一部分，CBRT 通过影响和风险分析的方法确定了 EFT 的关键流程，至此，CBRT 支付系统业务连续性应用计划已编制完成，企业层面恢复团队的角色和职责在其业务连续性战略文件中明确，而该团队的详细信息也在 CBRT 部门级业务连续性应用计划中明确。CBRT 支付系统中包括运行风险在内的所有类型风险均在其风险管理框架下部门层面进行管理，该框架按需或至少每年一次进行审查和更新，在该框架下开展的管理活动以及风险评估结果每年需至少向执行委员会提交一次，并作为绩效计划和报告的一部分提交给 CBRT 董事会。

在业务连续性保障方面，CBRT 业务连续性策略将关键流程的可接受停机时间定为 1 小时，即系统关键功能需在 1 小时内恢复，最终结算最迟需在当日结束之前完成，CBRT 为每个子流程定义恢复时间和恢复点目标以维护关键业务功能，该业务连续性策略至少每年测试一次，CBRT IT 部门的绩效计划将 EFT 系统的主计算机系统、数据库和通信基础设施包括在内，要求其年度正常运行时间占比需超过 99%。除业务连续性目标外，IT 部门的绩效计划还包括与 EFT 系统的技术性能相关的绩效目标和指标，如 EFT 和 ESTS 平均结算时间的绩效目标规定为 30 秒，RPS 规定为 60 秒，系统交易量和平均处理时间每日在用户组网站上发布并在 CBRT 支付系统月报中体现。

作为服务管理实践的基础工作，CBRT 创建服务目录并向参与者公开发布，包括提供的所有服务以及指定的服务协议。CBRT 使用服务管理应用程序实时监控系统组件中的事件和事故，一旦出现事故，程序将立即通知相关方并将事件记录在数据库中，并且可以向参与者发送通知，所有事件都在 CBRT 支付系统月报中体现，CBRT 会对事件响应时间超过承诺服务水平协议的服务商作进一步评估，并建立了问题管理系统分析事件的根本原因。IT 部门 2015 年度绩效目标是事件平均解决时间为 5 分钟，CBRT 监测此类绩效目标及其落实情况，并将结果每年提交给 CBRT 委员会。此外，用户满意度通过事后调查衡量，相关调查结果也将体现在 CBRT 支付系统年度报告中。

为实现运营可靠性目标，CBRT 制定了定期进行全面测试的规则，灾难恢复测试、功能测试、容量和性能测试均根据 CBRT 业务连续性应用计划执行，在信息安全规则的框架下建立的信息安全管理系统确保了 CBRT 所有信息资产的机密性、完整性、可用性以及使用规则。支付系统业务连续性计划重点关注可能的应急场景造成的影响，包括关键基础设施和服务等导致的运营中断的极端情况，该计划的目标是发生破坏性事件时在 1 小时内恢复系统运营，该计划还包括相应的备份手段，如使用紧急应用程序包、使用完全不同的软硬件平台构建的工具、支持在不同平台上执行系统操作等。CBRT 具备了在日终前无法完成最终结算时延迟日终的正式程序，根据该计划，在紧急情况下，CBRT 通信和对外关系部负责与大众媒体、银行监管机构、财政部下属机构、伊斯坦布尔 Borsa 银行以及在 CBRT 开展业务的其他任何机构进行信息交流。此外，该计划还明确了在紧急情况下的恢复团队及其角色和责任，除该团队外，紧急情况下其他团队也会致力于满足支付系统运营所产生的额外需求，如计划中明确的特殊技术和运营任务组的角色和职责。CBRT 支付系统在两地以连续备份和负载分担模式运行，并在二级站点建立了灾难恢复管理中心，配备相应人员以及恢复运营所需的基础设施和硬件。CBRT 通过两个不同服务提供商提供的两个物理独立网络以及运用两种不同的网络技术来保障网络基础设施，从而尽量降低了第三方服务提供商带来的风险。如果两个基础设施同时发生中断，可使用紧急应用程序包，但其运用可能会通过影响数据完整性影响到 RTO。

CBRT 的业务连续性计划至少每年审核一次，并在特定功能和流程下对该计划有效性进行测试，以确保计划的完整性、基础性和适用性，且 RTO 和 RPO 目标可实现，同时确定需要改进的方面。业务连续性计划的灾难场景每年至少测试一次，但当业务流程、人员或计划本身发生变化时也可进行临时测试，此类测试包括参与者，特别是具有系统重要性的参与者，此外，CBRT 相关部门还会支持并配合参与者测试自身业务连续性安排。CBRT 在必要时会进行专用问卷调查以评估参与者业务连续性和灾难恢复准备水平，并收集其建议、意见和期望。CBRT 前期对所有参与者进行调查以收集有关其业务连续性计划、网络弹性以及业务连续性计划质量的信息，调查问卷包括 4 个主要方面：与机构整体业务连续性和灾难恢复有关的活动、CBRT 支付系统参与者的业务连续性和灾难恢复计划、该机构网络弹性工作开展情况、CBRT 为系统灾难恢复提供的应用和服务反馈。所有未回答的问题视作否定答复。调查结果的重点如下：所有参与者均具有确定的业务连续性计划，超过半数参与者遵循 ISO 22301 或 BS 25299 等通用标准；几乎所有参与者的业务连续性计划由内、外部审计定期审核；几乎所有参与者都明确了与 CBRT 支付系统相关的关键流程、其在业务连续性计划中的角色和责任以及在紧急情况下的最低服务水平；所有参与者均具备灾难恢复中心或辅助站点以在主站点发生灾难时使用，其中 34 个参与者的辅助站点与主站点相同；几乎所有参与者都定期测试其灾难恢复计划，近半数参与者在测试中包含两个站点同时失效的情景；37 个参与者在制定业务连续性目标时

考虑了网络安全事件，28 个参与者针对网络事件采取特殊处理措施，30
个参与者拥有内部网络事件响应团队，部分参与者将网络事件的识别、
检测、响应、恢复等服务外包；所有参与者均通过外部安全公司或内部
专家定期进行渗透测试，且制定了信息安全政策，提高员工的网络安
全意识；参与者大多对 CBRT 提供的支付系统灾难恢复应用和服务给予
了积极的反馈，并认为 CBRT 提供的信息和沟通渠道数量足够多、足够
好；部分参与者甚至提出测试次数应该增加并更全面。CBRT 运用该调
查结论更新 CBRT 支付系统业务连续性实施计划以及系统灾难恢复与应
急指南。

　　业务连续性委员会在年度测试计划中明确测试场景，各部门根据该计
划开展测试，部门测试计划由业务连续性委员会批准并评估其结果，全部
测试过程和结果需经审计部门审计。与业务连续性相关的测试活动和定期
改进可能涉及关键参与者、所有参与者或与系统相连的 FMI，CBRT 还与相
关部门合作以满足利益相关方对业务连续性计划进行测试的要求。

　　在安全策略方面，CBRT 信息安全规则明确了确保所有信息资产的机
密性、完整性和可用性的原则，并明确了使用此类资产的流程，其中关
于信息安全规则的物理和环境安全的章节规定了关于 CBRT 办公场所安
全区域和设备安全的原则和程序以及确保物理和环境安全的原则和程序，
以防范未经授权访问和破坏 CBRT 建筑物和设施中的数据、工作区域、人
员和设备所造成的风险，此外，CBRT 预防性安全服务指令对信息安全规
则具有约束力，以遵守确保人身安全的规则，系统项目管理和变更管理
流程根据信息安全规则中的物理安全原则进行。

　　CBRT 信息安全管理体系和信息安全规则基于 ISO 27001 标准，信息
安全规则规定了确保 CBRT 所有信息资产安全的原则和程序，所有信息资
产已经在信息安全管理系统内确定，该原则还对可能的威胁进行影响分
析，并采用适当的内控措施消除风险。CBRT 定期进行有关信息安全管理
体系的研究，提出问题和成果由信息安全委员会评估，该委员会由 IT 部

门的执行董事主持，其成员是安卡拉所有部门的副总经理和 CBRT 安卡拉分部的负责人，该委员会每年收集信息并根据年度评估结果编制运行计划，该委员会每年向执委会和 CBRT 董事会报告。

除专用网络外，CBRT 支付系统所有组成部分均使用 CBRT 内部资源开发，尽管网络由 BAT 拥有并由 CBRT 运营，但电信服务由第三方服务提供商提供，该网络包括两个不同的服务提供商提供的两个互为冗余的接入网络，从而从物理分离和技术多样化等方面最大限度地降低了服务提供商带来的风险，作为获取核心网络服务的延伸，CBRT 就支持和维护服务与服务提供商签订了详细的协议，并在合同期末由所有相关部门对服务进行评估。在系统风险管理框架下，所有参与者特别是关键人员和相关 FMI 的风险也能够得到恰当处置，为此，系统关键参与者通过定期网络分析确定风险。由于 CBRT 支付系统是土耳其国家支付系统的主要构成部分，且部分其他 FMI 通过该系统进行转账和每日最终结算，因此 CBRT 支付系统的任何中断都可能直接影响到其他 FMI。CBRT 明确了可接受的服务恢复时间，开发并不断改进了用于恢复时间关键过程的备选方法，如紧急应用程序包、用于参与者接口系统的离线连接设施以及手动程序等。

在通信程序与标准方面，参与者与 CBRT 支付系统之间的信息交互通过安全服务和使用基于 XML 的专有报文格式通过封闭的专用网络进行通信，并仅在国内提供服务，没有国际业务，参与者通过参与者接口系统访问系统，系统的企业信息平台提供了参与者应用程序集成，参与者可访问参与者接口系统中用于完成交易的完整直通处理功能，许多参与者以直通式处理模式访问 CBRT 支付系统。CBRT 支付系统升级换代期间，CBRT 曾考虑使用 ISO 20022 格式，最终根据参与者反馈决定使用基于 XML 的专有报文格式，该报文格式易于按照需求添加新报文、改进当前报文或转换为其他报文格式，系统使用国际银行账号（IBAN）和国际证券号码（ISIN）作为代码，参与者由 CBRT 分配的四位数代码定义，此类代码易于转换为 SWIFT 中使用的 BIC。

在系统资源压力测试方面，压力测试和性能测试在与生产环境类似的测试环境中进行，如有必要，CBRT 会在所有重大变更后重复性能测试。CBRT 可调整系统处理能力，以便系统在长时间中断后恢复运行时可在一小时内或日终前处理完积压报文，CBRT 持续监控总业务量，并定期报告当前业务量、业务增量、业务高峰日及相应的预测业务量，CBRT 还定期审查系统的资源需求，监测整个系统各组成部分的运行情况和资源使用情况，并针对特定参数制定了基于阈值的预警机制。

（八）中国香港

在运行风险方面，CHATS 确定了合理的运行风险来源，设计并实施了适当的系统、规则、流程和内控措施管理风险。CHATS 的监管部门作为金管局内部部门运作，其职能受金管局风险评估和管理框架约束，该框架要求定期评估与该部门有关的各方面风险，并采取有效措施预防和处理相应风险。中国香港金管局将 CHATS 作为关键的信息系统职能列入优先事项，以便在发生大规模或重大破坏时立即恢复运行。

由 HKICL 提供的风险管理和业务连续性管理流程确保系统运营者能够及时恢复系统功能，HKICL 董事会负责分配运行可靠性绩效目标，并制定严格的运行风险管理要求，该董事会特别重视确保运营弹性和有效的业务连续性安排。HKICL 制订了确保网络恢复能力的计划，其运营规则、流程和内控制度旨在实现维持 CHATS 高系统可用性目标（超过99.5%），系统设计具备可扩展性以适应当前硬件性能水平下的支付压力，进行重大变更前后会进行彻底的审查和测试。计算机系统、内控制度、操作规则和流程需经外部审计员和认证机构在 ISO 标准下进行常规计算机审计、操作审计和认证审计，HKICL 制订计划遵守 CPMI 和 IOSCO 发布的《金融市场基础设施网络抗灾能力指南》和金管局发布的网络安全强化计划以应对网络威胁。HKICL 采用全面的业务连续性计划安排应对可能导致业务中断甚至是大规模中断的重大风险事件，业务连续性计划为系统运营者提供安排以应对计划外服务对 HKD CHATS 的干扰，并协助中断时及时恢复 HKD CHATS，HKICL 定期审查业务连续性计划并在必要时更新，且设立了相应的程序确保其反映最新的系统变化。

有效率与效力方面，HKD CHATS 在满足参与者及其所服务市场的要求方面是有效和高效的，除经营 HKD CHATS 外，中国香港金管局金融基础设施管理部门也负责制定长远策略促进中国香港金融基建的发展、卓越运作、安全和效率。自 1996 年投产以来，HKD CHATS 提供可靠及有效率的银行同业支付系统，有助于维持中国香港作为国际金融中心的地位、中国香港金管局的金融市场基础设施监管牌照部门根据《支付系统及储值设施条例》进行的有效监督进一步确保了 HKD CHATS 的有效性、效率和安全性。除制定长远发展策略外，中国香港金管局金融基础设施管理部门也与有关机构合作探索能够提高 HKD CHATS 运作效率、成效及安全的新措施。HKICL 为监督运营表现制定了明确界定和可衡量的目标并公开发布，以保证对外提供安全、高效和有效的解决方案，并由中国香港流通服务董事会、中国香港国际金融公司及中国香港金管局的金融市场基础设施监管牌照部门定期审视。HKICL 定期开展用户满意度调查以获取用户和业务合作伙伴对其服务的反馈并确定需改进的方面，参与者可利用此调查反馈有关系统功能的意见和建议。

在通信程序与标准方面，HKD CHATS 采用国际认可的通信程序与标准以促进有效支付、结算、清算和记录，SWIFT 网络（SWIFTNet）是用于处理 RTGS 支付的国际公认的通信运营商网络，使用 SWIFT 标准有助于海外用户在无须任何专有技术或特殊安排的前提下通过 SWIFTNet 以与本地用户相同的方式访问 HKD CHATS。因此，中国香港内外用户的操作程序、流程和系统使用情况是相同的。

二、技术体系架构

（一）美国

在与外部金融市场基础设施连接方面，与美国 Fedwire 连接的外部系统主要有 CHIPS 和 ACH。CHIPS 账户头寸来自参与机构的 Fedwire 账户，因此参与机构注资和日终资金清零需在 Fedwire 营业时间内，即 CHIPS 总体营业时间应在 Fedwire 营业时间内。

▼ 专栏 4-4

CHIPS 运维标准化——变更管理流程

1. 普通变更的处理流程

普通变更是指对系统的规则、程序或操作有实质性影响，并可能影响系统风险水平的变更，此类变更应至少提前 60 天向董事会提出申请，变更申请应说明对系统、参与者或市场风险带来的变化和预期影响，并明确指出已经确定的风险，可能要求提供的额外信息包括变更对支付、清算或结算活动的风险评估，以及风险管理上的可行性，申请未通过的变更不得实施。董事会应在收到申请的 60 天内给出变更是否通过的决定和具体的变更时间，如未在提出申请后的 60 天内收到反对意见则视为可以实施变更，对于 60 天审查期间不能完全决定的重大系统变更，可书面通知将审查期限延长 60 天。收到对计划变更没有异议的书面通知后，可以提前执行变更，也可以在审核期结束前实施计划变更。

2. 紧急变更的处理流程

当未立即实施变更会导致系统无法继续安全、稳定地提供对外服务时，应在实施变更后 24 小时内向董事会提供紧急变更申请，紧急变更申请除应包含与普通变更申请的相同内容项外，还应描述紧急情况详情以及实施变更可以保障系统继续提供安全、稳定对外服务的原因。如果发现变更不符合《多德—弗兰克法案》规定的任何适用于支付系统的规则、命令或标准，则可能要求修改或撤销变更。

在报文标准方面，美国 Fedwire 使用自行设计的报文标准，能够与 SWIFT MT 以及 CHIPS 系统的报文相互转换。Fedwire 计划分三个阶段过渡到 ISO 20022 报文标准，第一阶段到 2020 年 11 月 23 日为止，主要任务是配合 SWIFT MT 对发起行和接收行域的修改，并简化以向 ISO 20022 过渡做准备；第二阶段从 2022 年第一季度到 2023 年第三季度，逐步推进迁移工作，先将要素和字段长度与 ISO 20022 兼容的老报文迁移到 ISO 20022，再迁移其他报文，至该阶段结束将停止老报文的使用；第三阶段到 2023 年第四季度为止，主要任务是对 ISO 20022 报文进行改造或定制化。

▼ 专栏 4-5

CHIPS 通信程序及标准

TCH 采用多协议标签交换网络（MPLS）和综合业务数字网（ISDN）两种通信网络，它们是国际公认的通讯程序，均使用 IBM WebSphere®MQ。CHIPS 消息使用 CHIPS 专用的报文格式，该格式与 SWIFT 和 Fedwire 报文格式兼容并易于转换，TCH 定期与 SWIFT 和美联储批发支付办公室进行沟通协调，以使 CHIPS 报文格式的同步变更能更好地支持 SWIFT 和 Fedwire 的报文格式，例如，TCH 在 2017 年对 CHIPS 报文格式进行了更改并发布了转换指引，以响应 SWIFT 的全球支付倡议。TCH 和其他美国相关部门机构于 2016 年进行了一项研究，探讨采用 ISO 20022 这一国际金融报文标准的可行性，而后 TCH 和美联储批发支付办公室宣布计划将 CHIPS 和 Fedwire 的报文格式从目前的专有格式转换为 ISO 20022。根据 TCH 预期，该转换将改善 CHIPS 报文的全球交互性，并提高 CHIPS 参与者的效率。TCH 与 WPO 已于 2017 年合作启动了实施 ISO 20022 的长期计划，TCH 计划在 2021 年完成其首次 CHIPS 转换，并在 2023 年完成第二次转换，提供更广泛的支付信息。

在系统接入方面，参与者可通过计算机到计算机（FedLine Direct，直连方式）或基于浏览器访问（FedLine Advantage，间连方式）使用 Fedwire，参与者通常使用直连方式进行大额资金转账，而使用间连方式进行小额资金转账，参与者还可通过电话离线访问渠道访问 Fedwire。

在业务连续性方面，美联储采取包括建立多个异地备份中心等多项措施确保 Fedwire 服务的可用性，定期测试 Fedwire 在包括设施、硬件、网络或人力等各种应急情况下的业务连续性程序，以确保在发生本地、区域性或更大范围中断时及时恢复系统运营。Fedwire 应用程序及其恢复预案定期进行修改和测试以应对各种新风险情景，美联储每年进行 4 次业务连续性测试演练，并要求业务量或者业务总金额较大的重要参与者必须参加 2~3 次的应急演练，且其中至少有 1 次使用参与者自身备份站点。2013 年，约 30 家参与者参加了 3 次应急测试，约 50 家参加了 2 次测试，其他客户则必须在测试环境中参加测试。在发生业务连续性事件时，Fedwire 会为参与者生成端点总体报告和对账差距报告，端点总体报告列出输入和输出报文的借方、贷方和关联的消息计数，也包括被拒绝、忽略或未接收报文的总数以及下一预期的输入和输出的报文序列号，对账差距报告包含每个端点分布的未处理输入和输出报文序列号，参与者可根据这两个报告进行报文重发等工作。对于参与者本身的故障，Fedwire 提供离线服务帮助其继续开展业务，该服务大致每日处理约 500 笔离线交易。

▼ **专栏 4-6**

CHIPS 业务连续性

TCH 的业务连续性管理由基础设施、系统、政策和程序组成，保障系统能在发生大规模中断或重大中断的情况下快速并及时恢复 CHIPS 业务。TCH 拥有业务连续性计划，该计划通过运用距主要站点足够远的次要站点，使包括信息技术系统在内的关键系统在破坏性事件发生后不迟于 2 小时内恢复运行，所有业务能够在中断的当天日终前完成处理，并至少每年进行一次测试。

TCH 拥有一个实时备份站点，该站点与 CHIPS 主站点距离足够远，因此具有与主站点截然不同的地理风险特征。备份站点可在主站点发生后的 60 分钟内恢复 CHIPS 运行，具备主站点的所有功能，包括在 CHIPS 账户中进行结算和在当日结束时分配头寸，CHIPS 每季度在备份站点进行运行测试。TCH 还与纽联储共同制定了应急预案，根据该预案，TCH 可以要求 Fedwire 服务延长至 18 点 30 分后，或通过离线程序完成线下交易。

（二）英国

在与外部金融市场基础设施连接方面，英国 CHAPS 与 CREST 之间存在连接关系，并支持 CREST 通过开设在 CHAPS 的账户进行资金结算。在报文标准方面，英国 CHAPS 目前支持两类 SWIFT 支付业务，分别是 MT103 单笔客户汇款报文和 MT202 金融机构汇款报文。英国支付系统正在向新兴的 ISO 20022 报文交换标准转换，CHAPS 及其参与者均需进行适应性改造以迁移至该标准，英格兰银行与负责运营 FPS 和 Bacs 的新支付系统运营商密切合作，设计了在3个系统中均可使用的标准报文，该报文同时与采用 ISO 20022 标准的海外支付系统兼容。

在系统接入方面，CHAPS 为直接参与者的清算账户提供实时清算支付服务，要求直接参与者使用支付报文网络（SWIFT FIN Copy）连接直接参与者端并使用 SWIFT 接口服务部署其系统，以连接网络并处理直接参与者发送和接收的报文，CHAPS 的账户系统同样部署 SWIFT 接口服务以连接网络并启动结算流程，CHAPS 账户系统可被视作 RTGS 的处理器，参与者可在此获得日间流动资金、抵押担保等。英格兰银行提供基于网页的查询工具以便账户拥有者管理其账户，CHAPS 直接参与者可将该工具用于支付业务队列管理。

在业务连续性方面，英国中央银行设立面向银行业参与者的压力测试，以检测虚构的极端情景对系统中个别银行业参与者乃至整个银行业的潜在影响，英国中央银行可通过该测试了解银行业参与者的高可用性，以及是否有足够的资金抵御冲击以在业务压力事件发生时能够保障系统运行。该测试有两种类型：一是英国中央银行对英国最大的银行和房屋信贷互助会进行的年度压力测试，测试结果为财务政策委员会和审慎监管局提供决策依据；二是要求不属于年度压力测试范围内的公司必须进行自己的压力测试，审慎监管局每6个月发布一次场景，作为银行和房屋信贷互助会的场景指南。

（三）欧洲

在与外部金融市场基础设施连接方面，截至 2016 年底，TARGET2 单一共享平台连接了 80 个辅助系统，包括 24 个零售支付系统/结算所、30 个证券结算系统和 4 个中央交易对手。在这 80 个辅助系统中，有 58 个使用了辅助系统接口，该接口是为促进和协调 TARGET2 中系统的现金结算而开发的功能，其他辅助系统则使用为参与者开发的接口。在报文标准方面，欧洲 TARGET2 使用 SWIFT FIN 报文和 XML 报文两类报文，其中付款模块使用 SWIFT FIN Y-Copy。TARGET2 曾制订了从 SWIFT MT 报文向 ISO 20022 报文迁移的计划，但后续根据参与者反馈取消该计划，TARGET2 目前仍有向 ISO 20022 迁移的意向，但并未决定具体时间表。

在系统接入方面，TARGET2 支持 SWIFTNet、互联网、专网和应急网络等接入方式，专网用于连接不同处理中心，参与者可通过 SWIFTNet 和互联网接入。在互联网接入模式下，参与者可访问专用的信息和控制模块 U2A 接口用于转账、信息获取和控制，但将不会收到来自 TARGET2 的 MT 103（+）、MT 202（COV）、MT 204、MT 900/910、MT 940/950、MT 012/019 等报文，因此，基于互联网的参与者必须在工作日通过信息和控制模块监控账户活动，TARGET2 会在日间提供包含前 10 个工作日的账户对账单供参与者下载。应急网络是 SWIFT 网络故障时的替代，它基于 Eurosystem 的封闭网络 CoreNet 和欧洲所有国家中央银行连接，仅中央银行和单一共享平台能够直连 CoreNet，通过身份验证的中央银行用户可以监控支付业务处理，并使用信息和控制模块接入关键支付业务和更新辅助系统文件。2016 年，Eurosystem 根据 ISO 27002 更新了信息安全框架，并根据 CPMI 和 IOSCO 于 2016 年 7 月 29 日发布的《金融市场基础设施网络抗风险指导》提高网络抗御能力。为防范运行风险，英国中央银行为 TARGET2 基于 ISO 27002 制定了全面的风险管理框架，参与者新加入 TARGET2 或现有参与者变更任何主要组件时需进行测试，英国中央银行为 TARGET2 提供功能与生产环境相同的单独的单一共享平台用户测试环境，参与者需从其在单一共享平台静态数据中定义后到实际上线前在生产环境中进行早期连接测试。

在业务连续性方面，TARGET2 按照"两地四中心"原则建设，其运营设施位于欧洲两个不同地区，且在每个地区均配备两个独立的位于不同风险特征地区的运营中心。每个地区的两个数据中心的距离都在几公里范围内，并通过光纤连接，两个数据中心安装相同的技术资源，但在 UPS 空调等基本物理环境上有可接受的差异，地区内的数据中心恢复采取同步远程复制技术保证两站点数据的实时同步更新，同一区域内系统恢复时间最多为1小时，并保证不会丢失数据，系统平时在单一站点运行，另一站点做好运行接管准备。系统在不同地区间采用异步远程复制实现数据同步，区域间恢复时间最多为2小时，该过程中可能有数据丢失，但可通过SWIFT检索找回数据。应急模块是加入TARGET2单一共享平台中央银行的必备工具，是包括访问SWIFTNet服务所需的所有功能的独立模块。TARGET2安全和控制要求规定，关键业务要在30分钟内处理，其他业务要在同一工作日处理；工作日结束时间最多推迟2小时；当主运行区域发生故障时，次运行区域必须在2小时内启用。不同地区间每6个月进行一次运行环境切换并定期进行测试以保证恢复程序的正确性，除内部测试外，系统还对市场、核心清算和结算组织以及服务提供商进行测试。系统的风险管理框架还包括侧重于关键参与者的安全性和运行可靠性的措施，关键参与者需遵守详细的业务连续性、应急措施和信息安全要求并进行测试。如果TARGET2参与者发生故障，其备用功能可由其所属中央银行激活，该功能允许参与者通过信息和控制模块发送业务报文，如果TARGET2参与者无法访问该模块，则其所属中央银行可以代为该参与者输入支付指令；如果TARGET2的参与者及其中央银行均无法访问该模块，则TARGET2单一共享平台可以代中央银行输入支付指令；如果SWIFT网络发生故障，中央银行可以通过其应急网络与单一共享平台通信，如果应急网络也发生故障，单一共享平台可以代替中央银行为其参与者输入支付指令。

表4-3 TARGET2系统灾难事件分类及定义

灾难事件类型	描述
短期连续性失败	短暂的服务中断小于1小时，一年最多可出现6次。恢复后必须在30分钟内通过紧急措施处理关键业务
重大失败或灾难	需要启用备用站点
区域灾难	需要启用其他区域站点

资料来源：欧洲中央银行官网。

在系统变更方面，TARGET2 每年与当年 11 月的 SWIFT 标准同时发布变更计划，但在特殊情况下可以安排中期发布或者在特定年份不发布。TARGET2 年度发布周期总计 21 个月，TARGET2 用户可及早获得信息以便对所有变更进行适当规划和预算编制，从而保证了给各方提供足够的时间进行讨论、优化、实施和测试。Eurosystem 在前一年 2 月确认当年的版本发布并尽可能遵循表 4-4，但在及时与用户委员会协商后可存在一定偏差。第一次用户咨询从所有用户收集功能变化建议，第二次用户咨询收集用户对第一次用户咨询后变更清单变化的反馈。如果系统出现问题需立即变更，以避免服务中断等紧急情况出现时，进行紧急变更，此类变更可能在系统工作日进行，如果紧急变更可能影响用户使用，则将通过信息和控制模块发布通知。

表 4-4　TARGET2 系统更新发布周期示意表

上线前一年	2 月中旬	确认最终日期
	3 月初至 4 月中旬	第一次用户咨询
	9 月中旬至 10 月中旬	第二次用户咨询
上线当年	11 月中旬	关于发布内容的沟通
	3 月初	用户详细功能规格交付
	4 月中旬	测试计划和方案交付
	8 月底	开始用户测试
	11 月中旬	上线

资料来源：欧洲中央银行官网。

（四）澳大利亚

在与外部金融市场基础设施连接方面，与澳大利亚 RITS 连接的外部系统有 Austraclear、澳大利亚清算所电子登记系统、NPP、资产交易系统、银行卡网络和 CLS 等。在报文标准方面，澳大利亚 RITS 采用 SWIFT MT 报文标准。在系统接入方面，参与机构与外部系统通过 SWIFT 或者互联网通讯。

在业务连续性方面，澳大利亚中央银行在两个地理位置相距较远的运营地点安排了 RITS 的永久运营和技术支持人员，并允许从任一站点进行 RITS 操作，确保某一站点中断时业务可无缝衔接，关键的运营和技术支持人员在必要时也可远程连接到系统以执行基本操作。RITS 的设计具有高度技术冗余，包括组件故障时自动转移等功能；每个站点都存在多版本的关键组件，包括基础架构、网络、数据库和应用程序等；活动站点的数据将同步复制到备用站点，确保发生故障时数据不丢失；如果设备或组件发生故障，则系统首先转移至活动站点上运行的冗余系统，当活动站点主备设备均发生故障或活动站点中断时才切换到备用站点。RITS 从主站点切换到备用站点的目标时间为 20 分钟，澳大利亚中央银行每年会在两个站点之间轮换，该过程对参与者公开。为确保业务连续性安排的时效性，澳大利亚中央银行定期进行审查和测试，涵盖以下各种应急方案：现场组件故障、故障转移到备用站点时活动站点的总系统故障、远程访问站点系统故障、外部基础设施中断以及整个站点中断，澳大利亚中央银行每年会定期通过桌面推演和测试系统演练等方式进行应急模拟。

（五）日本

在与外部金融市场基础设施连接方面，日本 BOJ-NET 可分为 BOJ-NET FTS 和 BOJ-NET JGB，BOJ-NET FTS 通过在金融机构的银行活期账户存款之间转移资金来处理货币市场交易和与 BOJ-NET JGB 交易相关的资金结算，主要交易类型包括银行间货币市场交易；日本国债、公司债券和其他证券交易的资金结算；Zengin 系统、账单和支票清算系统、外汇日元清算系统以及其他私人 FMI 的资金结算；日本银行与其参与者之间公开市场操作的结算以及纸币的支付和收款。在报文标准方面，日本 BOJ-NET FTS 的报文标准一部分采用自定义 XML 格式，另一部分则采用

ISO 20022 标准。

在系统接入方面，BOJ-NET 提供计算机接入和基于 PC 的终端两种接入方式，这两种接入方式都要求参与者进行交互操作性测试和压力测试，交互操作性测试用于检验参与者向系统发送格式正确的支付指令的能力以及系统与参与者内部系统之间的交互操作性，所有新加入的参与者均需参加测试，通过计算机接入的参与者还需进行计算机连接测试，日本银行会预先指定测试时间和测试内容，进行连接测试前须使用"日本银行模拟器"进行全面检查，测试有专用网络，参与者通过测试后需提交结果，审批通过后系统会变更 BOJ-NET 虚拟专用网络连接程序，从接入测试网络变更为接入生产网络。BOJ-NET FTS 有通过 BOJ-NET 终端或以计算机到计算机访问两种接入方式，计算机接入方式需采购接入线路、CE 路由器、虚拟专用网络设备和 L2SW，BOJ-NET 虚拟专用网络是专门用于连接用户和数据中心的日本银行封闭网络，由日本银行指定电信运营商提供，CE 路由器为使用 BOJ-NET 虚拟专用网络所必需，BOJ-NET FTS 对通过电信网络发送的信息进行加密以达到保密和防止篡改的目的，BOJ-NET 还使用密码和 IC 卡认证验证报文发送者的有效性，且其用户只能发送预定业务类型的报文。

在业务连续性方面，BOJ-NET 在东京和大阪建立了主备两个数据中心，为了确保 BOJ-NET 的运行可靠性，东京主中心的计算机以及电信控制单元、电路等其他重要设备都有备份，如主用中心发生中断，将启用 500 公里外的大阪备份中心，主用中心数据准实时镜像到备份中心，日本银行计算机中心实时监控系统运行情况，检测到主用中心停止业务处理时可启动切换流程将业务处理切换到备份中心，备份中心的运营由日本银行大阪分行负责。日本银行要求业务在中断 2 小时内恢复，并要求参与者在业务中断时通过纸质交易或使用 BOJ-NET 终端继续业务处理。为提高业务连续性，日本银行开展各种灾害场景的实地演练，建立了灾害管理小组负责设计和开展演练，每年还组织参与者进行一次主备切换演练。日本银行还具备其他事件和灾害的业务连续性安排，并通过定期演练验证。日本银行协会自 2012 年以来每年都举行大规模的地震演习，包括日本金融服务局和日本银行都参与其中。此外，在系统变更方面，2013 年，日本银行设立了"有效利用新 BOJ-NET 论坛"，并通过公众咨询和用户论坛等形式收集用户意见和要求。系统进行变更时，日本银行会通过书面或网站形式通知参与者，并在系统全面发布前提供运行测试。

（六）瑞典

在报文标准方面，瑞典 RIX 采用 SWIFT MT 报文标准。在系统接入方面，RIX 可通过 SWIFT FINCopy 服务或 RIX Online 直接收发业务，RIX Online 是基于 WEB 的访问方式，其网络使用的是瑞典中央银行采购的通信渠道 Verizon Financial Network 或互联网，由于 FINCopy 只包括交易收发，因此，如果参与机构查询账户或调整交易排队顺序需要通过 RIX Online 方式。在业务连续性方面，RIX 具有主备两个数据中心，其技术可用性目标包括系统可用率 99.85%、在灾难事件发生后 2 小时内恢复运营、在故障当日完成所有业务处理三个方面，瑞典中央银行还具备手工处理流程，交易数据实时复制到该流程的管理程序中。RIX 与主站点处于不同位置的备份站点进行同步镜像，备份站点的配置文件与主站点不同。

（七）土耳其

在与外部金融市场基础设施连接方面，土耳其 EFT 连接的其他支付系统有 Takasbank，Interbank Card Center（BKM）和 Interbank Check Clearing House（BTOM）。EFT、RPS 和 ESTS 都使用相同的银行间网络并作为集成系统运行。在报文标准方面，土耳其 CBRT 系统报文标准基于 XML 的专有消息格式。在系统接入方面，CBRT 通过专有网络与参与机构及外部系统连接，参与者接口系统是通往 EFT、RPS 和 ESTS 的报文传输系统，参与者通过封闭的专用网络访问该系统，该系统检查访问权限、落实安全措施、验证数字签名、管理加密和解密并验证报文，还用于分发和访问日终报告和文件。CBRT 根据 ISO 30001 制定风险管理框架，该框架涵盖 PFMI 中概述的特定风险，每年进行一次审核并接受 CBRT 审核委员会的审核。CBRT 建立了基于 ISO 27001 的信息安全管理系统以确保所有信息资产的机密性、完整性和可用性，所有安全措施、内控制度和包括漏洞扫描和渗透测试等安全测试均根据信息安全规则的原则和目标进行。

在业务连续性方面，CBRT 在业务连续性策略文件中定义业务连续性目标，通过对所有子流程进行影响分析确定关键流程、可接受的最长停机时间和可承受的数据丢失水平等标准，与 CBRT 支付系统整体运行相关的进程被视为关键进程，CBRT 的业务连续性计划明确可接受停机时间为1 小时。业务连续性计划包含九种特定场景，其中八种涉及参与者接口系统、EFT、RPS、ESTS 和网络 5 个组件中的部分或全部发生故障，另一个场景涵盖一个或多个参与者的故障。业务连续性应用程序计划是业务连续性计划的组成部分，由负责关键业务流程的相关部门组成，在由私营部门编制的该计划中，支付系统关键业务流程产生的风险已通过使用该部门风险管理框架管理，CBRT 还在该计划中制定了内控措施，确定了灾难恢复场景，并制定了相应的业务和技术恢复程序，该计划还明确了紧急情况下的恢复团队及其角色和责任以及该团队与企业级恢复团队之间的沟通程序。EFT 系统主要是计算机系统，数据库和通信基础设施的年度运行时间超过 99%，系统运行在伊斯坦布尔主中心，且具备应急备份中心，关键数据在主备份中心各存一份，系统组件在连续备份和负载共享模式下同时在两个站点工作。在系统变更方面，用户组会议每年至少举行一次，会期 1~2 天，参与者在会议期间提出对系统操作和改进的意见并分享有关项目和研究的信息。

（八）中国香港

在与外部金融市场基础设施连接方面，中国香港 HKD CHATS 除结算大额银行间支付外，还提供基于多边轧差的小额零售支付的清算和结算以及通过与其他本地系统的连接结算 PvP 和 DvP 交易，如 CMU 和 CCASS。HKD CHATS 对信息技术和运行风险管理有严格的要求，通过执行常规计算机审计、操作审计、检查支票影像系统的合规性评估和财务审计等内、外部审计来评估系统运作情况，HKD CHATS 在主要系统接入前进行系统审核以确保系统运行质量和完整性。

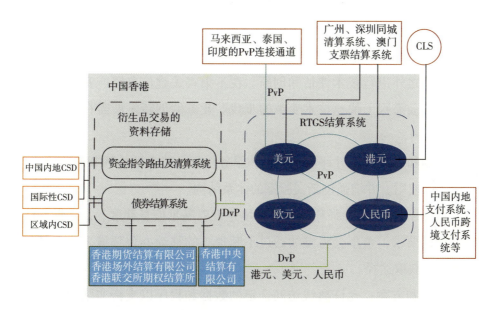

图 4-1　中国香港 CHAPS 系统内外部连接示意图

在报文标准方面，中国香港 CHATS 采用 SWIFT MT 报文标准。在系统接入方面，自 2009 年 5 月起，HKD CHATS 使用 SWIFTNet。在业务连续性方面，CHAPS 定期进行应急演练和灾难恢复安排演练以保证灾难场景中的业务连续性。

三、技术体系规划

（一）美国

Fedwire 对于系统架构和未来设计设定了一系列明确的目标。

目标 1：通过创新的技术平台提高运营的卓越性、效率和安全性。具体来说，开发并维护由业务需求驱动的 Boardwide 技术路线图，从而持续改进计算环境并加强基于风险的信息安全程序。

计划和方案：根据业务优先级执行技术投资和实施计划，通过对信息分类和监控程序的持续改进进一步提高信息安全意识，扩展高性能计算环境以支持数据和业务量的增长。

目标 1.1：创建并维持研究和开发的氛围和环境，允许在生产环境的必要约束之外进行技术评估和创新。在不损害关键信息资产安全的前提下，董事会需跟上快速技术变革的步伐。业务的创新发展需在风险可控环境下进行。

计划和方案：通过评估基于云的服务执行已建立的治理和采购协议，支持主动使用、并增强创新实验室的体系结构。

目标 1.2：不断加强移动办公环境建设以满足信息获取、易用性和信息安全的要求，董事会将继续通过不断提高的移动办公环境来改善其信息资产的获取途径。

计划和方案：允许离线访问选定的数据和程序以支持非联网状态下工作人员的访问需求，根据董事会的信息处理和分类指南创建安全的电子访问材料。

目标 1.3：培养董事会成员与董事会、全系统以及更广泛群体有效合作的能力，董事会将致力于加强系统内外电子协作能力，当需共享不同程度敏感信息时，董事会必须具备安全有效的沟通机制。继续执行已明确业务需求的技术解决方案，并评估用于改进连接、协作、数据和信息处理的用户体验指标。

目标 1.4：全面评估信息技术服务供应模式，确保系统一致性并提高服务和成本效益，董事会将重点关注提高业务流程的自动化水平。将企业架构扩展到所有组织域并建立相关的审核过程以支持 IT 决策，按照确定的治理结构继续协调日常经营活动，并在系统中与技术服务合作伙伴建立联合项目团队。

目标 2：通过公众参与和问责来增进对董事会及其职责的了解。

目标 2.1：提供关于董事会的全面信息以提高公众对董事会及其决策制定的理解和透明度，并使国会和公众能够评估董事会履行其职责的有效性和效率。继续制定政策并开展研究以提高支付系统的安全性和效率，实施已确定的支付改进策略以提高端到端的速度和安全性，通过发布关于压力测试模型以及模型开发、实现、使用和验证的详细信息继续提高压力测试的透明度。

目标 2.2：准确传达董事会在一系列议题上的决策基础，包括货币政策、监管政策、支付系统政策和监管措施，董事会将通过各种方式继续就其决策制订进行交流和沟通计划。

目标 2.3：酌情扩大与外部机构接触、协作的范围和有效性，董事会将继续根据实际情况与外部机构开展合作，以通过增进对经济金融系统更全面地了解来宣传贯彻董事会的政策决定。工作人员将继续致力于提高金融部门弹性和协调其他监督机构的活动，继续研究各种政策并提出指导意见，并及时应对任何立法授权或经济条件的变化。在适当的情况下加强与学术界、国会、其他政府机构和国际组织等的工作关系，增进与其沟通交流，以增进对经济金融体系的了解。与其他监管机构和行业参与者合作，制定实际的框架和潜在的方法为中央对手方进行监管压力测试，以识别并解决金融系统内的关键风险。在美联储权力范围内进一步增进合作，帮助完善和咨询消费者保护条例并与其他机构开展适当合作。

▼ 专栏 4-7

FedNow 简介

2019 年 8 月 5 日，美联储宣布将开发实时支付系统 FedNow，提供全天候、实时的跨行支付结算服务，FedNow 预计将于 2023 年或 2024 年推出。此外，美联储宣布将探索延长美元支付系统 Fedwire 的运作时间，以促进金融机构的流动性管理，提升支付速度。

一、FedNow 系统目标与定位

美联储推出 FedNow 服务的核心目标是连通全美当下所有的支付系统，使 FedNow 服务覆盖全美，实现无处不在的快捷支付。其长期目标是使基于银行间实时全额支付系统的 FedNow 服务与当前支票清算系统（Cheque Clearing Systems）、自动清算所系统（Automated Clearing House System，ACH）和联邦资金转账系统（Fedwire）相连接，并使其达到相同的普适性水平。FedNow 服务将连通全美各社区、各规模银行的支付服务。为了确保所有人都能实现快速付款，FedNow 服务将允许全国各地每个社区、各种规模的银行向其客户提供即时、安全的收付款服务，以促进私营部门 RTGS 中的流动性管理，从而提高付款速度并支持广泛的服务范围。

美联储主要负责运营 FedNow 服务。首先，负责检查、交换和资金转移，与私营部门提供的类似服务并举。其次，为金融交易提供核心基础设施。FedNow 服务将为美国未来现代化的支付体系的基础设施奠定基础，美联储已经与超过 10000 家银行建立长期服务联系，因此拥有独特的条件来实现美国支付基础设施建设这一目标。最后，与支付行业合作，将现有支付系统进行整合，成为支付系统现代化的领导者和催化剂。美联储将利用运营角色获取美国乃至更多国家的金融支付信息。

二、FedNow 服务的特点和功能

1. 报文标准

FedNow 服务的支付报文格式将采用 ISO 20022 标准，它将支持多种报文类型，包括支付指令、确认信息和付款请求。作为支付的一部分，FedNow 服务还将支持汇兑信息或与特定支付交易或发票相关的其他信息的交换。

2. 结算账户

与其他联邦储备支付结算服务相同，FedNow 服务将在银行的联邦储备银行主账户中进行结算。由于 FedNow 服务将执行银行间实时结算功能，银行有必要加强其主账户监控，并可能需要就主账户管理作出相应调整。

3. 七天会计制度

FedNow 服务将采用七天会计制度，即联邦储备银行将出于会计目的于每日（包括周末和节假日，下同）提供交易记录和报告，同时在每日的服务关闭时点计算出各参与银行主账户的日终余额。参与银行仍可在其内部选择采用其他会计制度，例如五天会计制度，即在周一的财务记录上记录和报告上周末交易。FedNow 服务将提供查询、确认和报告功能，以支持参与银行按照其内部会计制度进行交易监测、报告和对账，银行既可选择每日接收会计报告，也可选择在下一个工作日接收周末和节假日的会计报告。

4. 营业日

FedNow 服务的营业日将与联邦电子资金转账服务（Fedwire Funds Service）的营业日保持一致。鉴于 FedNow 服务实行 24×7×365 全天候运行，其营业日开始时间紧随上一营业日关闭时间，以确保服务连续性不受影响。在每日 FedNow 服务关闭时间之后、

24点之前完成的交易将被作为下一营业日发生的交易记录。虽然FedNow 服务的营业日与联邦电子资金转账服务的营业日一致，但参与银行可自行选择采用相同惯例或其他惯例来记录客户交易。例如，银行可以将每日 FedNow 服务关闭时间后发生的交易实时作为当天交易计入到客户账户中。

5. 流动性和信贷

目前，联邦储备银行以日间信贷（又称日间透支）形式向符合条件的参与银行提供流动性支持。美联储拟在 FedNow 服务中以同样形式为参与银行提供流动性支持，包括周末和节假日期间。同时，FedNow 服务的全天候运行机制使得银行主账户余额管理变得更为复杂，参与银行可能需要调整其主账户监测机制，以确保主账户流动性充足。此外，美联储正在研究延长贴现窗口业务时间，使得参与银行可在周末和节假日获得贴现窗口贷款，并考虑提供更多的功能和工具以支持参与银行有效管理其主账户余额。

6. 网络访问

参与银行将通过 FedLine 网络访问 FedNow 服务，美联储将升级该网络，以支持 24×7×365 全天候业务处理。此外，参与银行需要确保其电信服务支持实现预期的端到端支付速度。

7. 服务定价

美联储将在 FedNow 服务推出前公布该服务的收费结构和收费时间表。根据当前市场惯例，预计收费结构将是一系列收费项目的总和，包括向付款行和可能向收款行收取的费用，以及固定参与费用。对于FedNow 服务可能提供的其他类型信息服务，也可能单独收取费用。

8. 付款请求

付款请求是由收款方向付款方发起的非资金报文类型，该报文将提示收到付款请求的付款方向收款方发起付款，并支持付款方授权实时信用转账，此外将支持用户更便捷地进行账单支付等交易。同时，该项功能允许付款方在实时支付时保留对授权的控制，有助于避免付款对象错误，降低欺诈风险。

9.目录服务

在无须知晓收款方银行账户信息的情况下，付款方使用收款方的公共识别信息（例如，电子邮件地址或者手机号码）即可发起支付，将有利于推动快速支付应用。为提供将公共识别信息与收款方银行账户信息有效关联的目录服务，美联储拟评估以下3种实现方式：一是各参与银行自行与现有私营部门建立目录连接；二是联邦储备银行组织建立与私营部门目录的集中连接；三是由联邦储备银行自行建立目录作为FedNow服务的组成部分，并开发支持参与银行查询目录的信息报文类型。

10.防欺诈服务

就FedNow服务而言，参与银行将继续作为防范欺诈交易的主要防线，提供减少欺诈的解决方案；在系统层面，FedNow服务将提供额外的防欺诈功能，例如，支付监控与异常交易提醒。

三、FedNow服务的影响

1.FedNow将拥有全美最全面的金融交易信息

美联储目前已经建立了覆盖广泛的支付系统，为全美10000多家金融机构提供付款和结算服务。这将有助于FedNow服务支持全美支付基础设施建设，金融服务业可在此基础上开发创新出更快的支付服务，未来或将成为全球最大的快速支付网络。FedNow服务一旦连通美国各社区、各规模银行的支付系统，就拥有了全美最全面的金融交易信息。

2.提升美国支付系统的服务水平，促进美国国内支付体系竞争

美联储试图探索一种快速、安全、无所不在的支付系统，通过提高支付系统效率造福社会，提供一个安全的支付框架，促进支付系统全球竞争力和互操作性。美联储试图通过银行间 RTGS 的基础架构来实现运营商之间的互操作性，即允许由一项服务的参与者发起的付款被另一项服务的参与者接收。随着全球多个新支付系统或加密货币支付系统（如 Ripple）的诞生，FedNow 的新服务将与美国国内现有的私人实时支付系统展开竞争。FedNow 服务未来的首要竞争对手是美国国内的大型银行机构。花旗集团和摩根大通等银行巨头已经开始试图阻挠 FedNow 服务的推出，因为 FedNow 服务的功能似乎与它们自己的实时支付系统功能重叠，这也许会促进支付技术的进步。

3.防止美元地位下降

危机后美元的国际地位不降反升。根据 SWIFT 公布的数据，美元在全球支付交易中的占比从 2012 年 1 月的 29.7% 上升至 2019 年 8 月的 42.5%。国际上存在去美元化的呼声，美元的地位面临不确定性；未来全球多个非美元货币的支付系统或加密数字货币将陆续推出，而通过全新的支付系统绕开美元的方式也逐渐盛行，美元地位将受到更大挑战；美联储将要推出的 FedNow 服务，实际上强化了美元支付服务，防止美元地位的下降。

（二）英国

2017 年 11 月之前，英国中央银行负责 CHAPS 系统监管，CHAPS 清算公司（CHAPS Co）负责系统运营，但由于英国中央银行作为基础设施提供商的独特地位，CHAPS Co 在评估 RTGS 是否符合要求以及在必要时促成改变方面的能力有限，英国中央银行需对 RTGS 基础设施进行自评估

以构成对 CHAPS Co 自评估的补充，然而在系统缺乏正式监督安排的情况下，提高合规要求的压力可能不大。英国中央银行认识到前述不足之处，于 2017 年 11 月将 CHAPS Co 履行的职能正式收归自身，这一举措是重塑系统基础设施和治理计划的一部分。

2016 年，英国中央银行对新 RTGS 的服务愿景围绕着 5 个关键特征：更强的恢复能力、更广泛的访问、更广泛的运行可交互性、改良的用户功能以及加强高价值支付系统的端到端的风险管理。部分关键特征的详细介绍如下：一是更强的恢复能力。新一代 RTGS 将继续提供一流的恢复能力，建立符合国际标准的双站点运行模式和第三备用结算平台，并引入加强版的应急报文传输机制，系统将具备在正常运行中接受来自多个来源支付报文的能力。二是更广泛的访问。在设计新一代 RTGS 时，英国中央银行希望增加直接参与者的数量以直接结算资金。首先，系统将在适当保障措施的前提下为非银行支付机构提供接入；其次，简化系统直接参与者的测试和培训机制，允许较小的第三方代理公司提供技术连接，以降低用户的连接和运行成本而不影响其恢复能力；最后，英国中央银行还将要求高于一定交易额的机构直接接入系统，从而进一步扩大参与者范围，减少系统参与者高度分层对金融稳定性和系统运行所带来的风险并促进支付市场的创新和竞争。三是更广泛地运行可交互性。在支付战略论坛和支付系统运营商的推动下，英国中央银行引入了 ISO 20022 报文标准并对零售支付进行了相应改革，确保英国成为全球采用该标准的国家中的一员。同时，英国中央银行还计划设计新的服务以促进 RTGS 支付业务与其他基础设施支付业务的同步。四是改良的用户功能。随着支付服务的发展，RTGS 服务的更新将使系统能够满足用户不断发展的需求。为促进行业发展，批发支付服务在新的生命周期中，服务需求接近 7×24 小时，RTGS 将在技术上被设计成能够在工作日连续 24 小时运行，并在周末除短期结算窗口外也可对外提供服务，如果随着时间的推移，支付需求进一步增加，系统也有能力升级到完整的 7×24 小时模式。不断增长的对更丰富和更全面的支付业务和流动性数据的需求还将通过提供更先进的接口来进行智能化处理，英国中央银行还将与业界合作，研究是否需要额外功能以支持高效的全球流动性管理。此外，RTGS 的核心目的仍是为大额英镑支付提供安全有效的实时结算，以上所有目标计划在 2020 年底前基本实现。

四、新技术研究及应用

（一）英国

英格兰银行是最早组建区块链技术发展研究团队的中央银行之一，该行认为区块链具有帮助银行业节约数百亿美元运营成本的潜力。英格兰银行启动了旨在了解不断更新的 RTGS 服务如何能够与分布式账本技术（DLT）进行交互的项目，该项目考察了如何配置 DLT 系统，以保持参与者之间的隐私以及数据在网络中的共享，并使监管机构能够监督所有交易，中央银行将有权发布和停止新的资产单位，并授予所有参与者访问权限，除监管机构外，任何一方都无法推断其未参与的交易的细节。在该项目中，英格兰银行与 Baton 系统、Clearmatics 技术有限公司、R3 和 Token 等公司合作，共同利用创新技术开发支付解决方案。

（二）欧洲和日本

2016 年 12 月，日本银行和欧洲中央银行开展联合研究项目 "Stella"，研究 DLT 在金融市场基础设施中的可能用途，2017 年 9 月，项目发布了第一份分析报告，关注 DLT 环境中支付系统运行的效率和安全，项目第二阶段研究了 DLT 环境中 DvP 交易概念设计和运营问题，使用 3 种 DLT 平台开发交易模型：Corda、Elements 和 Hyperledger Fabric。研究结果表明，DvP 可在 DLT 环境中运行，具体运行效果取决于不同 DLT 平台特性。

2016 年 3 月，有效利用 BOJ-NET 的论坛建立 3 个新的工作组，议题包括跨境使用日元和日本国债、跨境客户和银行汇款以及跨境结算基础设施。根据 2016 年支付系统报告，日本银行将采取积极措施进一步提高日本支付结算系统的安全和效率，近年来的安全形势使日本中央银行迫切需要使用更先进的网络安全措施，同时，日本中央银行也需要提高业务连续性以应对各类灾害。用户论坛还提出了增加结算系统互操作性与连通性、延长营业时间和在海外安装 BOJ-NET 终端的要求。

（三）澳大利亚

澳大利亚中央银行与金融科技行业保持联络，包括专注于比特币和其他替代数字资产的公司、一直在试验 DLT 的金融机构以及为小型初创公司提供支持的各种金融科技公司。澳大利亚中央银行还与其他国内监管机构通过正式和非正式渠道就支付技术进行合作，例如，澳大利亚中央银行是澳大利亚证券和投资委员会数字金融咨询委员会的观察员，澳大利亚中央银行还与澳大利亚审计委员会、澳大利亚审慎监管局、财政部和澳大利亚交易报告与分析中心等机构一同参加了金融监管机构区块链工作组，为金融监管机构和澳大利亚交易报告与分析中心就 DLT 的影响提供建议，并在金融系统和监管以及各机构之间共享相关信息，澳大利亚中央银行还参与了有关该主题的国际工作，包括支付和市场基础设施委员会数字创新工作组等。此外，澳大利亚中央银行还定期与其他国家中央银行沟通其在支付技术领域的工作。

（四）瑞典

瑞典中央银行于 2017 年 3 月启动了数字货币电子克朗（E-krona）项目，旨在研究发行数字货币可行性，电子克朗仅作为现金的补充，而不能取代现金。瑞典中央银行研究引入电子克朗的原因，一是瑞典的现金使用在很长一段时间内稳步下降，二是维持价格稳定和促进安全，并在新的数字环境中实现高效的支付系统。该计划主要安排如下：

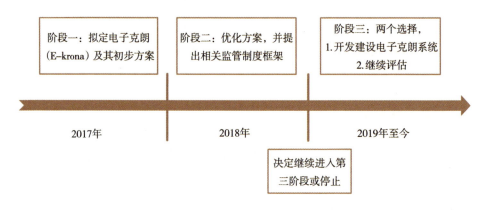

图 4-2　瑞典 E-krona 项目时间表

（资料来源：瑞典中央银行官网）

2018 年 10 月，瑞典中央银行发布了第二阶段的研究报告，并决定进入第三阶段，第三阶段的任务包括技术方案设计与验证、提出相关立法修订建议以及继续研究电子克朗对金融体系的影响。瑞典中央银行关于电子克朗的主要观点有以下几点：一是电子克朗并非为了取代现金或其他支付解决方案，而仅是作为其补充；二是电子克朗旨在保障公众在现金不再被普遍接受时获得中央银行货币；三是电子克朗可以作为一种支付手段以及像现金一样的一种储蓄手段；四是电子克朗可用于消费者、公司和政府之间的付款，但不能用于通过 RIX 的大额支付，也并非主要货币政策工具；五是电子克朗可直接从瑞典中央银行获取，并由金融机构、公司和政府机构持有，瑞典中央银行将提供电子克朗账户；六是电子克朗供应应根据需求确定；七是电子克朗应支持少量离线支付；八是电子克朗不计息，但应在技术上支持计息功能；九是瑞典中央银行负责电子克朗的发行、赎回和结算；十是在不违背反洗钱规定前提下，电子克朗将允许部分匿名付款；十一是电子克朗的技术方案必须足够灵活以适应技术的发展并支持功能修改；十二是应分析电子克朗对经济的中长期影响。

（五）中国香港

中国香港金管局正与银行机构合作开发分布式账簿技术贸易融资平台以加快贸易融资运作的数码化，并与新加坡当局商讨合作连接两地贸易平台。

第五章 CHAPTER 5

支付系统发展情况的比较与思考

一、总体架构

支付系统的总体架构包括支付系统活动的法律基础、支付系统的治理结构以及支付系统的全面风险管理框架三个部分。这三个部分共同构成了支付系统稳健运行的基础，同时也是开展支付系统相关工作的最高准则。本节将分别从以下三个角度对中外支付系统的发展情况进行比较分析。

（一）法律基础

支付系统的法律基础是支付系统相关工作中最基础的部分。一般来说，支付系统活动的法律基础由多层次的法律法规构成，包括由国家层面制定的法律法规框架以及由支付系统的监管者或运营者制定的支付系统规则、程序、合约或协议等。法律基础的内容则应涉及支付系统日常运行的各相关方面，如支付系统的授权、管理和监督，结算最终性，轧差以及司法管辖范围等。

从国际实践来看，在法律层级方面，大多数国家或地区针对支付清算系统建立了多层级的法律体系。一是基础性法律，各国一般会通过中央银行法授权中央银行组织银行间支付结算和支付体系监管，如美国的《联邦储备法案》和《货币控制法案》、英国的《英格兰银行法案》、日本、瑞典和土耳其的《中央银行法案》。二是专业性法律，部分国家或地区针对支付系统标准、权利和义务等重要问题进行了专业立法，如美国的《J条例》、澳大利亚的《支付系统及轧差法案》、瑞典的《金融市场结算系统义务法案》、土耳其的《支付及证券结算系统、支付服务和电子货币机构法案》和中国香港的《支付系统及储值支付工具条例》。三是部门规章制度，主要对支付系统运营、服务、参与者管理、抵押品管理等重要细节进行详细规定，如美国的 Fedwire 运营通告、英国的《RTGS 账户授权条款与条件》及《RTGS 参考手册》、欧盟的《TARGET2 指南》、日本的《清算账户管理规定》和《BOJ-NET 管理规定》、瑞典的《RIX 条款与条件》等。上述法律框架均通过中央银行、支付系统运营机构的官方网站披露和实时更新。

除国家层面上制定的法律法规之外，大多数国家或地区非常重视通过协议约束服务各方的权利和义务。协议约束的主体包括中央银行（作为账户提供者）、支付系统运营机构、支付系统参与者（金融机构和少数非银行机构）、接入支付系统并进行最终资金结算的 FMI（如证券结算系统、零售支付系统、票据及银行卡特许清算组织）、第三方服务提供商（如通信和电力基础设施运营商、SWIFT）等。这一方面较为优秀的行业实践包括美国 Fedwire、英国 RTGS 及 CHAPS、日本 BOJ-NET、澳大利亚 RITS、瑞典 RIX 和中国香港 CHATS。

为更好地管理支付系统，许多国家或地区通过法律法规明确了系统重要性金融市场基础设施范围。PFMI 中规定，监管部门应根据支付系统的交易笔数和金额、参与者的数量和类型、所服务的市场、市场占有份额、与其他 FMI 和金融机构的相互连接、短时间内该系统的可替代方法，以及其司法管辖权内的其他相关标准，来确定系统重要性支付系统。为此，欧盟、美国、英国都在相关立法中明确将系统重要性支付系统作为监管重点，并作出了具体明确的标准规定。如 2014 年 7 月，欧洲中央银行在《系统重要性支付系统监管要求条例》中，明确了系统重要性支付系统的量化标准，并根据标准确定了包括 TARGET2 在内的 4 个系统性重要支付系统；美国金融稳定监管委员会根据《多德—弗兰克法案》授权，综合考虑交易量、对手方总风险、与其他金融市场设施的相互关系等因素，于 2012 年 7 月指定了包括 CHIPS 等在内的 8 个系统重要性金融市场基础设施；英国财政部扩展了 2009 年《银行法》适用范围，允许该法案适用于指定支付系统（Recognised Payment System）的服务提供商，这些服务商需要接受英国中央银行直接监管。

在结算最终性方面，各国法律对支付系统结算最终性确认的内容和法律层级有所差异。部分国家，如美国、日本等通过《破产法》或与破产相关的法律中的条款对支付系统豁免于"零点法则"进行规定；而具备支付清算专业立法的国家或地区，如澳大利亚、土耳其、中国香港等都是在专业法律中体现支付系统豁免于"零点法则"的条款。中国香港《支付系统及储值支付工具条例》规定，获得中国香港金管局授予的结算最终性证明书的支付系统，其支付指令不得因与破产清算法有抵触而被视为无效。此外，瑞典在破产法和专业法律中都对支付系统的结算最终性进行了规定。

在涉及跨司法管辖的问题上，大部分国家的中央银行支付系统只允许在本国注册的金融机构或其分支机构参与，但欧盟、瑞典等国例外。由于各国参与者通过自己国家的中央银行参与系统，欧盟通过 TARGET2 指南约束各国中央银行在跨司法管辖权范围内开展相关业务的确定性；在瑞典，外国实体可以参加 RIX，但所有参与者均应具有有效的法律地位、具有约束力的条件及其有关的权利和义务。对于跨司法管辖的问题，瑞典中央银行会要求外国参与者提供法律意见，使法律风险最小化。而在这些信息的公开方面，大多数国家的支付系统网站上，系统地介绍材料都比较健全，与系统运行维护有关的相关法律法规、规章制度，甚至是用户手册、使用手册、接入手册等帮助系统参与者接入、使用系统的文字材料均公开且完整。

目前，我国关于支付系统的相关法律制度正在逐步完善，为支付系统的稳健运行提供了一定的法律保障。中国人民银行制定了一系列规章制度，规范业务处理、运行管理和准入退出等，明确有关各方的权利义务和责任，以及对风险的处置办法，例如，《大额支付系统业务处理办法》《小额支付系统业务处理办法》《中国人民银行支付系统运行管理办法》《银行业金融机构加入、退出支付系统管理办法》等。然而，从总体上看，我国支付系统相关法律法规建设仍相对滞后，尚未针对支付系统建立专门立法，在层级上仍然以部门规章制度为主；有关支付系统方面（尤其是关于破产时最终结算的时效性、轧差安排的法律确认）的规定只局限在条例和法规上，或者人民银行制定的规章和管理办法中，未提升至立法层面，法律制度在完善程度以及法律效力上皆有待提高。

例如，《企业破产法》及相关司法解释中存在"零点法则"的类似规定，即一个破产的参与者从破产（或类似的事件）当天"零点"开始的所有交易无效。而根据《大额支付系统业务处理办法》的规定，业务一经结算或轧差则不可撤销，但实时全额结算系统的性质本身并不能避免法院对支付业务裁决无效，也没有支付结算豁免于"零点法则"的专门条款。上述支付领域法律制度上的缺陷和不确定性，将可能给支付系统带来潜在风险。

除此之外，随着人民币国际化的逐步推进，境外人民币流通和使用越来越广泛和频繁，但目前人民币没有跨司法管辖权，人民币出境后不受中国法律的监督和管理。以中国香港离岸人民币为例，中国人民银行只能通过与中国香港金管局签订协议以及合作备忘录等来建立信息交流及通报机制。目前，此类协议和合作备忘录包括中国人民银行与中国香港金融管理局签订的货币互换协议、2018 年中国人民银行和澳门金管局签订的《关于相关金融政策和金融监管合作的备忘录》等。但从法律框架、法律层级和法律范围的角度来说，人民币的境外流通和使用的监控与监管尚存在较大空白。

我国历次 FSAP 评估中，"法律基础"均被评为基本符合。近十多年来，技术发展推动了基础设施、准入门槛和市场格局的深度调整，服务供给方的传统界限正在模糊，新技术、新进入者、新的组织形式带来了支付领域的新风险，对支付监管提出了新要求。面对这些"老问题"和"新情况"，支付结算方面制度建设应跟上技术、业务的发展创新，完善规范电子支付和支付清算组织的有关法律制度及支付体系监督管理制度，以进一步规范支付结算行为，促进支付清算市场的健康发展。

基于上述比较，我国支付系统法律基础可在以下几个方面进行进一步探索研究，并在实践中予以检验、完善。

一是健全支付体系专项立法，提升支付系统监管的法律层级。中国人民银行在《中国人民银行办公厅关于实施〈金融市场基础设施原则〉有关事项的通知》（银办发〔2013〕187号）中明确将PFMI所确立的原则作为我国支付系统等金融市场基础设施的监管标准，从这一整体性、原则性的确认出发，我国可在法律、法规、规章或规范性文件层面通过具体制度进一步予以落实。随着人民币国际化深入推进，金融市场的广度和深度不断拓展，国内外支付系统等各金融市场基础设施之间的相互依赖程度不断加深，统筹推进法律框架的适应性发展至关重要，可在结合实际落实PFMI等国际准则的同时，探索建立符合国际标准的、更加完善的支付、清算、结算法规制度。我国大额支付系统、人民币跨境支付系统等支付系统与证券结算系统、中央对手方等FMI之间的相互连接日益紧密，重要金融基础设施的统筹监管还需要专业立法予以保障。为此，我国也需要在加快发展支付系统、证券结算系统和中央对手方等FMI的同时，加强支付系统等FMI监管政策和制度的统筹协调，构建协同高效的监督管理框架。一国的支付系统，特别是RTGS系统，是经济活动和金融交易的最终环节，清晰明确的系统业务规则，是经济交易各方信任的最根本来源，也是中央银行保持社会公众信任的根基所在。尽管目前尚未出现金融机构破产事件，但对于重要支付系统中资金结算最终性的确认，需要未雨绸缪，在相关法律文件中予以进一步明确，提升实体经济交易的确定性，防范因结算最终性不确定导致的信任危机和系统性风险。在支付系统跨司法管辖权方面，我国可在一定程度上参考国际实践经验，如美元的"长臂管辖"，为在境外使用人民币结算的支付交易的监管和执法提供相应保障。

二是关于我国系统重要性支付清算基础设施的认定问题。在法律层面明确支付系统的概念，确立系统重要性支付系统的认定标准，有利于明晰监管范围和监管重点，明确市场边界以及各类基础设施的组织和运作、准入和风险管理、结算最终性、服务收费规则、利益相关方的权利和义务。为此，可探究在相应的法律或司法安排中，对相关概念、标准和认定机构等给予定义，加强重点监管的法律保障。

三是重新审视支付系统相关规则的披露情况。我国目前支付系统的相关规则基本都以人民银行文件形式公开披露，相关方面均有涉及，但分布较为分散，为参与者开展相关业务造成一定困惑；此外，由于相关制度基本仅在人民银行官网披露，披露时效性较低，导致一些重要制度难以查找，部分文件甚至在一些非官方渠道流传，版本和真实性难以确定。横向对比其他国家在法律法规、运维制度及安排等信息公开发布方面的情况，一方面，可梳理我国现有规章制度和管理要求，增补遗漏内容，制定更为明晰的中央银行支付清算系统章程、规则手册和服务协议，具体可考虑借鉴美英等国监管机构的做法，将全部现行管理办法、规则、章程、协议等汇编为类似"制度规则一本通"或"用户手册"的文档，避免参与者多头搜寻文档，提升制度的可靠性；另一方面，可考虑进一步拓展披露渠道，除通过中央银行官网披露以外，探索通过系统运营商官网等其他渠道同步披露上述文档，形成定期更新和披露机制，提升制度的时效性；在保障系统信息安全的前提下，进一步提高服务类信息披露的及时性，同时注意加强涉及系统信息安全的部分敏感信息的保密工作。

（二）治理结构

根据 PFMI 定义，支付系统的治理结构是指支付系统的所有者、董事会（或同等职务人员）、管理层和其他相关方之间的一系列关系。支付系统的治理结构是支付系统在完善的法律框架下，有序开展日常工作并实现系统运行目标的结构性保障。从国际实践来看，支付系统的治理结构通常包括总体治理架构、专门委员会特别是风险管理委员会、用户议事组织和绩效评估考核等方面。

在支付系统治理结构的国际实践方面，大多数国家或地区支付系统的治理结构可总结为"董事会—管理层—运营机构"的模式，系统监管和运营在人员、财务、报告路径上相互独立。董事会负责支付系统乃至整个支付体系的统筹发展和长远战略规划、风险管理总体目标等战略性、方向性、原则性问题的最高决策，以及包括中央银行支付系统在内的国家支付体系的总体监管。管理层负责参与者和运营机构的日常事项决策、审核及控制，负责风险政策的制定和实施，负责对包括 RTGS 在内的各类支付系统的监管；运营机构负责安全有效的运行维护支付系统、维护客户关系、市场拓展等具体运营事宜，重点管理运营风险和运行风险。关于参与者沟通联络职能，有的国家或地区由管理层负责（如英国、澳大利亚、土耳其），有的则由运营机构负责（如美国、中国香港）。

各国中央银行一般在董事会或中央银行执委会下设多个专业委员会，从不同侧重点对支付系统进行监管，不同事件通过单独的条线向不同主管部门或委员会汇报。各国中央银行与支付系统有关的委员会可分为两类，一类是涉及整个中央银行业务或治理结构的委员会，包括提名与公司治理、薪酬、审计等；另一类是单独针对支付系统的专业委员会，包括支付系统风险管理、支付系统战略发展与建议、系统运营等。除此之外，部分国家中央银行还成立了数据安全、IT 监管、业务连续性等委员会，对支付系统某一方面的具体事项进行更细分化的监督和管理。

表 5-1　部分国家中央银行涉及支付系统的各类委员会

国家	委员会	所属机构/部门	职责
美国	联邦储备银行事务委员会	联储执委会	业务、预算和战略计划、金融服务及其定价
	支付系统政策建议委员会		支付结算工作及风险管理的政策战略建议
	提名和公司治理委员会	纽联储	监督行长的工作
	管理和预算委员会		监管引导包括 WPO 在内的战略和实际工作
	审计和风险委员会		监管纽联储的风险管理框架和 WPO 的工作
	优先事项子委员会	纽联储管理委员会	为纽联储定义了目标、战略举措和可交付成果
	运营服务子委员会		帮助指导和执行纽联储与纽联储面向外部运营服务相关的战略重点
	风险子委员会		评估 WPO 的整体业务风险
	金融服务政策委员会	美联储行长会议	向美联储金融服务和相关支持功能提供总的方向，并引导美国支付体系发展
	IT 监管委员会		制定国家级的 IT 标准和安全政策
英国	RTGS 战略委员会	董事会	负责 RTGS 运营和发展战略、总体工作计划、确定 RTGS 运营的风险承受能力、评估政策、审批 RTGS 的投资重点
	RTGS 交付委员会		负责支持为使 RTGS 服务达到商定的战略和服务标准的管理，监控并检查系统的性能
	风险委员会		负责确保识别、评估和降低与 RTGS 服务运营相关的风险
	RTGS/CHAPS 委员会		负责 RTGS 基础设施和 CHAPS 支付系统的战略领导，负责 RTGS 更新计划
澳大利亚	风险管理委员会	董事会	制定风险管理框架
	支付系统委员会	联储执行委员会	负责支付系统战略发展规划及风险管理政策
	FMI 的审查委员会		支付系统监管
土耳其	支付系统管理和运行委员会	执行委员会、董事会	制定支付系统发展战略
	业务连续性委员会		制订业务量连续性计划
	数据安全委员会		数据安全管理

资料来源：作者整理。

特别是在风险管理委员会方面，各国中央银行基本都设立了风险管理委员会，有的国家将支付系统风险管理工作纳入全行的风险管理委员会，统一制定相关政策，有的国家则单独设立支付系统风险管理委员会。从层级上讲，各国中央银行都在最大限度地提高风险管理委员会的层级，全行范围内的风险管理委员会基本都建在最高决策机构（董事会）下，专业的支付系统风险管理委员会也至少由副行长或类似层级的管理层主持或参与。高层级的风险管理委员会有利于从整个中央银行甚至部际视角全面审视支付系统的风险管理，更易于实现对不同相关利益方之间的协调。

表 5-2　部分国家中央银行支付系统用户议事组织

国家	用户议事组织	牵头机构	职能
美国	用户关系和支持办公室	芝加哥联储银行	定期与个人用户交流、定期的消费者满意度调查了解客户需求
	WPO 外部用户组	纽联储下设的 WPO 组织	为主要参与者提供交流和合作机制，收集最佳实践信息、参与者的新业务需求和成本降低需求
英国	CHAPS 战略咨询论坛	RTGS/CHAPS 委员会	更小范围、更高层的建议组织，针对 CHAPS 的未来发展提供战略建议和反馈
	服务用户组		定期通过一对一交流、论坛等形式了解 CHAPS 直接参与者的意见和建议。如有需要，相关会议和论坛还会将参与范围扩大到直接参与者之外
瑞典	RIX 用户小组	RIX 理事会	讨论与操作和技术问题相关的具体问题
土耳其	中央银行支付系统用户组	中央银行	每年至少举办一次用户座谈会，供参与者提出系统运行和系统改进的相关建议，共享研究成果
	EFT 系统聊天室		可以用来及时解决参与者任何具体的问题

资料来源：作者整理。

各国基本都建立了形式各异的用户议事组织，定期通过会议、讨论、论坛等形式，收集市场发展信息、用户新需求和系统改进建议。此类机构一般由支付系统的日常管理机构负责牵头，运营机构深度参与沟通协调。沟通交流的主要方式包括：用户座谈会、一对一走访交流、组织行业论坛、进行问卷调查、研究成果共享、非正式交流等。用于议事组织方面较为值得借鉴的实践包括：一是针对不同类别的参与者或不同的沟通事项建立了不同的用户议事组织（如美国、英国），实现更有效的沟通交流；二是重视除中央银行之外的其他相关监管机构和外部专家学者对支付体系战略发展、风险管理的建议（如英国）；三是重视对终端用户需求的调查研究（如美国、英国），调研主要方式是问卷、走访和座谈。

支付系统的决策层及管理层会根据战略规划制订绩效考核目标和计划，并按月或按季度要求运营机构通过业务报告、用户满意度等形式汇报一段时期内的绩效表现。支付系统的成本回收、投资情况也会纳入绩效考核范围。

由于体制不同，我国支付系统相关的治理结构与上述各国存在较大差异。《中华人民共和国中国人民银行法》规定，中国人民银行为国务院组成部门，是中华人民共和国的中央银行，是在国务院领导下制定和执行货币政策、维护金融稳定、提供金融服务的宏观调控部门。人民银行的性质决定了其不存在类似国外"董事会"的治理结构。依据《中华人民共和国中国人民银行法》的规定，中国人民银行是我国支付系统的主管部门，负责组织和实施跨行清算服务、维护支付清算系统稳定运行，是支付体系的组织者、监督者、运行者和推动者。尽管我国与其他国家或地区的国情和体制不同，在支付系统治理结构的具体安排上存在较大差异，但结合 PFMI 及国际实践，围绕我国治理体系和治理能力的现代化进程，有以下 3 个方面的思考：

一是考虑借鉴国外在共商支付体系战略发展方面的实践模式，促进支付系统，特别是作为一国重要 FMI 的大额支付系统，与证券登记结算系统、中央对手方、交易数据库等其他 FMI 在战略发展、政策制定及风险管理等方面的深入探讨。统筹建立常态化沟通交流机制，有利于提高支付体系发展战略规划的完整性和远见性，确保支付清算市场发展与政策目标的一致性，协调支付体系联合发展与监管。

二是在不断提升我国中央银行履职能力的过程中，结合实情，探索建立更为全面的支付系统风险管理机制，进一步明确风险容忍政策。可邀请相关风险管理部门人员及外部专家，对现行的整体风险容忍政策和策略提出意见和建议；通过相关制度建设，界定风险决策的责任和问责要求；明确危机和突发事件的报告、解决、程序。

三是参考其他国家或地区在用户议事组织工作开展中的经验，持续健全优化我国支付系统用户议事协调机制。一方面，这一机制能够在我国支付系统中同参与者进行沟通交流，在风险管理、差错争议处理的实践中及时告知参与者系统相关的重大决定，并披露系统运营相关数据；能够从参与者处收集市场发展信息、用户新需求及系统改进建议；能够为参与者解决常见系统问题、讨论支付系统发展、交流最佳实践、共享研究成果提供平台。另一方面，这一机制还可在未来的实践探索与创新中，继续吸收转化国际经验，探索完善支付系统重大决策工作中利益相关方意见的征询流程和对不同意见的管理流程；充分公开征求用户（包括直接参与者和间接参与者）对系统设计、规则及总体业务战略的重大决定和变更的意见；定期评估支付市场及支付清算系统的安全与效率。

（三）全面风险管理框架

支付系统在日常运行中面临着各类风险，包括法律风险、信用风险、流动性风险、运行风险、一般业务风险等。为防止这些风险影响支付系统的稳健运行，支付系统需要在相关法律制度的基础上，按照既定的治理结构，做好全面的风险管理工作。因此，全面的风险管理框架在指导支付系统相关工作的开展方面具有重要的意义。

在其他国家或地区的具体实践方面，美国和英国无疑是全面风险管理框架制度建设和具体实践的典范，为我们提供了很多值得借鉴的经验。美联储和英格兰银行都通过官方网站公开阐明了对重要支付系统的风险容忍度，根据风险容忍度制定了完善的风险管理制度、程序和控制措施，并会对框架进行定期评审，根据技术发展、经济环境变化、参与者行为模式等实际情况更新、披露相关风险管理政策。在实施新政策前，会通过官方网站公开向包括参与者在内的所有利益相关方征求意见。例如，英格兰银行于 2017 年底修订了 RTGS 和 CHAPS 系统的准入规则，允许非银行支付服务提供商在中央银行开立结算账户，直接参与大额支付系统处理业务；美联储于 2019 年 4 月 3 日在其官网披露，将修订支付系统风险政策的部分内容，主要变化是对外资银行机构日间透支额度的管理方法将不再依赖于 FBO 的支持评估排名，计划自 2020 年 4 月 1 日起实施新政策。同时，发达国家主要支付清算系统的业务连续性方案、应急演练和灾难恢复方案更加成熟，并随时根据新情况更新；业务连续性方案除地震、洪水等常见自然灾害外，还考虑了流行病等其他不可抗力因素及客户安全服务需求变化等场景。风险管理的重要政策、流程、方法均需支付系统风险管理委员会和审计部门评估，在流程上也更加完善。

除以上政策、流程等方面的实践之外，发达经济体非常重视支付系统风险管理研究。美联储、英格兰银行、欧洲中央银行每年都会有多篇该方面的工作论文，主要关注点集中在不同风险政策下的参与者的行为模式、流动性管理和流动性节约机制、信用风险、压力测试、支付系统作为利率走廊如何实现货币政策的实施、DLT 等新技术对传统支付清算系统风险的影响、网络攻击与信息安全等。上述国家或地区对风险管理特别是风险度量的良好研究氛围主要缘于中央银行对金融机构的存款准备金要求普遍较低。

表 5-3　各主要国家或地区存款准备金率考核要求

国家	金融机构规模		
	小型	中型	大型
中国	12.5%	14.5%	
美国	0%	3%	10%
欧盟	0~1%		
英国	无准备金率考核要求		
澳大利亚			

资料来源：作者整理。

从表 5-3 来看，美国、欧盟的准备金率普遍很低，英国则没有准备金率的考核要求，而我国大型银行和中小型银行分别是 14.5% 和 12.5%。由于 RTGS 用准备金账户的资金结算，追求利润最大化的商业银行会尽量减少银行间清算业务对流动性的占用，希望用收到的来账支付往账。正因为商业银行有延时结算动机，中国香港金管局要求商业银行到 12 点时至少完成当日总业务额的 35%，到 14 点 40 分至少完成当日总业务额的 65%。因此，这些国家的中央银行会对系统流动性风险管理、参与者清算行为模式格外关注，并通过多年的研究，形成了较为成熟的理论框架和风险度量模型。

在具体的风险管理模式方面，英美都在中央银行总行级别采用了与我国大额支付系统类似的三道防线风险管理模型。第一道防线是业务线，即风险归属部门，是确保风险管理实践符合风险管理政策的最终责任者，需要利用包括风险数据、最新风险容忍度声明、外部环境变化在内的所有可用数据，根据风险容忍度水平和风险指标进行风险评估。第二道防线是独立的风险管理部门，负责对第一道防线完成的风险评估进行审查，提出相应修改意见，对各一线部门提供的风险评估进行整理汇总，完成风险评估。第三道防线是内审部门，负责对第一、第二道防线完成的风险评估进行再审查，给出独立的审查报告。

在具体的风险管理工具方面，各个国家或地区针对系统运行实际情况，设计了多样化的风险管理工具，主要包括以下四类：一是预警类工具，包括常规报告报表、流动性实时查询、"仪表盘""红绿灯""系统主动推送提醒"等功能；二是风险管理激励类工具，包括英国和中国香港使用的吞吐量指引（Throughput Guidance）、美联储使用的对有抵押和无抵押日间透支费率差异化定价[①]、流动性节约机制、撮合算法、预留头寸、支付优先级和系统强制退出规则等；三是风险量化模型和工具，如

[①]　美联储通过"有抵押的日间透支免费、无抵押的收取 50 个基点费率"的激励措施，鼓励参与者更好地管理流动性。

欧洲中央银行使用的业务异常值识别指标体系、英格兰银行制定的关键风险指标等；四是风险等级列表、危害列表（Harm Table）、关键风险指标、水平扫描（Horizon Scanning）和危机事件管理体系等。

我国支付系统全面风险管理框架符合 PFMI 的原则要点。在稳中求进的发展道路中，以下几个方面的问题还需不断探索：

一是在包括"2 小时内恢复系统主要功能"在内的风险容忍政策已经在我国实践中有效执行，相关规则已存在于各系统需求书、业务管理办法等制度中的前提下，未来还可继续探索发展风险管理机制，加强风险管理保障，推动支付清算系统的风险容忍度及相关政策官方声明的发布。二是长期以来，我国中央银行对金融机构的存款准备金考核严格，且准备金率相对较高，绝大多数参与者在绝大多数时点清算账户的资金都比较充裕，加之未出台银行破产法，对金融机构"不能倒"也"不会倒"的预期较为刚性，因此对流动性风险、信用风险的研究需要进一步关注。三是尽管采用了三道防线模型，但在当前实际工作中，往往是三道防线各司其职，统筹协调不够；相对重视第一道运维防线，风控防线和审计防线的效用发挥不足。运营者现有的三道防线模型中，第一道防线仅涉及业务、运行等一线部门，尚未将相关职能部门纳入其中，业务连续性方案的场景考虑也不够充分。而在支付系统功能方面，由于清算账户资金充裕，虽然系统功能完全具备、制度也允许使用日间透支、排队撮合、自动质押融资、"资金池"管理等风险管理工具，但大部分流动性管理工具基本"无用武之地"。系统参与者基本不存在延时提交清算业务的动机，因此传统的风险管理激励政策在短期内来看，无异于"用绳子推车"。

通过以上中外实践情况的比较，我国支付系统全面风险管理框架在以下 4 个方面存在可供讨论与探索的空间：

一是不断扩大风险管理机制的覆盖面，逐步实现参与者的全覆盖。对于出现的各类风险苗头都不能掉以轻心，需要以防范风险、规范操作为主线，以新增风险点为重心督促参与者健全各项内控制度，加强对重要环节和重要岗位的控制，持续优化系统功能设计，实现防范风险管理的科学化和规范化。对待可能出现的问题，进一步完善覆盖风险识别、计量、评估、监测、报告、控制等的完整链条，科学防范，切实完善参与者的安全防线制度。

二是探索对参与者进行风险评估和分级管理。当前，支付系统参与者存在着规模大小、运维能力、业务侧重和发展方向等方面的差异，针对全部参与者的统一的管理规范难免在个别方面存在管理粒度不够细的情况。而精细化管理能够更加充分地发挥单点参与者外部性的正面效应，有针对性地抑制其负面效应，有效避免出现外部性正面效应和负面效应全部管死的现象，有利于提升管理规范的适用性。

三是进一步落实完善"三道防线"，健全围绕运维管理主体的风险防线。深入探索三道防线的常态化运行模式，持续完善有序协作的防线体系：其一是认真落实好一线运维的各项规章制度要求，继续巩固好第一道防线；其二是风险控制工作进一步制度化、流程化，着力增强可操作性，比如定期开展典型案例分析、风险点排查、应急预案研讨等。发挥好风控防线的桥梁作用，对运维防线进行有力督促，对审计防线的要求进一步深化；其三是审计工作进一步专业化，加强与科技、内审等部门的沟通协调，使内审部门的相关专项审计工作更具广泛性、针对性、时效性；其四是重视制度建设，形成科学、闭环的制度体系，对三道防线进行全覆盖；其五是可适当将风控工作前移或后移，充分对接运维防线和审计防线，进一步提升三道防线的协同作用，形成三道防线的有机统一。

四是持续关注来自其他 FMI 的风险传导。支付系统在全面实施 PFMI 的过程中，应具备全面、高效识别来自接入支付系统的其他 FMI 的风险的能力，以防范风险通过这些 FMI 或共同重要参与者蔓延；在确保系统安全可靠、有足够的能力管理新接入 FMI 风险的前提下，研究证券结算系统、中央对手方等 FMI 直接接入大额支付系统、提高中央银行货币结算的可行性。

二、流动性风险与信用风险管理

支付系统需要在自身的法律体系、治理结构和全面风险管理框架的基础上，通过有效的管理手段和工具防范系统所面临的各类实质性风险，并快速、合理地处置已发生的风险事件，以保障系统的稳健运行，从而促进一个国家或地区的经济增长、维护金融稳定。在各类实质性风险中，由于参与者违约可能导致的流动性风险和信用风险是支付系统及其参与者面临的两种主要的风险。

根据 PFMI 报告，支付系统的流动性风险是指交易对手到期时没有足够的资金用于清偿金融债务，但在未来某一时间可能清偿金融债务的风险，而信用风险是指交易对手在到期时或者以后的任何时间都不能全部清偿金融债务的风险。这两种风险都是支付系统在参与者发生违约时的风险，其区别在于所面临的参与者违约事件的严重程度不同，流动性风险所面临的是未来尚有可能清偿的参与者违约事件，而信用风险所面临的是已确定无法清偿的参与者违约事件，二者在支付系统日常运行中通常同时出现且在一定条件下可以相互转化和相互影响。

基于上述考虑，本节的主要内容包括以下 6 个方面：一是流动性风险管理工具；二是流动性压力测试；三是抵押品管理；四是日间信贷；五是延迟净额结算机制；六是参与者违约规则与程序。

（一）流动性管理工具

鉴于流动性管理工作在支付系统中的极端重要性，各国中央银行和相关机构给予了高度关注，并根据自身实际开发、建设和运维了一系列管理工具，有效提升了风险管理工作的质量和效率。总结这些国家或地区的相关经验可以对我国支付系统流动性管理工作提供有益的启示。本小节主要梳理和对比分析了美国、英国、欧洲中央银行、日本、澳大利亚、瑞典、土耳其、中国香港等国家或地区在支付系统流动性管理方面的成熟经验和做法，并为我国支付系统流动性管理工作提供了重要的借鉴和参考。

支付系统流动性风险管理功能可分为三类：一是由中央银行向参与者提供的清算便利安排，如自动质押融资和日间透支等功能；二是通过特定业务处理机制缓解流动性不足的问题，如支付系统业务排队、排队待清算业务撮合及清算窗口管理功能等；三是清算账户信息管理功能，如清算账户余额查询、清算账户余额预警以及"一揽子"流动性实时查询功能等。

第一，在中央银行向参与者提供的清算便利安排方面，主要包括自动质押融资和日间透支等功能。一是美国 Fedwire 根据参与者风险资本情况设置其日间透支额上限，参与者必须具备良好的财务状况以及常规的贴现渠道方可进行日间透支，美联储通过不同的资金成本鼓励参与者为日间授信提供质押，并在特定情形下强制参与者提供质押；二是英国CHAPS 具备日间自动质押回购制度以满足参与者流动性需求，并通过要求最高质量的质押品作为担保以及设置足够的估值折扣以覆盖日间价格波动；三是欧洲 TARGET2 为参与者提供日间信贷及自动质押融资，并要求参与者当日偿还资金，否则对非货币政策对手方的参与者收取惩罚性利息；四是日本 BOJ-NET 为参与者提供日间透支，并通过质押合格抵押品以及保证抵押品价值始终能够覆盖透支额度来管控相关风险；五是澳大利亚中央银行为符合要求的 RITS 参与者通过公开市场操作或者常备便利来提供流动性；六是瑞典中央银行为参与者提供有抵押品的日间信贷，并具备相关的系统和规则以确保适当的抵押品能够始终覆盖日间信贷；七是土耳其 EFT 为参与者提供有抵押的日间流动性支持及隔夜信贷、隔夜回购等工具以解决其临时流动性短缺；八是中国香港 HKD CHATS 通过当日、隔夜透支工具与回购工具为参与者提供流动性。与上述国家或地区相比，我国支付系统在清算便利安排方面主要通过大额支付系统日间自动质押融资功能为参与者提供流动性支持，并具备配套管理制度；在日间透支方面，我国支付系统尚未启用相关功能，主要基于两方面考虑：一方面是涉及参与者的信用风险管理难度较大，另一方面是相关配套的评估、规则和程序尚未建立。

第二，在特定业务处理机制方面，主要包括业务排队、业务撮合和清算窗口机制等。一是英国通过 LSM 自动撮合并清算日间支付指令降低系统对参与者的流动性需求；二是欧洲 TARGET2 提供包括撮合机制算法、头寸预留和支付优先级等全面的流动性管理工具；三是土耳其 EFT 的参与者可根据排队和交易优先级机制调整队列交易顺序，系统还提供日间多边撮合机制等多种流动性支持工具。与上述国家相比，我国支付系统均提供了上述机制，但以手工或自动方式进行业务撮合目前尚未启用；在支付系统业务截止后，如存在清算排队业务或未弥补的日间透支额，系统将开启清算窗口，以便各参与者筹措资金弥补日间透支或解救排队业务，清算窗口期间系统仅受理贷记缺款行的支付业务而不受理业务类型限制。

第三，在账户信息管理方面，主要包括清算账户余额查询和预警等功能。一是美联储利用账户余额监控系统（ABMS）对参与者支付活动及日间账户余额进行实时监控；二是澳大利亚 RITS 系统业务人员实时监控参与者账户交易和余额信息；三是欧洲中央银行 TARGET2 提供辅助平台及工具帮助各国中央银行及参与者监控其流动性状况。与上述国家相比，我国支付系统除提供清算账户信息查询和预警等基础性监控功能外，还提供了"一揽子"流动性实时查询功能。在《大额支付系统业务处理办法》中规定，人民银行及分支机构有权为辖内直接参与者设定清算账户余额警戒线以监视清算账户余额情况，我国支付系统目前通过支付业务监控系统（PMCS）对参与者流动性情况进行实时监控，并通过"一揽子"查询功能提供人民银行管理的和商业银行所属的所有清算账户余额、预期头寸、发生额、日间透支及排队等待支付等情况。

除上述三方面功能外，美国、欧洲等主要发达经济体在流动性监控结果的事后分析方面开展了一系列探索，如美国风险管理信息系统通过对监控信息进行科学的事后分析为各类风险的管理决策提供辅助支持；欧盟建立了包括事实调查分析以及动态因素研究等在内的全面的风险管理框架，以确保交易信息在整个运行周期中得到持续监控与维护，而上述这些工作是未来我国需要提升的主要方面。

各个国家或地区支付系统流动性管理工具及机制的总体情况见表5-4。

表 5-4　各个国家或地区支付系统流动性管理工具及机制的总体情况

国家 / 地区	清算便利安排	业务处理机制	账户信息管理
中国 CNAPS	通过大额支付系统日间自动质押融资业务为参与者提供流动性	针对清算排队业务设计了以手工或自动方式进行撮合的机制，但目前系统并未启用这一机制	设定清算账户余额警戒线，以监视清算账户余额情况。通过支付业务监控系统对参与者的流动性风险情况进行实时监控
美国 Fedwire	对参与者平均每日透支进行收费。利用日间透支报告和定价系统（DORPS）对日间透支进行定价和收费计算。允许参与者通过抵押申请超过限额的透支。要求财务欠佳的金融机构必须提供抵押。要求财务健全的机构对超过透支限额的部分提供抵押	—	利用账户余额监控系统（ABMS）对参与者支付活动及日间账户余额进行实时监控
英国 CHAPS	CREST 结算行会产生自动质押回购以满足他们的流动性需求。要求以 Level A 级别的质押品作保证，且设置垫头以覆盖日间的价格波动	LSM 自动匹配日间支付指令并同时抵消清算，减少支付系统对银行机构的流动性需求	—

国家 / 地区	清算便利安排	业务处理机制	账户信息管理
欧洲 TARGET 2	为参与者提供日间透支，必须当日偿还，否则会触发惩罚性利息。为参与者提供自动质押融资，必须当日偿还，否则会触发惩罚性利息	—	—
日本 BOJNET	为参与者提供日间透支。为参与者提供 LSF 以减少流动性获取成本	—	—
澳大利亚 RITS	通过公开市场操作或常备借贷便利为参与者提供流动性	—	系统实时提供交易和余额信息。业务人员持续监控参与者账户余额
瑞典 RIX	提供参与者日间信贷采用全额抵押信贷方式，以抵押品覆盖日间信贷，并实时监控抵押品状况	—	—
中国香港 HKD CHATS	提供日间流动性。可通过当日与隔夜证券回购为参与者提供流动性。只接受香港金融管理局和香港特别行政区政府发行的证券作回购	—	—

资料来源：作者整理。

通过上述比较可以看出，我国支付系统在清算便利安排方面与其他国家或地区实践较为相似，未来可在业务处理机制及账户信息管理等方面进行更深入的探索和研究。为进一步做好我国支付系统流动性管理工作，增强系统对参与者流动性情况的掌握，提升系统运行效率，我国支付系统可在借鉴其他国家或地区支付系统经验的基础上，通过整合支付系统现有流动性管理功能，并根据系统管理的实际需求新增部分功能，建设功能齐全的支付系统流动性管理系统。系统功能包括但不限于以下几个方面。

一是流动性风险实时监测。为保证参与者流动性充足、系统运转高效，避免系统性流动性风险事件发生，需要对单个参与者流动性情况进行实时监测，分别设置单个参与者流动性历史基线，并进行流动性情况的实时监控图形展示。

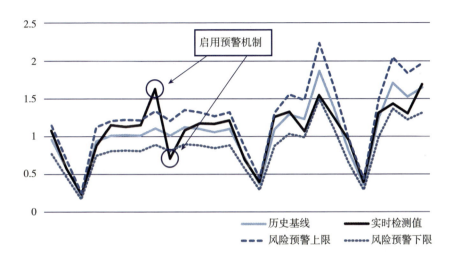

图 5-1　流动性风险实时监测功能示意图

系统自动拟合单个参与者和各业务系统过去一定时期内每个工作日每个时点的流动性情况并生成历史基线图，在监测系统内设置流动性阈值，作为当日单个参与者流动性情况的参考指标区间。

二是流动性风险预警机制。流动性风险事件属于"低频高损"事件，需设置风险预警区间，不低于过去一定时期内（保证日期与时点相同）最低历史均值。该监测指标可以监测该时点的流动性风险情况，并根据日期与时点的流动性差异灵活调整，当单个参与者或系统性流动性头寸低于阈值，出现流动性压力时，系统立即启用报警机制提示参与者或系统运营者异常状态情况，参与者或系统运营者及时补充流动性或运维人员及时对故障进行响应。

三是完善并启用撮合机制。在支付系统流动性风险预警事件发生后，系统应按预设撮合策略采取手工或自动方式启动撮合功能，以帮助参与者尽快完成交易，减少排队时间，降低流动性需求。目前我国支付系统已设计了相关功能，但尚未启用，需进一步完善与功能设计相关的底层基础工作，主要包括历史交易数据分析、参与者交易往来分析、流动性进出分析、撮合机制的算法和系统资源的使用效率等。

四是重点区域流动性风险监控。系统应具备对地区流动性风险进行监测，与地区流动性历史基线进行对照的功能，并在出现异常时及时向当地系统运营部门发布告警。在这一功能基础上，系统可对全国重点经济区域及大型城市开展重点监控并支持图形展示，如上海作为全国金融核心区域，发生极端风险事件引发流动性风险的蔓延，从而导致系统性流动性风险发生，进而增加发生金融系统重大损失的可能性。因此，从全国层面来看，要完善和加强对重点区域的流动性风险监测。

五是流动性管理系统与其他系统的对接。流动性风险监测系统需要大量实时数据输入以确保监控及预警的准确性，为了更好地支持各相关业务系统的接入，支付系统流动性管理系统需要与支付系统交易系统进行对接，并与商业银行资金管理系统对接；而商业银行交易系统通过与商业银行资金管理系统和支付系统交易系统对接，从而实现对参与者和系统的流动性进行监测管理和资金调拨。

六是流动性管理系统配套制度。流动性管理系统应具备配套制度以确保该系统的正常运行和危机处置，提升商业银行和支付系统流动性管理的稳定性，同时要兼顾可行性、前瞻性以及保持与其他法律法规一致性的原则。在流动性日常管理方面，需制定包括流动性管理总体框架、流动性风险管理体系、流动性风险管理措施等方面的配套制度；而在流动性应急管理方面，支付系统和参与者均需制定符合自身实际的流动性应急预案，以应对流动性风险事件，并以适当方式进行报备和公开披露。

建设支付系统流动性风险管理系统，对于参与者而言，有利于及时获取其自身业务规模、业务收发情况、存款准备金规模及风险水平等指标，从而为其提高资金使用效率、全面管理风险提供依据；对于支付系统及其运营者而言，做好流动性风险管理工作，有利于全面及时掌握系统流动性总体情况，进一步提升系统运行效率；对于中央银行而言，做

好支付系统流动性风险管理工作，有利于及时获取参与者流动性水平和
信用水平、银行间市场融资难易程度、利率水平、宏观经济整体情况等
指标，为更好地履行货币政策的制定与执行职能提供参考。

　　在支付系统流动性管理系统的基础上，参与者可根据自身实际建设
行内日间流动性监测工具及系统，为自身流动性管理工作提供参考，并
为流动性压力测试工作提供依据。由于影响银行日间支付结算流动性因
素众多，不存在单一的监控工具可以提供足够的信息识别并监控参与者
日间流动性风险，为更好地解决流动性监测问题，在此设计了三类流动
性检测工具。

1.适用于所有参与者的流动性工具

（1）日间最大流动性使用

　　该工具使监管者可以监控银行日间流动性使用情况，并要求银行监
控单日内清算账户中所有往来账的净值，每日最大净流出额决定了银行
单日最大流动性使用，这一指标可以在系统进入营业准备后进行计算而
不要求日间实时的监控。

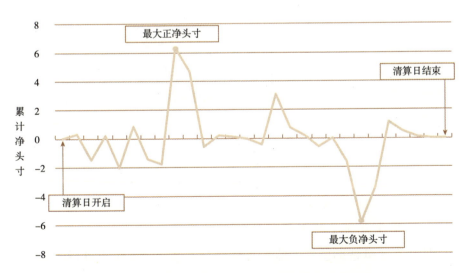

图 5-2　参与者日间流动性使用情况监控工具示意图

报告期内，银行需报告清算账户日间最大净流出量的前三笔交易金

额、日均最大净流出量和净流入量以及单日最大净流出量和净流入量。

（2）日初可用流动性

该工具可帮助监管者监控日常情况下银行日初可用流动性，报告期内，银行需报告工作日日初最小可用流动性情况和平均日初可用流动性情况，报告中也应包括银行流动性来源的相关要素。

（3）总支付额

该工具可帮助监管者监测银行支付活动的总规模，报告期的每个工作日，银行均需计算大额支付系统中发出和接收的支付业务总量，并报告单日支付业务总量的3次峰值和日均值。

（4）特定时间负债

该工具可帮助监管者更好地掌握单一银行的特定时间负债，未按时偿还这些负债可能会导致银行的财务损失、声誉损害或未来业务损失。银行应计算每日特定时间负债的总价值，并报告一定时期内3次峰值及日均值。

2. 适用于提供代理行服务银行的流动性工具

（1）代理客户的支付额

该工具可帮助监管者了解代理行代理客户的支付流所占比例，以评估此类支付业务对代理行自身日间流动性产生的影响。代理行应计算每日代理客户支付的总额，并报告一定时期内3次峰值以及每日均值。

（2）日间客户授信

该工具可帮助监管者监控代理行日间客户授信的总规模，代理行应报告报告期内客户日间授信使用规模的3次峰值，并包括该使用规模是否可作为应急和固定使用等信息。

3. 适用于直接参与者银行的流动性工具

日间吞吐量帮助监管者监控直接参与者通过清算账户进行清算的总吞吐量。报告期内，直接参与者应报告每日特定时间内支付占总支付额的比例以及工作日每小时的业务量。此类指标有助于识别银行支付交易行为随时间变化而变化的特征。

（二）流动性压力测试

压力测试也称为强度测试或负载测试，传统的压力测试是指将整个金融机构或资产组合置于某一主观想象的特定极端市场情况下，测试该金融机构或资产组合在关键市场变量突发性变动压力情况下的表现。支付系统流动性压力测试是指将支付系统及其参与者置于某些主观想象的特定极端场景下，如某一个或多个参与者完全停止对外发送来账或接收往账等，以测试在此类突发性变动压力情况下支付系统的流动性状况。支付系统为银行业金融机构、企事业单位及金融市场提供安全高效的支付清算服务，是支持货币政策实施、维护金融稳定的重要金融基础设施，在加速社会资金周转、畅通货币政策传导，密切各金融市场有机联系、促进金融市场发展、防范支付风险以及维护金融稳定等方面发挥了重要的作用。因此，支付系统的安全性、高效性和稳定性需要经得住极端情况的考验。

当不可预知的原因导致支付系统参与者无法发送或接受支付业务时，系统部分参与者会出现流动性异常，由于系统参与者互为收发对象，个别参与者流动性过多意味着主要以该参与者为来账的对手方付多入少，并逐步表现出流动性紧张，反之亦然。同时，由于支付系统的传导效应，流动性紧张会在多家参与者之间蔓延，这一情况不断发展甚至可能导致整个支付系统瘫痪。为了摸清问题，杜绝前述情况发生，需要进行流动性压力测试。PFMI原则7（流动性风险）要点9规定："FMI应确定其流动性资源的规模，并通过严格的压力测试定期测试其流动性资源的充足性"，该原则建议支付系统"应该使用标准的和预先设定的参数与假设每日进行流动性压力测试"，"FMI应该至少每月对压力测试的场景、模型、基本参数和假设进行全面而彻底的分析"。因此，支付系统及其参与者对流动性情况定期开展压力测试不仅满足了国际原则和监管部门的要求，更能够增进对自身及全系统的流动性情况的了解，为做好流动性风险管理工作、防范和化解系统性金融风险提供依据。

在各个国家或地区对于支付系统流动性压力测试公开披露的文件和资料中，英国与日本阐述了关于流动性风险压力测试的具体要求：日本要求参与者参加压力测试，英国会对部分银行或金融业机构开展年度压力测试，或要求参与者自行开展压力测试，而土耳其中央银行则明确表示 CBRT 系统没有进行流动性压力测试。此外，部分国家或地区认为，由于本国支付系统不承担流动性风险故无须开展压力测试。我国在大额支付系统风险管理框架中针对极端情况下的流动性压力设计多种场景，并明确规定系统运营者及参与者应每半年开展一次流动性压力测试，以对自身流动性水平进行评估，未来可在对参与者的监督考核机制、报备审批制度及风险防范机制等方面进行进一步探索。相关工作开展可遵循以下原则：一是至少每季度进行一次；二是在出现市场剧烈波动或相关部门要求下针对特定压力场景进行临时、专门的压力测试；三是与参与者存款准备金规模、流动性风险水平以及银行类别相适应；四是对有关地区及相关重点区域单独实施压力测试。

全面收集相关数据是有效开展流动性压力测试工作的基础，我国支付系统可考虑推进建设更为完备的参与者流动性报告机制，要求参与者向支付系统监管方和运营者报告风险监测相关数据，同时在计划与演练方面，该机制可要求参与者于每年 12 月底前，将本行次年应急计划及压力测试计划报告支付系统监管方和运营者。在全面收集所需数据的基础上，为有效开展支付系统流动性压力测试，需要对我国支付系统压力测试设置科学的场景，即各种可能出现的异常情况，以得到可靠的压力测试结果。场景设计中如果忽略了某一重要情形，将会严重削弱压力测试的可靠性与可行性。在我国支付系统的流动性压力测试中可设计的代表性场景，主要包括：一是个别大型参与者流动性不足，即大型参与者只有往账无来账导致该参与者最终由于头寸不足，无法继续发送业务而出现流动性问题，该场景可能导致主要接收该行来账业务的参与者在该行出现流动性问题后也逐渐出现流动性问题；二是个别大型参与者机构流动过于集中导致其他行流动性不足，即大型参与者只有来账无往账导致其他参与者资金均流向该行且无该行来账，进而出现流动性问题；三是普通地区灾难导致区域只收业务但不发送业务，进而出现流动性向该区域集中的现象。由于支付系统采取"一点接入、一点清算"的模式，该场景对于大多数地区影响不大，尽管会导致个别区域流动性集中，但从全国范围来看，各参与者不会出现大的流动性问题；四是重点地区灾难（例如上海）导致该区域接入的五大行只有来账但无往账，进而导致流动性向个别参与者集中，而小型参与者普遍由于无来账而导致资金急速流出，流动性不足；五是两个大型参与者同时发生流动性不足导致业务无法收发时，测试其他参与者是否出现流动性死锁情况。

在上述场景的基础上，为了更好地为支付系统及其参与者在流动性风险管理方面提供有力支持，流动性压力测试系统需要充分考虑参与者需求，开发相关功能，实现压力测试效果最大化。该系统功能设计主要包括：一是存储支付系统参与者账户信息包括日初余额、日借方发生额、日贷方发生额等信息，并提供导入导出功能；二是模拟真实的支付业务收发行为，并可根据参数控制不向指定参与者发送业务或指定参与者不发送业务，即指定参与者的业务无来账或无往账，系统需支持支付系统历史数据导入并按真实系统时间顺序发送业务，以便真实模拟支付系统历史数据发送；三是测试结果记录功能，即按照设定的时间间隔存储支付系统参与者账户信息快照，并提供报表展示功能，以便流动性不足时及时监控；四是模拟真实支付系统的清算账户运行情况的功能，如处理支付报文并提炼出清算信息对收付双方清算账户作相应借记或贷记操作、清算账户排队功能以及按照真实业务发生的时间顺序复现支付业务场景等；五是业务收发控制功能，即通过参数设置参与者收发业务的权限，以便系统在模拟业务运行时按照设置忽略真实业务中被控制的参与者的部分业务，在测试过程中，系统应仍可对业务收发作控制并立即生效；六是参数设置功能，如设置测试时长、业务发送频率、测试开始时间、测试结果快照保存间隔时间等参数。

目前，在险价值法（Value at Risk，VaR）最早由 G30 集团于 1993 年提出，是流动性压力测试实践中普遍采取的方法。在险价值是指处于风险中的价值，即市场正常波动下某一组合在一定置信区间下在未来特定时间段内的最大可能损失。传统的资产负债管理过于依赖报表分析，缺乏时效性，利用方差及 β 系数来衡量风险太过于抽象且不直观，反映的仅为市场或资产的波动幅度，无法准确定义和度量金融风险，因此，VaR 法已成为目前金融界测量市场风险的主流方法，由 J.P.Morgan 推出的用于计算 VaR 的 Risk Metrics 风险控制模型更是被众多金融机构广泛采用，代表了目前市场风险度量的最佳实践。根据定义，VaR 可以表示为

$$Pt\left(\Delta p \Delta t \leq -VaR\right)=\alpha$$

其中，Pt 代.表组合 P 在持有期内在置信度（$1-\alpha$）下的流动性变化，上式说明损失值等于或大于 VaR 的概率为 α，即在概率 α 下损失值大于 VaR。根据 VaR 的定义，计算与支付系统压力测试相关的 VaR 值需根据支付系统极端场景，抓取各个时点系统参与者流动性需求数据，并采用一定方法计算出某个置信区间内单一参与者流动性需求的 VaR 值，将所有参与者 VaR 值加总得到各极端场景下系统流动性的 VaR 值，即为全系统在极端情况下流动性需求的压力值。

计算 VaR 的方法主要有历史模拟法和蒙特卡洛模拟法两种。历史模拟法是计算 VaR 方法中最简单、最直观的方法，是指借助于计算过去一段时间内参与者流动性需求的频度分布、历史上一段时间内的平均收益以及既定置信区间下的最低收益水平来推算 VaR，是一种根据市场因子的历史样本变化模拟流动性需求未来分布，并利用分位数给出一定置信度下的 VaR 的估计方法。蒙特卡洛模拟法又称随机模拟方法，主要思路是反复模拟决定参与者流动性需求的随机过程，在大量模拟的基础上，

组合价值的模拟分布将收敛于参与者流动性的真实分布，从而通过模拟分布导出真实分布并求出 VaR。蒙特卡洛模拟法并非直接利用历史数据估计风险值，而是通过估计其可能分布及参数，再利用相应的"随机数发生器"产生大量的符合历史分布的可能数据，从而构造出组合的可能损益，并按照给定的置信区间估计出风险价值。相较于历史模拟法，其优点主要有三个方面：一是可产生大量的情景，比历史模拟法更精确和可靠；二是它是一种全值估计方法，可以处理非线性、大幅波动及厚尾问题；三是可模拟回报的不同行为（如白噪声、自回归和双线性等）和不同分布。其缺点主要为：一是产生的数据序列是伪随机数，可能导致错误估计；二是随机数中存在的群聚效应浪费了大量的观测值，降低了模拟效率；三是依赖于特定的随机过程和所选择的历史数据；四是计算量大、计算时间长，比方差—协方差和历史模拟法更为复杂。

我国支付系统的流动性需求均来自直接参与者，流动性规模为清算账户余额、来账及少量的质押融资，其中账户余额和来账构成了99%以上的流动性规模。因此，分析大额支付系统整个系统的流动性，要从大额支付系统各个直接参与者入手，将其某一时点所需要的流动性相加便是整个系统的流动性需求。根据对实际情况和可获数据的分析，选用VaR方法对极端情况下各个时点直接参与者的流动性需求进行分析，从而加总得出各种极端情况下大额支付流动性需求值。影响大额支付系统参与者流动性的极端情况主要有三大类：一是结算失败。在极端情况下，大额支付系统的直接参与者由于支付系统流动性不足而出现互相排队业务无法正常结算处理的情况。二是内部压力。普通贷记业务在清算窗口关闭时若没有解救则作退回处理，但是同城净额必须要在当天结算，如果排队无法被解救，则会影响整个系统进入日终处理。三是外部压力，主要包括：存款准备金率下降，在大额支付系统中，参与者用其在中央银行的准备金账户来完成支付的接收和发送，这一账户包含了法定存款准备金和超额存款准备金。当存款准备金率下降时，参与者在大额支付系统可以用于支付清算的资金量降低，支付系统中的流动性会大大减少；银行间市场流动性紧张（钱荒），银行间市场流动性情况反映银行短期资金流动性状况，当银行间市场流动性紧张时，说明银行自身短期流动性紧张，可能导致支付系统流动性短缺；银行季末考核，由于银行季末需要对自身的资产负债情况进行考核，各银行可能在考核时点减少大额资金的支付清算，导致支付系统的流动性降低。根据上述极端场景，抓取支付系统在极端场景下各个时点大额支付系统中参与者流动性需求的数据，采用蒙特卡洛模拟法计算出某个置信区间内，该参与者流动性需求的 VaR 值，将所有参与者的 VaR 值加总，从而得到上述极端场景下大额支付系统流动性的 VaR 值，即大额支付系统在极端情况下的流动性需求的压力值。

（三）抵押品管理

抵押品管理是支付系统风险管理工作的重要组成部分，本节主要从以下三方面对支付系统的抵押品管理展开论述：一是合格抵押品范围，二是抵押品估值及盯市制度管理，三是抵押品质押率管理。

1. 合格抵押品范围

确定符合要求的抵押品范围是支付系统进行有效信用风险管理的先决条件，根据支付系统运行的实际情况和需求设定可用的抵押品范围，可以有效管理由于质押融资或延迟结算机制带来的信用风险。在各个国家或地区的支付系统中，合格抵押品范围既有相同之处，又存在一定的差异。

各个国家或地区支付系统均以低信用风险、低流动性风险和低市场风险的金融资产作为可用于开展质押融资业务的抵押品。一般来说，以本币计价的本国国债、中央银行票据以及部分实质性由国家担保的债券接受度较高，而其他金融资产是否符合要求则存在较大差异。部分国家或地区支付系统可用抵押品范围较窄，如中国香港 CHATS 仅接受特区政府和金管局发行的证券，英格兰银行仅接受评级为 A 的政府或中央银行发行的金融资产。较窄的抵押品范围能够有效地限制支付系统所面临的信用风险，但由于市场上合格抵押品数量较少，各参与者持有量均不大，同时也限制了质押融资业务的规模和灵活性。与中国香港和英国不同，美国和澳大利亚支付系统可接受的抵押品范围相对较宽，除各级政府发行的债券、中央银行票据以及部分金融机构发行的高评级债券之外，美联储还可接受部分商业贷款、消费贷款和美国联邦机构担保的贷款，澳大利亚中央银行规定的合格抵押品范围还包括部分 3A 级的 ABS。部分国家的支付系统也可接受境外抵押品或者不以本币计价的抵押品，美联储可接受在欧洲清算银行和明讯银行托管的符合标准的部分以澳元、英镑、加元、日元、丹麦克朗、欧元、瑞典克朗、瑞士法郎等计价的外币资产；土耳其和澳大利亚可接受部分符合规定的外国政府或国际组织债券；土耳其中央银行还可接受外币存款以及以外币计价的伊斯兰债券；日本银行可在不损害其担保权和其他抵押质押权利的基础上接受一部分具有足够信誉和市场流通性的合格境外证券作为抵押品；瑞典中央银行在外币证券之外还可接受部分外币现金作为抵押品，包括已经与瑞典中央银行达成协议的丹麦、挪威两国的法定货币丹麦克朗和挪威克朗，以及瑞典中央银行在德国中央银行开设的账户内存放的欧元。

我国支付系统可使用的抵押品范围在中国人民银行发布的相关业务管理办法中有明确规定。《中国人民银行自动质押融资业务管理办法》规定，"本办法所称质押债券，包括记账式国债、中央银行票据、开发性和政策性银行金融债券，以及人民银行认可的地方政府债券及其他有价证券"，《中国人民银行办公厅关于印发〈小额支付系统质押业务管理暂行办法〉和〈小额支付系统质押业务主协议〉的通知》规定，"人民银行批准的备选质押品种类为国债、中央银行票据、政策性金融债"。目前，我国不接受以外币计价的金融资产作为抵押品。

通过上述比较可以看出，我国支付系统在以本币计价的抵押品范围方面与其他国家或地区相比较为类似，未来可在合格抵押品的定期评估更新和公布机制等方面开展进一步的研究。

在前述管理办法中规定的"人民银行认可的地方政府债券及其他有价证券"的具体范围及选择标准，目前尚无公开披露，在实际应用中，参与者很少使用该类别。而英格兰银行抵押品的具体选择方法会在英格兰银行介绍英镑货币体系的红皮书中公开披露，抵押品列表每年重新评估一次且在英格兰银行网站公开披露。因此，为建立更加高效、透明的自动质押融资业务管理机制，我国支付系统可以探索建立公开透明的抵押品评估机制，并定期公布合格抵押品名录。

建立公开透明的抵押品评估机制需要支付系统充分评估可作为抵押品的金融资产的信用风险、流动性风险和市场风险。对于政府债券而言，支付系统需要根据其基本要素、市场交易情况、生产总值、地方财政收入、地方债务规模等因素建立合理的、具有足够区分度的评估模型，充分评估其信用风险和流动性风险，确定其是否可以作为合格的抵押品。对于金融机构债券而言，其评估工作可分为对发债主体和对债券本身进行评估两个部分。对发债主体进行评估类似于对参与者的评级，需要考虑包括其资本情况、流动性风险、市场风险、盈利能力等多方面因素，可借鉴中央银行金融机构评级，重点关注资本管理、资产质量、流动性、关联性、跨境业务和稳健性等方面，通过数理模型和专业评价相结合的方式，对金融机构风险状况进行真实、客观的评价，充分反映金融机构风险情况，这对于参与者给支付系统带来的信用风险的评估具有重要的参考意义；而对债券本身进行评估的模型则可考虑债券类型、基本要素、外部评级以及市场信息等多种要素。价格等市场信息是市场参与主体对于债券自身进行尽职调查和内部评级的外部反映，充分考虑包括市场信息在内的各方面信息有利于更加全面地衡量金融机构债券的信用风险水平。可靠的抵押品评估机制有助于我国支付系统建立明确且定期更新的合格抵押品名录，有助于进一步提高支付系统资金使用效率以及风险管理水平。

2. 抵押品估值及盯市制度管理

除本国货币外，作为抵押品的金融资产都面临着市场风险，即由利率、汇率等价格因素而导致的金融资产价格变动的风险。作为风险管理的重要手段，合理估计抵押品价值并采取恰当的盯市频率，从而准确反映支付系统当前面临的信用风险规模，是做好支付系统风险管理工作的重要组成部分。

在抵押品估值方面，各国都建立了符合自身需求的估值体系。美国Fedwire 采取的是第三方定价，如果该定价无法获取则采用美联储内部模型进行估值；瑞典中央银行的估值逻辑与美联储类似，即使用上一个估值日的最新收盘价，如无可参考的市场价格则使用基于金融资产的现金流和利率期限结构计算出的理论价格；日本银行对抵押品的估值则是在抵押品当前市值的基础上按抵押品类型和到期期限进行一定的折算而得出；其他国家或地区的支付系统抵押品估值均以市值为基础获得。而我国支付系统的情况与前述国家或地区均不同，抵押品价值按照金融资产的面值进行计价。无论是按照面值还是市值进行计价，完备的盯市制度都是抵押品管理工作中的重要一环，各个国家或地区的支付系统都有明确的逐日盯市制度，美国等部分国家或地区的支付系统还可根据风险情况增加盯市频率，我国支付系统已完成抵押品逐日盯市模块的开发工作，但尚未启用。

通过上述比较可以看出，在抵押品估值和盯市制度方面，一方面，我国支付系统还需要在抵押品按面值或按市值计价选择上进行充分论证，我国目前采取的按面值计价的方式具有操作简单、管理难度低并可在一定程度上消除抵押品顺周期性影响等优点，但支付系统仍需对抵押品按市值进行盯市管理及对其信用风险进行定期评估，因此，上述做法要求支付系统以两套价值体系对抵押品分别进行管理，无形中增加了抵押品管理工作的复杂度；另一方面，我国支付系统可考虑启用支付系统抵押品的逐日盯市模块，并配套建设完备的抵押品估值体系，该体系有两种思路：一是支付系统根据抵押品的现金流、利率期限结构等金融资产自身属性，结合内外部评级等因素建立抵押品的内部估值体系，其优点在于能在估值时通过价差调整等多种方式充分反映支付系统风险管理的需求，消除市场价格信息中非理性的部分，缺点则是估值模型的构建过程往往比较复杂，可能需要投入大量的人力物力；二是直接引用外部信息，包括公开市场中的价格信息或中央国债登记结算有限公司、银行间市场清算所等机构所提供的估值信息等，其优点在于投入较少、管理简单，缺点在于无法充分反映支付系统风险管理需求，且外部市场信息或估值信息可能无法覆盖所有支付系统抵押品。

3. 抵押品质押率管理

对于支付系统而言，当由于市场条件快速变动导致抵押品市值低于抵押值时，系统便会面临实质性信用风险。因此，合理设定抵押品质押率，在抵押品市值与抵押值之间通过估值折扣建立充足的缓冲，可以有效降低支付系统面临的信用风险，提高风险管理水平。

各个国家或地区支付系统均为其可接受的抵押品设定了审慎的质押率，美联储根据不同金融资产的种类和期限等特征分别设定了每种抵押品的质押率，并公布在美联储官网；英格兰银行进行质押率评估时从抵押品持有期的极端价格变动角度出发，使用 1999 年后或相关数据可获取以来价格波动最大的两年作为计算基准，以确保质押率在不断变化的市场条件下能为信用风险管理提供充足的支撑；瑞典中央银行在处理以外币计价的金融资产时设定了更低的质押率以应对汇率风险；英国在设定质押率时还充分考虑到了抵押品顺周期性的影响，其与 PFMI 原则 5 要点 3 的要求相一致，日本银行也有每年定期调整质押率的相关规定。

2006 年颁布的《中国人民银行办公厅关于印发〈小额支付系统质押业务管理暂行办法〉和〈小额支付系统质押业务主协议〉的通知》规定，"人民银行批准的备选质押品种类为国债、中央银行票据、政策性金融债，质押率均为 90%"。2017 年颁布的《中国人民银行自动质押融资业务管理办法》并未延续前一通知中固定质押率的规定，其具体规定为："人民银行根据宏观审慎管理需要和市场情况确定和调整质押债券范围及质押率等要素，并通知成员机构"。从目前我国市场实际业务开展情况来看，我国未公布支付系统质押率的具体评估原理和计算过程，无论质权人是中央银行等政府机构的政策性质押，还是其他金融机构的市场性质押，其抵押品的质押率总体上尚未随着市场条件或经济周期等因素发生明显变动，这可能是由于我国支付系统采取了足以应对市场极端情况的较为保守的质押率。无论我国支付系统对抵押品的质押按照市值还是面值，引入质押率动态调整机制，将质押率在宏观审慎监管框架下同宏观经济周期以及市场环境相结合，将有利于市场参与者提高资金使用效率，推动我国金融市场的平稳健康发展。具体来说，根据逆周期调节的理论，金融机构在经济扩张期加速风险集聚并在经济衰退期集中释放，2008 年国际金融危机之后，普遍观点认为监管机构需要通过逆周期调节引导金融机构在经济衰退时平稳释放风险，降低经济衰退带来的负面影响。虽然与支付系统相关的抵押品制度更多地作为清算便利安排被广大金融机构所使用，但由于所使用的抵押品在范围及功能上与货币政策执行中公开市场操作常用的抵押品具有高度的相关性，出于同货币政策执行保持一致的考虑，如公开市场操作等具备质押率调节机制，支付系统抵押品也应具备相应机制。根据 PFMI 原则 5 要点 3 的要求，"为降低顺周期调整的需要，在切实可行并且审慎的范围内，FMI 应该设立稳定和保守的垫头。这些垫头要考虑市场紧张时期并相应调整"，支付系统抵押品的质押率变动不应过度频繁。因此，我国支付系统可研究根据当前经济状况和未来经济预期，在宏观审慎监管框架下设定合理的质押率评估办法、调整周期的可行性，并探索定期对质押率的评估办法和评估机制进行独立评估，从而建立更加完善的支付系统抵押品质押率定期调节机制。

（四）日间信贷

当一家或多家支付系统参与者出现流动性不足时，为保障支付系统的稳健运行，参与者需要及时通过同业市场资金、支付系统向参与者提供的日间信贷等方式筹措资金，解决流动性不足的问题。其中，支付系统向参与者提供的日间信贷是指当参与者清算账户资金不足时，按照事先确定的安排从系统融入资金完成清算的便利安排机制，其有助于减少清算排队现象，保障支付清算安全，但也面临来自参与者的信用风险。根据融资时有无相应抵押品，支付系统向参与者提供的日间信贷可分为有抵押品的质押融资和无抵押品的日间信贷两大类。

1. 有抵押品的质押融资

有抵押品的质押融资是指支付系统参与者通过向系统提交符合要求的抵押品获得系统提供的短期资金支持的业务机制，实质上等价于参与者以手中持有的合格抵押品作为标的资产向支付系统发起的回购业务。在该机制下，支付系统面临的信用风险主要来自参与者由于流动性不足或抵押品市价低于融资本息等无法按期足额偿还融资本息。因此，在该机制下支付系统信用风险管理的重点是做好质押融资的抵押品管理和参与者管理。与抵押品相关的内容已于前文讨论，在此不再赘述。而做好参与者管理工作有助于支付系统更好地管理来自交易对手方的信用风险，参与者管理工作主要分为资质管理和业务管理。

在参与者资质管理方面，目前各个国家或地区支付系统均要求参与者需事前申请方可办理质押融资业务，申请过程中各国中央银行会根据参与者综合资质进行信用风险评估，通过控制准入来控制支付系统面临的信用风险。我国在《中国人民银行自动质押融资业务管理办法》中规定，同时满足大额支付系统直接参与者、银行间市场甲类或乙类结算成员、在人民银行指定的债券登记托管结算机构开立债券托管账户等条件的金融机构法人可向人民银行申请办理自动质押融资业务，经人民银行审核符合业务办理条件的金融机构，应在与中国人民银行签署《自动质押融资主协议》后，通过自动质押融资业务系统开展相关业务。

对参与者的业务管理则包括对参与者信用风险的实时监控以及对质押融资限额和期限的控制等方面。多数国家或地区支付系统通过设定金额上限和收取费用或抵押担保品等方式来调控参与者对此类功能的使用，并有效管理风险，且各国中央银行对参与者信用风险均有实时监控机制，可以根据参与者的实时风险情况在必要时对参与者融资限额及账户做出限制。美联储可以通过对每个参与者进行分钟级的日间透支事后监控来监测参与者的信用风险，甚至可以对参与者的 Fedwire Funds Service 业务进行实时监控。

设置参与者质押融资限额主要有两种思路，一是英国、日本等国家的思路，即不根据参与者的资产规模设定限额，参与者能够通过质押融资获取的资金上限完全取决于其拥有的合格抵押品的价值和相应的质押率；二是土耳其等国家实施的根据参与者资产规模控制融资上限的思路。我国在《中国人民银行自动质押融资业务管理办法》中规定，不同金融机构的自动质押融资余额根据其分类，确定限额与其上年末实收资本之间的上限比例，这一做法与土耳其等国家的做法相类似。

在质押融资期限方面，美国、欧洲、日本等国家或地区支付系统仅允许日间信贷，不允许隔夜信贷，资金本息未在日间足额偿还将被处以高息罚款；英格兰银行向 CHAPS 参与者提供日间信贷，但在极端情况下有相应的应急安排可将日间信贷转变为隔夜信贷；澳大利亚、土耳其、瑞典和中国香港可向支付系统参与者提供日间和隔夜两种信贷，且具备通过不同资金成本鼓励参与者在日终时偿还所有贷款的机制。我国在《中国人民银行自动质押融资业务管理办法》中规定，自动质押融资业务通常为日间业务，最长期限不超过隔夜，最小业务金额为 50 万元，利率统一按业务发生时的人民银行隔夜常备借贷便利利率确定，隔夜未足额偿还资金本息的视为逾期，人民银行对逾期未偿还资金部分额外加 3 个百分点按日收取利息，逾期超过 3 天仍未足额偿还应计本息的视为违约，人民银行将按照市场惯例和相关法律法规处理。

通过上述对比可以看出，我国支付系统日间自动质押融资业务在参与者准入管理、融资限额和融资期限等方面与其他国家支付系统的做法较为近似。

2. 无抵押品的日间信贷

无抵押品的日间信贷是指支付系统在参与者未向系统提供足额抵押品的情况下向其提供流动性支持的机制，其本质等同于系统向参与者授信，是对有抵押品的质押融资的有效补充，具有覆盖面广泛、供给流动性效率高等特点，但也给支付系统带来了更大的实质性信用风险。因此，开展此类业务对支付系统在参与者信用风险的有效度量、监测和管理方面提出了更高的要求。

美国 Fedwire 可以向参与者提供无抵押品的日间信贷，经当地联储评估后，如某一参与者的财务、市场及监管信息条件符合要求，则该参与者可获临时日间信贷，由于为日间透支提供质押并非强制性行为，因此 Fedwire 的日间信贷包括一部分无抵押品的日间信贷。根据美联储官方网站的统计数据，Fedwire 每日有 3%~5% 的日间融资无抵押品担保，折合每日授信总金额为 1 亿~2 亿美元，这也表明无抵押品的日间信贷被视为保障支付清算的应急性便利安排。除美国外，包括我国在内的其他国家或地区支付系统均不具备无抵押品的日间信贷安排。

（五）延迟净额结算机制

对采用 RTGS 机制的支付系统而言，由于每笔支付业务实时全额清算，当付款方账户余额不足时，业务会被放入清算队列做排队处理，系统不会承担为保证交易完成而产生的信用风险，即使某一参与者违约，信用风险的影响也仅限于其交易对手。因此，在 RTGS 机制下，系统不会承担其参与者在付款或结算行为中的任何信用风险。

而对于采取 DNS 机制的支付系统来说，虽然此类系统可实时处理支付业务且通常明确保证结算，但由于业务的最终结算时间迟于业务最终性确认时间，因此，此类支付系统在结算延迟期间会不可避免地面临因参与者无法清偿其支付债务或结算债务而带来的信用风险。一种学术观点认为，采取 DNS 机制的支付系统在处理业务时扮演的是中央对手方的角色，即通过多边净额轧差机制和债务更新机制将两个参与者之间的债务关系转换为各自参与者与系统之间的债务关系。由于各个国家或地区采取 DNS 机制的支付系统基本都依赖所在国家或地区的 RTGS 系统进行最终结算，并且大部分系统与 RTGS 系统为同一运营者，对 DNS 系统的信用风险进行有效的监控和管理，不仅符合 DNS 系统本身风险管理的要求，还可有效防范信用风险通过 DNS 系统传导至 RTGS 系统，杜绝由于支付系统间风险相互传导而引发的影响金融稳定的事件发生。

为有效管理由于 DNS 机制带来的信用风险，英国、日本、欧洲等国家或地区针对其 DNS 系统采用了不同的风险管理措施，包括设置净借记限额、收取担保品、建立流动性和损失分摊计划等，但每个国家或地区的细节有所差异。英国 FPS 设定了单笔业务 10 万英镑的金额上限，并通过数理模型，根据每个参与者的实际情况设定净借记限额以控制支付系统面临的最大风险，系统所有参与者均参与了系统的流动性和损失分摊计划，该计划能够覆盖参与者的净借记限额，以确保参与者出现违约时能够正常完成结算；通过设立信托基金向每个参与者收取足以覆盖其自身净借记限额的担保品，以在违约时补偿其他参与者为处置风险而提供的流动性；自 2015 年 9 月起，启用"全额预注资及违约者支付"模式，进一步规避参与者信用风险。日本 Zengin 系统在处理单笔金额一亿日元以下的支付业务时也采取 DNS 机制，该系统在管理信用风险时也对每家参与者设定了净借记限额，并向各参与者收取足以覆盖其自身净借记限额的担保品。欧洲银行业协会的全欧盟支付系统（EURO1）也对每家参与者设定了净借记限额，在此基础上，EURO1 还要求每两个参与者之间必须自行设定 500 万~3000 万欧元的双边每日限额，参与者可根据其自身对其他参与者的风险评估情况逐日调整该限额。EURO1 与 FPS 相类似，同样建立了一系列流动性和损失分摊计划以确保 DNS 机制下结算的完成，但 EURO1 的这一计划主要包括欧洲中央银行建立的流动性资金池、其他未违约参与者的额外流动性支持等；当 EURO1 存在潜在的流动性锁死的风险时，系统可启用多边撮合机制以节约流动性，避免系统限制性条件的触发。美国的 CHIPS 使用的多边撮合机制的功能和效率在全球处于领先地位，该撮合机制在日间连续运行，使 CHIPS 可以实时结算资金，不同于其他净额结算系统的 DNS 机制，CHIPS 事实上采取的是 RTNS 机制，在最大程度上节约了系统流动性、有效降低了信用风险。为有效管理轧差带来的信用风险，CHIPS 还规定各参与者清算账户不得透支，且各参与者每日必须预存充足资金方可开办 CHIPS 业务，并通过设定参与者的净贷记金额上限来避免流动性过度集中的问题。

我国小额批量支付系统和网上支付跨行清算系统通过轧差服务系统（NETS）实现 DNS 机制，我国支付系统在管理 DNS 机制带来的信用风险上所采取的措施与前述国家或地区有相似之处。根据《中国人民银行办公厅关于修订支付系统相关管理制度的通知》（银办发〔2016〕112 号），小额支付系统以中国人民银行为中央对手，对直接参与者设置净借记限额实时风险控制；直接参与者及其间接参与者发起的业务只能在净借记限额内支付；净借记限额可通过圈存资金、提供抵押品或授信额度获取，圈存资金是指直接参与者在其清算账户中冻结的、用于小额轧差净额资金清算担保的资金，圈存资金由直接参与者在小额支付系统工作日内自行设置和调整；质押品是指直接参与者按要求向中国人民银行提供的、用于轧差净额资金清算担保的中央银行票据和中国人民银行规定的其他债券；授信额度是指中国人民银行及其分支行依据直接参与者的资信情况核定的，授予直接参与者在一定时期内多次使用的信用额度。授信额度和质押品价值由中国人民银行在小额支付系统进行设置和调整，在直接参与者无法按规定时间清偿小额支付系统借记净额时，中国人民银行可以处置质押品或释放圈存资金，用于应付净额的资金清算。

与其他国家或地区采取 DNS 机制的支付系统相比，我国 DNS 业务的资金结算流程相对较为复杂，其他国家或地区的 DNS 业务的资金结算是直接通过 RTGS 完成的，而我国出于对参与者风险的考虑设计了 NETS，虽然我国的 DNS 业务名义上是使用 RTGS 系统（即 SAPS）进行最终资金结算，但在实际资金结算过程中，首先需要经过 NETS 进行资金轧差，这一轧差结果具有结算最终性，而轧差结果最终按场次进入 SAPS 进行清算时，只是系统内的一个记账动作。我国 DNS 业务在资金结算流程优化方面可进一步探索和研究，例如可考虑将 NETS 同 SAPS 合并，真正实现 DNS 系统在 SAPS 的最终资金结算，并根据其他国家或地区的成熟经验将原有在 NETS 中对 DNS 业务的限额控制功能转移到 SAPS 中，将 RTGS 业务和 DNS 业务结算最终性的确定由现在的在 SAPS 和 NETS 中分别进行统一至 SAPS 中进行，从而理顺我国支付系统在结算最终性方面的业务运行机制。

除理顺结算最终性运行机制外，我国支付系统还可考虑将现有的 DNS 机制向美国 CHIPS 采用的 RTNS 机制发展，进一步加强支付系统风险管理、提高资金使用效率。发展 RTNS 机制可从两个方面入手：一是整合我国的批发、零售支付系统。当前，我国的网上支付跨行清算系统的主营业务主要是基于转账和消费场景的借贷记业务，而小额批量支付系统主要是基于公共事业类的借贷记业务，二者虽各有分工，但在普通汇兑等业务场景上存在服务同质化；西方主要发达经济体的批发零售支付系统已将我国上述系统的业务支持场景兼于一身，认为我国批发零售支付系统未来存在一定整合空间。整合现有的同质化业务，为参与者提供统一标准、唯一接口的一体化批量零售支付服务，有利于整合系统资源，提高系统运行效率，也能为 RTNS 机制的引入创造条件。二是基于未来可能搭建的统一的批发零售支付系统，进一步加强探索多边撮合机制、优化系统算法、降低资源占用、提高撮合成功率，实现参与者发起业务的实时撮合，提交 SAPS 进行实时轧差，从而实现我国的 RTNS 机制。

（六）参与者违约规则与程序

对于支付系统而言，当参与者发生实际违约时，其面临的流动性风险和信用风险便会转化为实际的损失。参与者违约行为可能有多重表现形式，如无法偿还系统提供的日间信贷本息、无法完成对其他参与者支付业务的结算或由于宣告破产而导致的违约事件等。当一家或数家参与者发生违约时，系统需要快速有效地将违约参与者的流动性风险和信用风险限定在一定范围内，快速处置由于违约导致的支付系统及其他参与者的损失，防止相应的风险事件通过系统传导至其他参与者，保障系统对外服务的可靠性和金融市场的稳定。因此，参与者违约规则和程序对于支付系统意义重大。

在参与者违约规则和程序方面，各个国家或地区的支付系统虽在实际操作层面存在一定差异，但总体上表现出了高度的一致性。一部分国家或地区并未制定专门的参与者违约规则和程序，如美联储并未为 Fedwire 制定特定的违约规则和程序，美联储认为作为中央银行，其可向参与者提供无限的日间流动性支持，确保在付款行违约的情况下仍然可以完成对所有收款行的偿付，因此，可确保在一个或多个参与者违约的情况下持续提供结算服务，而且参与者违约风险不会通过 Fedwire 蔓延，不需要特定的违约规则和程序；瑞典中央银行的做法与美联储类似，瑞典中央银行同样对支付系统可能出现的任何损失负责，但这两个国家的支付系统都以保守的质押率持有参与者的抵押品，如出现参与者违约的情况，这两家中央银行均可启用抵押品以承担其损失。根据 PFMI 原则，为保证在参与者违约的情况下支付系统对其他参与者提供的服务不受影响，支付系统应持有充足的金融资源以覆盖所有当前的信用风险和潜在的未来的信用风险。因此，以保守的质押率持有充足的抵押品，以确保在发生参与者违约事件时及时覆盖相应损失并保障支付系统连续运行，符合 PFMI 原则的要求。因此，美国和瑞典的前述规则可被视为参与者违约规则的一种。其他国家或地区的支付系统在制定参与者违约规则和程序时也制定了相似的以抵押品覆盖损失的条款，如土耳其支付系统运营规则第 13 条中指出，在破产、终止经营、并购或其他任何技术或运营问题等违约或者其他情况下，CBRT 可使用参与者在 EFT、RPS 或者 ESTS 中的资产用于偿还参与者对 CBRT 的欠款。

参与者违约处置规则的出发点是使参与者无法通过支付系统继续开展业务，从而最大限度地限制由于某一参与者违约而造成的风险传播。具体来说，此类规则包括立即向所有参与者广播其违约状态、停止其清算账户的权限或功能、在特定时间点之后的交易无效等。如日本银行规定，当发现存在严重问题导致参与者无法继续清算账户交易时，日本银行有权终止该参与者清算账户的使用；欧洲中央银行在 TARGET2 指南中明确，破产流程开始后进入系统的交易将暂缓处理，只有收到主管部门指令后才能恢复处理，业务截止时所有未清算的业务将会被全部拒绝；澳大利亚中央银行也存在类似于欧洲中央银行的规定。此外，参与者违约处置规则还包括其他一些形式，如支付系统运营规则中规定当 CBRT 在参与者违约或者面临经营或技术问题时，可采取暂停接入系统、使用直接借记操作来重新调整参与者清算账户资金或证券，或将参与者清算账户余额转移到系统外等措施。

与美国 Fedwire 系统等相类似，我国支付系统同样可以为参与者提供足够的日间流动性支持，因此，目前尚未建立独立的参与者违约规则和程序体系，但不同业务的违约处置在不同的业务管理办法中均有明确规定。在参与者违约后抵押品处置方面，《中国人民银行自动质押融资业务管理办法》规定，参与者"逾期超过 3 天仍未足额偿还自动质押融资应计本息的视为违约，人民银行将按照市场惯例和相关法律法规处理"；《小额支付系统质押业务管理暂行办法》中规定，"当成员行发生信用风险时，人民银行可以委托中央结算公司对质押品进行处置以清偿小额轧差净额资金"。在参与者违约后业务管理方面，《中国人民银行自动质押融资业务管理办法》规定，"成员机构如出现违约或继续办理业务可能影响人民银行资金安全等情形，人民银行可暂停该机构的自动质押融资业务"，而《小额支付系统质押业务管理暂行办法》中无相关规定。

目前，我国参与者违约规则和程序体系的一个重要组成部分是我国支付系统运营者建立的风险准备金，即为弥补支付系统运行故障对参与者造成的资金延误等风险事故损失，参与者违约未按时足额履行资金交付义务对其他参与者造成的损失，从支付系统年度净利润中提取的专项准备金。人民银行每年对大额支付系统业务量、业务收入及运营支出至少进行一次全面预测，将相关数据提交会议审议，按年及时足额计提风险准备金，并在年度财务报表中予以反映。风险准备金主要应用于两种场景：一是当支付系统发生故障，已受理资金不能及时完成清算并对参与者造成损失的，可动用风险准备金，用于退还已向参与者收取的汇划费和赔付直接损失；二是当参与者发生违约，未按约定及时足额履行交付义务，造成当日系统不能全面完成清算时，可动用风险准备金代为履约，以保障当日交易顺利进行。

通过上述比较可以看出，我国已在相关业务管理办法中对部分业务场景下参与者违约时的处置措施作出了明确规定，未来可在完善参与者违约规则和程序方面继续开展探索研究。一是进一步明确参与者违约场景相关的业务和账户管理规则，包括明确参与者违约的判定规则及判定时点、判定参与者违约后对其账户的管理措施和相关业务的最终性判定规则等，这些管理措施有利于支付系统在第一时间控制损失规模，并为后续的处置工作做好铺垫。二是在与支付系统运行以及抵押品管理各相关方充分论证并达成一致的前提下，进一步明确违约参与者抵押品处置规则，包括协议折价、拍卖、变卖等可能的处置手段的触发条件、业务流程、管理细则以及按规则执行后的剩余资产返还规定等。

除上述两个方面外，我国支付系统还可探索在现有系统运营者风险准备金制度的基础上，进一步完善相关管理办法，提高管理制度层级，增加资金使用场景，全面覆盖支付系统可能面临风险场景，建立更为完备的支付系统风险准备金或支付系统风险损失分摊基金制度。我国支付系统现有的风险准备金制度已能够应对常规情况下支付系统面临的信用风险，但在极端条件下，当支付系统预先持有的自有资本以及抵押品等金融资源不足以覆盖由于参与者违约造成的全部损失时，支付系统需使用其他形式的金融资源进一步处置损失，这也是我国支付系统当前风险准备金制度尚不具备的功能。因此，在支付系统中建立制度完善、覆盖全面的风险损失分摊基金，是支付系统信用风险管理的重要环节，也是保障支付系统连续性运行的重要手段。支付系统风险损失分摊基金的资金来源可沿袭现行规定，从支付系统年度的净利润中计提，为实现精细化管理，可根据计提周期内各参与者向支付系统运营者缴纳的费用的比例，确定该计提周期中各参与者在所计提的风险损失分摊基金中所占份额。基金可根据各参与者资产规模、业务量情况等因素，对各参与者所计提的风险损失分摊基金总额设定上限和下限，若计提总金额达到该参与者上限，则停止从该参与者处计提，若因参与者违约导致计提总金额低于该参与者下限，则需该参与者追加资金。风险损失分摊基金应存放于支付系统运营者处，以便参与者违约事件发生并满足基金使用条件时运营者能够快速使用资金处置相关事件，及时保障支付系统的连续运行。

在建立一揽子参与者违约规则和程序后，我国支付系统还可进一步完善相关的管理办法，统筹管理这些应急处置工具和金融资源。根据 BIS 的研究报告，为更好地管理处置参与者违约的金融资产、最大化金融资产使用效率，确保金融资产能够在保障支付系统连续运行方面充分发挥作用，支付系统应与参与者就各类金融资源启用的时间节点以及具体的使用步骤等方面作出明确的事先约定，当相应的金融资源被启用时，在预先制度安排的框架下将资源快速配置到损失处置中。这也要求支付系统应明确金融资源使用顺序，使支付系统更好地应对由于参与者违约造成的信用风险事件及相关损失。例如，支付系统可以设定将因参与者违约造成的损失按照下列顺序进行吸收：违约参与者提交的抵押品或保证金→违约参与者缴纳的风险损失分摊基金→支付系统的自有资本→其他未违约参与者缴纳的风险损失分摊基金→寻求系统内未违约参与者甚至是系统外机构在金融资源方面的进一步支持。

三、结算、准入及分级安排

支付系统与结算相关的问题主要有以下三个方面：一是结算过程中使用的货币来源，即结算货币；二是确定结算有效性的安排，即结算最终性；三是为消除交易过程中本金风险而设计的 DvP 和 PvP 价值交换结算。

（一）结算

1. 结算货币

结算货币主要分为两种，一是由商业银行存管的货币，也被称为商业银行货币，二是由中央银行直接发行的货币，也被称为中央银行货币或央行货币。二者主要区别在于流转的范围不同，中央银行货币是指在中央银行支付系统中使用的货币，中央银行向商业银行提供结算服务时使用的就是中央银行货币；商业银行将清算账户资金转移到行内系统后，货币性质就由中央银行货币变为商业银行货币，指在商业银行行内或行间使用的货币，商业银行对企业或个人提供贷款以及各类主体在商业银行中的存款均为商业银行货币。

采用中央银行货币进行结算从以下三个方面保障了结算最终性：一是中央银行货币是国家信用的体现，中央银行代表国家发行货币，其实质是国家信用背书的体现，因此具有结算最终性；二是中央银行是流动性的最终提供者，如发生系统性流动性风险，中央银行具有无限流动性；三是中央银行可通过再贷款、再贴现等方式调节货币市场上的流动性。

表 5-5 主要经济体中央银行支付系统使用的结算货币情况

国家 / 地区	法定货币	结算货币	发行机构
中国	人民币	中央银行货币	中国人民银行
美国	美元	中央银行货币	美联储
欧盟	欧元	中央银行货币	欧盟各国中央银行
瑞典	瑞典克朗	中央银行货币	里克斯银行
日本	日元	中央银行货币	日本银行
澳大利亚	澳元	中央银行货币	澳大利亚联储
英国	英镑	中央银行货币	英格兰银行
中国香港	港元	中央银行货币	汇丰银行、渣打银行、中国银行（中国香港）
土耳其	土耳其里拉	中央银行货币	土耳其共和国中央银行

资料来源：作者整理。

表 5-5 汇总比较了主要经济体中央银行支付系统结算货币的使用情况，各系统结算币种均为各国法定货币，发行机构均为法定发行机构，作为中央银行支付系统，各系统均根据 PFMI 要求使用中央银行货币进行资金结算，最大限度地避免了信用风险和流动性风险。

中央银行支付系统主要作用是提供安全的、高效的、可随时变现的流动性结算资产，中央银行货币是流动性的源头，利用中央银行货币进行结算有国家信用背书，具有最低的信用风险和流动性风险。中央银行货币在支付系统中起到了两个关键作用，一是清偿商业银行间债权债务，二是保证流动性高效循环。中央银行货币和商业银行货币均可作为结算资产，而各国的 RTGS 系统广泛应用中央银行货币结算，因其具有以下优点：一是信用风险较低，中央银行作为货币的最后贷款人不存在信用风险，故具有比商业银行货币更低的信用风险；二是流动性风险较低，中央银行具有注入大量流动性的能力，能够保障支付系统的顺利运转，系统中信用缺失或不足可能导致支付失败，而中央银行支付系统提供的多种流动性管理工具可有效应对此类场景；三是中立性运营，由中央银行作为结算机构提供结算服务不以营利为目的，保证在任何情况下作为运营者的中央银行都会以尽可能提供高效、连续的支付清算服务为目标，因此，使用中央银行货币进行结算服务的违约风险最小，中央银行作为中立机构能够保证所有机构享受的资金结算服务是平等的；四是结算效率较高，与参与者通过不同系统完成结算服务的方式相比，通过中央银行支付系统进行资金结算最大程度上节约了所有参与者的流动性。

在接入门槛、结算成本、获取便于结算所需的信贷渠道和服务质量等方面，商业银行货币更具有优势，许多商业银行和大多数非银行金融机构往往未获得中央银行准入许可，即使是本国货币也只能使用商业银行货币结算，而对于外币或跨境支付，中央银行的准入更加严格，甚至不提供此类支付服务，无法获得中央银行货币的机构和投资者仅能使用商业银行货币享受支付服务。在 DvP 和 PvP 等价值交换结算领域，部分国家也使用商业银行货币完成交易，主要原因除商业银行货币结算具有较高的便利性和灵活性之外，还考虑到如果全球金融市场出现重大波动，导致结算无法顺利完成可能会造成国家信用风险。从实践角度来看，全球主要发达经济体在证券结算的二级市场上均使用商业银行货币结算，而在一级市场通过与支付系统相连接实现了通过中央银行货币的资金结算。欧洲结算系统（Euroclear）作为国际性证券清算系统，同时提供中央银行货币结算和商业银行货币结算两种模式，但由于该系统中使用商业银行货币结算效率较高，能够有效地解决使用中央银行货币面临的在各国中央银行开立账户较难、支付系统营业时间不重叠等问题，系统中超过 90% 的结算是使用商业银行货币完成。目前，我国的中国证券登记结算有限公司尚未接入支付系统，其承担的证券结算类业务均使用商业银行货币进行资金结算，中央国债登记结算有限责任公司的银行间模式基本都采用中央银行货币结算，交易所模式使用商业银行货币结算。

相较于中央银行货币，商业银行货币存在潜在的信用风险和流动性风险，如果提供结算的商业银行破产，则参与者无法获得部分或全部结算资金；在商业银行开设账户的某一参与者因破产导致结算失败可能导致流动性事件在其他参与者之间蔓延，产生系统流动性风险，进而导致系统性风险，而大面积债务关系引起的破产则会进一步导致信用风险。对于 DvP、PvP 等价值交换结算机制而言，如果可以使用中央银行货币进行结算，则可在消除本金风险的基础上进一步降低结算风险。从某种意义上讲，在中央银行支付系统各类业务中使用中央银行货币进行资金结算优于商业银行货币，有利于系统更好地管理各类风险。

2. 结算最终性

结算最终性主要是指参与者提交的业务在可清算时能否按时清算并具有最终性和不可撤销性，近年来各个国家或地区对其重视程度显著提升，通过 RTGS 系统处理的业务均为实时全额业务且不可撤销，相关法律文件保障其最终性。在结算最终性时点方面，各个国家或地区的描述虽略有差异，但大致可归纳为系统处理业务过程中的某一时刻，欧洲、澳大利亚、瑞典、土耳其、中国香港的结算最终性时点均为账户被借记或贷记的时刻，我国在《大额支付系统业务处理办法》中规定了结算具有最终性的时点是资金清算完成的时刻。

在法律基础和制度保障方面，8 个国家或地区除中国香港外均以高层级法案或法律保障结算最终性，并规定在参与者破产等情况下不会受到"零点法则"的影响，充分保障了业务的不可撤销性。欧盟在 1998 年颁布了《结算最终指令》，规定了支付和证券结算系统的结算最终性，在 2009 年对该法案的修订中明确了"在参与者或者相关系统运行者破产时，结算最终性也是受到保护的"，由于欧盟通过的指令是欧盟法的重要组成部分，在欧盟地区具有最高法律层级，因此，在欧盟地区各国支付系统的结算最终性均得到了最高的法律保障，部分国家将该指令与本国有关法律相结合，最大限度地避免了法律冲突，保障了支付系统结算业务的最终性，如瑞典在此基础上拟定了《结算系统法案（*Settlement Systems Act*）》。而中国香港地区结算最终性的法律保障主要是《支付系统及储值设施条例》，同其他各国家或地区相比明显较低。

目前，我国大额支付系统结算最终性相关的描述主要体现在《大额支付系统业务处理办法》中，该办法第二十三条规定："参与者发起的支付业务需要撤销的，应通过大额支付系统发送撤销请求""大额支付系统未清算资金的，立即办理撤销；已清算资金的，不能撤销"。上述规定明确了结算最终性的时点和不可撤销性。然而，我国相关法律法规中尚无对系统参与者破产时支付指令有效性的明确规定，我国《企业破产法》中有类似"零点法则"的规定，该法第十九条规定："人民法院受理破产申请后，有关债务人财产的保全措施应当解除，执行程序应当中止。"根据上述法律规定，若支付系统参与者出现破产，当日发生的所有业务均可被判定无效，即参与者破产时，破产日零点至破产宣告时发生的所有有关债权债务的资金转移均可撤销，这一规定与已发生的支付结算交易的最终性和不可撤销性产生了法律冲突。

横向对比我国其他金融市场基础设施的情况，部分机构结算最终性的法律保障与支付系统有所差异。以上海清算所中央对手方清算业务为例，其结算最终性的法律依据主要有以下两点：一是在《银行间债券市场债券登记托管结算管理办法》（中国人民银行令〔2009〕第1号）第四十条和《中国人民银行关于建立场外金融衍生产品集中清算机制及开展人民币利率互换集中清算业务有关事宜的通知》（银发〔2014〕29号）第六条第二款中都明确规定，已进入结算过程处于待付状态的资金和债券以及结算涉及的担保物只能用于结算，不能被强制执行；二是最高人民法院、最高人民检察院、公安部、中国证监会发布的《关于查询、冻结、扣划证券和证券交易结算资金有关问题的通知》（法发〔2008〕4号）第五条和第六条中明确规定了结算资金和证券不得冻结、扣划，在司法层面确保了结算最终性。除前述两点外，结算最终性在经人民银行批准的中央对手方清算协议的第六条第五点中也有明确规定。上述法律、部门规章和规范性法律文件共同为此类业务的结算最终性提供了法律基础。而中央国债登记结算有限责任公司作为中国金融市场的 CSD 和证券结算系统（SSS），其结算最终性受《银行间债券市场债券登记托管结算管理办法》保障，该办法第四十条规定："债券登记托管结算机构应当根据有效结算指令及时为投资者或其代理人办理债券结算，债券结算一旦完成不可撤销。"第四十三条规定："已进入债券结算过程处于待付状态的资金和债券，以及该笔结算涉及的担保物只能用于该笔结算，不能被强制执行。"总体来说，上海清算所中央对手方业务的结算最终性以人民银行令和最高人民法院发文的形式进行了保障，而以中央国债登记结算有限责任公司为代表的证券结算业务的情况与支付系统类似。由于各FMI在资金最终结算方面主要依赖大额支付系统进行实时结算，因此支付系统结算最终性的不确定可能导致与之相连的其他FMI结算最终性的不确定。

在我国，金融机构以往主要是由国家投资设立，因此国家会出面解决金融机构出现的各类问题，金融机构的信用实际由国家信用担保，因此传统观念中金融机构不能破产，金融机构破产机制长久以来并未建立。改革开放以来，我国社会主义市场经济体制不断完善，金融机构改革不断深化，金融市场的发展加剧了市场格局的不确定性，部分金融机构破产在所难免，在2006年修订的《企业破产法》第十二章第134条针对金融机构破产作出了相关规定："商业银行、证券公司、保险公司等金融机构有本法第二条中规定的破产情形的，国务院金融监督管理机构可以向人民法院提出对该金融机构进行重整或者破产清算的申请。国务院金融监督管理机构依法对出现重大经营风险的金融机构采取接管、托管等措施的，可以向人民法院申请中止以该金融机构为被告或者被执行人的民事诉讼程序或者执行程序。金融机构实施破产的，国务院可以依据本法和其他有关法律的规定制定实施办法。"即使存在上述规定，我国在金融机构破产领域和支付结算最终性方面的法律基础仍然相对较为薄弱，具体表现包括法律层级低、与相关法律法规存在差异等方面：一是《企业破产法》及相关司法解释类似于"零点法则"的规定给大额支付系统的结算最终性带来了不确定性，而其他相关法律法规也没有明确给予支付系统处理业务可豁免于相关法律的司法解释；二是中央银行支付系统相关制度多以行发文甚至厅发文形式发布，法律层级较低，而结算最终性的保障文件为相关业务管理办法，明显低于其他国家或地区同类规定的法律层级。因此，从我国现有法律基础来看，对结算最终性的保障与其他发达经济体相比还是稍显薄弱。

为进一步完善我国跨行清算系统法律体系，保障我国支付系统的结算最终性，可考虑从以下两个方面入手：一方面，进一步提升支付系统的法律层级特别是大额支付系统的法律基础，通过完善现行法律条例或颁布支付结算的专业性法律等形式明确大额支付系统处理的业务一经结算，不可撤销；另一方面，详细梳理企业破产时涉及支付系统结算最终性的相关法律条例，明确金融机构破产后适用的具体规定或条例，保证在极端特殊情况下系统的结算最终性。

3. 价值交换结算

在支付系统参与主体多元化的今天，西方主要发达经济体已将资本市场金融基础设施资金结算纳入支付系统处理，而从我国目前金融市场基础设施参与主体的广度和深度看，支付系统目前还基本上主要服务于货币市场金融基础设施，因此，我国可为资本市场及中央对手方等金融市场基础设施接入支付系统创造条件，推动支付系统在金融市场的应用扩展。资本市场接入支付系统进行结算的 DvP 模式虽然效率很高，但由于目前我国资本市场体系尚处在不断完善和发展中，为确保支付系统安全性、稳定性和可靠性，需对是否使用中央银行货币进行资金结算开展进一步研究，防范和化解资本市场风险向货币市场传导。

（1）DvP

证券结算系统（SSS）是金融市场基础设施的重要组成部分，在各个国家或地区的支付体系中发挥着重要作用，在大多数国家或地区，SSS 的最终结算通过支付系统完成，因此，为防范 SSS 等其他金融市场基础设施风险通过支付系统传导，需充分了解其风险特征及风险管理手段。SSS

日常运行中所涉及的主要风险与支付系统相类似，包括信用风险和流动性风险等，SSS 与支付系统不同的风险特征在于，由于证券交易往往涉及两项关联债务的结算，即以交付证券为条件交付资金或以交付资金为条件交付证券，因此可能会由于一项债务已经结算而另一项债务尚未结算而产生本金风险，如此时对手方发生违约，将会造成实质性的信用损失、流动性压力以及较高的重置成本，因此，在 SSS 中引入 DvP 结算机制有助于消除或化解此类风险。

表 5-6 DvP 三种主要模式示意

结算机制	清算模式	流动性风险	本金风险
DvP1	资金全额结算 证券全额结算	资金头寸要求高 证券头寸要求高	最大限度地消除交易双方本金风险
DvP2	资金净额结算 证券全额结算	资金头寸要求低 证券头寸要求高	证券卖出方面临本金风险
DvP3	资金净额结算 证券净额结算	资金头寸要求低 证券头寸要求低	交易双方都面临本金风险

资料来源：作者整理。

DvP 结算机制是一种连接债券、证券交割和资金交收的机制，该机制通过确保当且仅当一项债务的最终结算发生时与之关联的债务才被最终结算的方式，在最大限度上消除了本金风险。根据结算时资金和债券、证券具体结算方式的不同，DvP 又可以进一步分为三种模式，具体情况见表 5-6。DvP1 模式和 DvP2 模式均采用证券全额结算模式，二者区别在于资金结算方式的不同，DvP1 模式通过资金全额结算的方式最大限度地消除了交易双方面临的本金风险，而 DvP2 模式采取的资金净额结算模式使证券的卖出方仍在一定程度上暴露在本金风险之下。两种不同的资金结算模式对参与者流动性管理方面的要求也不尽相同，采取资金全额结算的 DvP1 模式需要系统各参与者保持较高的资金头寸以保证资金即时结算，而采取资金净额结算的 DvP2 模式则大大降低了系统各参与者对资金头寸的需求，极大地提升了资金使用效率。通过以上比较可以发现，与

DvP2 模式相比, DvP1 模式通过提高参与者资金头寸管理要求降低了参与者在交易过程中面临的本金风险, 但并非所有参与者都能达到足以保障 DvP1 模式结算的资金头寸管理要求, 因此, DvP1 模式主要用于场外大宗交易和双边结算等较大规模参与者之间的结算, 而涉及无法满足相应资金头寸管理要求的参与者的结算则多采用 DvP2 模式。

而 DvP2 模式和 DvP3 模式均采用资金净额结算, 二者区别在于证券结算方式不同, DvP3 模式通过证券净额结算方式降低了对证券头寸的管理要求, 但同时也使证券买入方面临本金风险。但进行证券的净额结算需要证券本身在交易总量和交易覆盖面等方面满足一定条件, 对净额结算周期内交易总量较小或者仅涉及极少数交易主体的证券来说, 采取证券净额结算无论在风险管理角度还是在流动性管理角度都是不经济的。从国际实践来看, 国债和场外交易等品种的金融资产通常采取全额结算模式, 而一些主流的证券品种则可采用净额结算模式, BIS 在相关研究报告中指出, DvP3 模式主要适用于 CCP 框架下的多边净额结算, 而且需建立一系列配套制度以充分管理轧差和最终结算之间的各类风险。

各个国家或地区根据本国实际选择了不同的 DvP 模式, 美国 Fedwire Securities Service 选择 DvP1 模式, 美国证券结算公司、英国的 CREST 以及日本证券市场中证券公司同机构投资者之间的交易采用 DvP2 模式, 而日本证券公司之间的股票交易和土耳其的 ISE 等则采用了 DvP3 模式。目前, 我国中央国债登记有限公司主要采取 DvP1 模式, 而中国证券登记结算有限公司在非担保交收中采取 DvP1 模式, 在担保交收中采取 DvP2 模式。中央国债登记有限公司为全国债券市场提供登记、托管、交易结算等服务, 其直接参与者均为大型金融机构, 流动性充足, 管理水平高, 债券交易场景涉及中央银行公开市场操作、商业银行同业市场等, 在此背景下采取 DvP1 模式, 可以最大化风险管理效益、最大限度地消除本金风险; 而中国证券登记结算有限公司承担上海证券交易所和深圳证券交易所全部证券的账户、登记、存管和结算业务, 由于 DvP2 模式通常需要担保制度作配套,因此，在非担保交收中采取 DvP1 模式，在担保交收中采取 DvP2 模式，能够有效区别对待不同交易的风险特征，最大化风险管理政策效果。

目前我国证券登记结算系统尚未与支付系统连接，因此在证券结算过程中的资金交割无法通过中央银行货币进行，只能依赖商业银行货币。未来，可进一步研究扩大中央银行支付系统的服务范围，将资本市场的资金结算纳入支付系统，实现证券和债券的中央银行货币结算。通过支付系统处理证券结算类业务有许多优点：一是相关证券交易使用中央银行货币进行最终结算进一步保障了结算最终性；二是相关证券交易在支付系统进行统一结算提高了交易结算效率和资金使用效率；三是为后续业务创新和发展提供了更大空间。

具体来看，可以从以下三个方向开展研究和探索：一是证券结算机构在支付系统开立结算备付金账户，在原有的资金结算体制基本保持不变的前提下，将原来各商业银行分别管理结算资金的模式改为由人民银行集中统一管理，提高了资金的使用效率；二是证券结算机构在支付系统开立资金交收账户，相关资金结算由证券公司、资金托管银行以及证券结算机构三方通过支付系统完成，在该方案中，证券公司无须在证券结算机构预存备付金，可更自主地掌握和调度结算资金，但也给证券交易的资金结算增添了信用风险；三是证券公司以直接参与者身份加入支付系统，证券结算机构以特许无户直接参与者身份加入支付系统，证券交易的资金结算由相关机构通过大额支付系统即时转账报文实现，这一方案的业务流程简洁，资金清算效率高。

然而，通过支付系统处理证券交易的资金结算业务可能将为我国金融业风险管理工作带来一系列新的挑战。长期以来，我国的支付系统主要为货币市场资金清算提供服务，很少涉及资本市场资金清算，因此将证券登记结算系统与支付系统相连接意味着将我国的资本市场通过支付系统与货币市场相连接。我国专家学者的一系列实证研究分析表明，长期以来，我国的证券市场与美国证券市场表现出了较为明显的联动性，且该联动性主要是从美国向我国进行传播，并随着金融全球化程度的不断加深和我国资本市场对外开放的水平持续提高以及我国证券市场与全球证券市场之间的联系越来越密切，这一联动性也表现出了进一步增强的长期趋势，除此之外，还有研究表明在次贷危机等高风险时期，中美两国证券市场之间的联动性显著增强。根据以上研究结论，我国资本市场可能受到来自国际市场的价格波动、市场信息以及投资者信心等因素影响。因此，将证券登记结算系统与支付系统相连接就意味着我国支付系统乃至货币市场将面临来自国际证券市场，特别是美国等发达资本主义国家证券市场的风险，这不仅对于我国支付系统的风险管理工作是一个巨大的挑战，更是对于我国有关部门能否有效应对全球资本市场风险通过支付系统向我国货币市场传导提出的新考验。因此，是否效仿其他部分国家或地区实践将证券登记结算系统与支付系统相连接，并使用中央银行货币对证券市场进行最终结算，需要有关各方统筹各方利益，兼顾不同诉求，在已达成共识的基础上反复论证后得出结论。

除此之外，在我国，各 SSS 发起的 DvP 业务在大额支付系统中以即时转账业务完成最终结算体现了大额支付系统在支持我国其他金融市场基础设施运行中的重要作用。IMF 2017 年对我国金融市场基础设施进行的评估建议我国支付系统修改即时转账业务的优先级，根据《大额支付系统业务处理办法》第二十五条，我国的 DvP 交易等即时转账业务的优先级为第七级，在所有支付业务中优先级相对较低，未来可研究探索建立支付系统业务优先级的定期调整机制，进一步支持我国其他金融市场基础设施运行，加强对金融风险的防范。

（2）PvP

与证券交易相类似，外汇交易也是一种涉及两项关联债务的结算，即以交付一种货币为条件交付另一种货币。在传统外汇结算机制中，交易双方都承诺在确定收到购买的货币之前先付清本方出售的货币，在该结算机制下，交易双方可能在相当长的时间内暴露于本金风险之下，

1974 年，德国的赫斯塔特银行（Bankhaus Herstatt）甚至因此类外汇交易清算风险而倒闭，带来了巨大的支付清算风险，给国际银行业造成极大的恐慌，因此，此类外汇交易风险也被称做赫斯塔特风险。赫斯塔特风险出现的主要原因有两点：一是在结算过程中使用了商业银行货币，在出现流动性压力的情况下无法注入流动性，导致信用风险的发生；二是在外汇结算过程中没有使用 PvP 的结算模式，导致本金风险的发生，因此，在外汇交易过程中引入与证券结算所使用的 DvP 机制相类似的 PvP（同步交收）机制，有助于消除或化解此类风险。PvP 机制是指在约定的结算日对买入和卖出货币进行同步收付并互为条件的一种本外币交收方式，是消除外汇结算风险的一种行之有效的措施，已在多个国家的外汇交易市场得以使用。

▼ 专栏 5-1

CLS 银行的 PvP 业务

国际上大多数 PvP 交易通过 CLS 银行开展，CLS 银行与参与交易的不同货币所在国家的 RTGS 系统建立连接，并通过 SWIFT 将参与银行连接起来，为全球外汇交易提供结算服务。截至 2019 年，CLS 银行拥有超过 70 家金融机构结算会员，已开展 18 种外币的 PvP 业务，包括澳大利亚元、港元、日元、韩元、新西兰元、新加坡元、美元、加拿大元、墨西哥比索、欧元、英镑、丹麦克朗、挪威克朗、瑞典克朗、瑞士法郎、匈牙利福林、南非兰特以及以色列谢克尔。在业务结算过程中，CLS 的直接参与者使用在 CLS 开立的账户内余额进行最终结算，因此，在 CLS 开展的 PvP 业务通常使用商业银行货币进行结算，而当涉及参与者融资和违约流程时，CLS 则会通过与之相连的 RTGS 系统使用相应的中央银行货币。

近年来，随着"一带一路"倡议发展，人民币的国际地位逐步提升，我国与多个参与国家和地区签订了货币互换协议，并尝试开展了 PvP 业务，我国内地目前 PvP 业务主要在人民币和俄罗斯卢布之间进行，此类 PvP 业务依托中国外汇交易中心开展，交易各方除外汇交易中心外，还涉及办理人民币资金支付的大额支付系统、作为俄罗斯卢布代理结算行的中国银行以及各参与者，与 CLS 完全使用商业银行货币进行 PvP 业务不同，该 PvP 业务在本币端使用大额支付系统资金，即中央银行货币进行结算，而在外币端则使用商业银行货币结算。

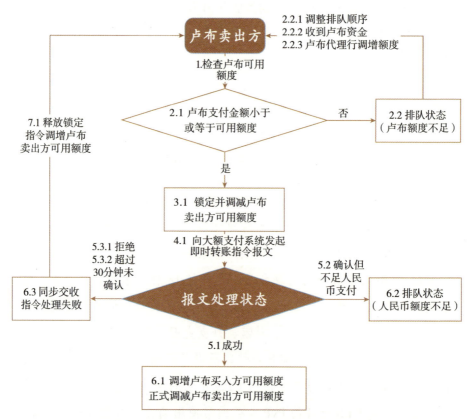

图 5-3　我国人民币与俄罗斯卢布 PvP 业务流程示意图

人民币与俄罗斯卢布的 PvP 业务的具体交易流程如图 5-3 所示，收到交易指令后，外汇交易中心按照"先进先出"规则逐笔检查卢布卖出方的卢布日间可用额度，即圈存资金、结算行授信额度以及净收付额度三者之和，若卢布卖出方的卢布可用额度大于或等于其应付金额，交易中心将锁定并等额调减其卢布可用额度；若卢布可用额度小于其应付金额，该笔指令进入排队处理，系统实时显示"卢布排队"。卢布锁定成功后，交易中心发送即时转账指令至大额支付系统并通过系统将即时转账指令转发至对应卢布买入方付款清算行，卢布买入方付款清算行在规定时间内确认该笔即时转账指令，系统在买卖双方均确认交易后实现人民币与俄罗斯卢布之间的 PvP。

中国香港地区依托四个币种的 RTGS 系统开展港元、美元、欧元、人民币两两之间的 PvP 业务，该 PvP 机制也称为跨币种支付撮合处理器（CCPMP），此外，中国香港地区还与马来西亚、印度尼西亚和泰国三国中央银行达成协议，通过将这三个国家 RTGS 系统与中国香港地区美元 RTGS 系统对接实现港元与这三个国家货币的 PvP 业务。由于中国香港地区港元 RTGS 系统使用中央银行货币进行结算，而其他三个币种 RTGS 系统采取代理行结算制度，故目前中国香港地区涉及港元的 PvP 业务在本币端使用的是中央银行货币进行结算，而在外币端则使用商业银行货币结算，不涉及港元的 PvP 业务则是与 CLS 相一致，即完全使用商业银行货币进行结算。

图 5-4 描述了中国香港地区 CHATS 开展 PvP 业务的流程，以港元与欧元的 PvP 为例，X 银行向 Y 银行出售港元以换取欧元，在结算日，X 银行向 Y 银行发送 PvP 付款交易指令，Y 银行也在欧元 RTGS 系统中启动镜像 PvP 支付交易，港元 CCPMP 与欧元 CCPMP 将相互沟通并尝试匹配交易，匹配成功后，港元 RTGS 系统和欧元 RTGS 系统将分别检查 X 银行的港元资金和 Y 银行的欧元资金，如双方均有足够资金，RTGS 系统同时将资金转移给各自的交易对手。

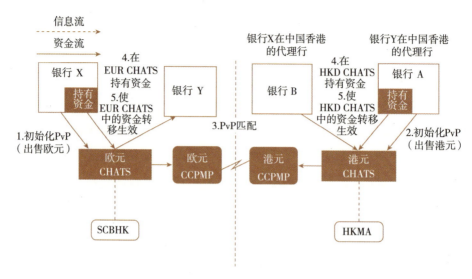

图5-4　中国香港地区欧元与港元 PvP 业务流程示意图

通过上述比较可以看出，在业务流程方面，中国香港地区的 PvP 业务依靠 CCPMP 机制，将参与者向两个 RTGS 系统分别发起的互为镜像的两笔业务进行撮合完成不同货币的同时交收，而我国内地目前的 PvP 业务则是通过外汇交易中心先将足量的俄罗斯卢布进行锁定，待人民币通过大额支付系统结算完毕后再完成俄罗斯卢布的最终结算，两种业务流程相比，我国内地的业务流程并未完全做到真正的同时交收，且该业务流程在管理结算风险方面相对静态。

除业务流程外，在结算货币方面，我国内地和中国香港目前在 PvP 业务上均采用在本币端使用中央银行货币、在外币端使用商业银行货币进行结算的业务模式，而 CLS 则采用双边币种均使用商业银行货币进行结算的模式。造成上述差异的原因固然是由于 CLS 的运营主体并非各国中央银行，无法低成本地获取各国中央银行货币，但也反映出了在结算风险管理方面一些不同的要求，使用中央银行货币进行本币的结算提高了结算资产的安全性以及系统对流动性和服务连续性的保障能力，有助于降低外汇结算中的系统性风险，但采取 CLS 模式使用商业银行货币进行双边结算也有相当的优点：一是双方币种均使用 CLS 提供的商业货币进行结算可以提高结算效率；二是商业银行货币在结算成本、获取清算便利和服务质量等方面比中央银行货币更具有优势，但全部使用商业银行货币进行 PvP 结算也意味着相应的 PvP 业务将在更大程度上受到来自市场方面的影响。此外，采取本币使用中央银行货币、外币采取商业银行货币进行结算的模式还需要业务主管部门在防范外汇市场风险通过支付系统传导至本国金融市场方面作出相应的制度性安排。

为降低使用人民币进行外汇交易结算时的相关风险，进一步推动人民币国际化进程，增强人民币在世界范围内的影响力，我国可考虑借鉴国际先进经验，在符合我国外汇管理条款和规定的前提下，进一步推动金融市场基础设施建设，优化支付系统相关功能，探索依托现有的支付系统开展人民币与外币的 PvP 业务，并研究优化相关系统的功能，如引入类似跨币种支付撮合处理器的 PvP 业务处理机制，将 PvP 业务处理机制常态化、制度化。此外，我国还可以探索与其他国家的中央银行合作，通过中央银行之间的业务沟通开展双边均使用中央银行货币结算的 PvP 业务，从而进一步降低结算过程中的本金风险，有利于进一步扩大 PvP 业务的覆盖面。

（二）参与者准入及系统分级安排

支付系统在金融市场中起关键性作用，在不造成系统性风险的前提下，中央银行应使尽可能多的参与者能够公平、公开地享受到支付系统清算服务。根据 PFMI，支付系统对参与者的准入要求应保证新加入的参与者不会对支付系统整体运行产生风险，并在此基础上尽量降低参与要求，定期监测参与者在日常运行和业务处理过程中是否有违反或不满足要求的情况，对符合一定风险条件的参与者，系统可暂停其业务并组织其有序退出。分级安排主要关注间接参与者的信息收集、定期监督、业务量规模等方面情况，确保不会由于间接参与者业务量过大而对与其连接的直接参与者造成流动性风险和信用风险。基于风险管理的参与者准入要求与尽可能降低参与者准入门槛之间存在矛盾，降低参与者准入要求势必会带来业务风险隐患，如何对二者进行权衡是建立完善的准入制度的重点之一，因此，支付系统一定要处理好参与者公平准入与参与者给系统带来的风险之间的关系。

1. 准入和参与要求

在准入和参与要求方面，各国对支付系统直接参与者的要求主要有以下两个方面：一是参与者运行所需的业务技术能力，二是参与者资质，对于不符合系统要求或者可能带来系统风险的参与者，各国中央银行等机构有权要求其退出支付系统。从参与者运行能力的角度来看，各国主要关注拟加入支付系统的参与者是否有保证系统运行稳定、流动性充足的业务和技术能力，如英国会在参与者加入前评估其运营能力和交易结算效率，并对使用 RTGS 清算便利安排的参与者提出了法律和技术要求；从参与者资质的角度来看，各国的要求略有差异，允许加入支付系统的参与者种类也略有不同，绝大多数国家允许加入系统的参与者为银行机构、财政及国库部门、其他金融市场基础设施以及在国内设立分支机构的外国银行等，美国 Fedwire 共有 8000 多家直接参与者，除上述各类参与者外还有部分机构及个人直接接入，其他银行则通过直接参与者代理清算，范围覆盖美国金融机构、财政部、国外中央银行及国际组织等。目前，我国大额支付系统已覆盖绝大多数银行业金融机构、金融市场基础设施和清算机构等，部分国家中央银行也已加入系统。除前述两个主要方面外，英国对参与者加入支付系统的考虑还包括对货币体系和金融稳定的利弊以及对自身资产负债表的风险，土耳其中央银行对参与者财务资本状况有明确要求，并需经中央银行执委会审核，受国际形势及政策影响，某些境外参与者加入土耳其 CBRT 支付系统的申请曾被拒绝。

在参与者定期监控评估方面，各国均会暂停或禁止发生违约、违规及可能影响系统运行的重大风险的参与者的业务，美国等部分国家会以季度为周期评估参与者信用风险，瑞典中央银行跨部门委员会也会定期审查部分境外参与者是否满足其参与要求。目前，我国支付系统的准入和参与要求主要遵循《银行业金融机构加入、退出支付系统管理办法》，明确了银行业金融机构加入、退出支付系统的要求、流程及涉及的技术标准，该办法以行发文的形式对外公布，并在官方网站等渠道向社会公开披露。该办法第二十七条规定，"若直接参与者出现重大欺骗、违纪违规、重大风险隐含及其他影响支付系统安全稳定运行的情形，中国人民银行可强制其退出支付系统"。《中国人民银行支付系统参与者监督管理办法》第九条规定参与者应定期按照准入标准进行自评估，并将自评估的情况报送中国人民银行，第十一条规定中国人民银行及其分支机构可以对参与者执行支付系统有关管理规定的情况实施现场检查。

同各个国家或地区相比，大额支付系统参与者覆盖境内绝大多数银行业金融机构，加入支付系统的直接参与者的资质受到中央银行审核监督，其技术和运行能力也需经系统运营部门验收，合格后方可正式加入系统；参与者准入要求是在征求用户意见的基础上由专家论证后拟定，经支付系统相关部门审查以及中央银行副行长审批后颁布，相关信息通过网络等渠道向社会公开披露；对于违反规定或不符合要求的参与者，中国人民银行也具备明确的终止业务和退出支付系统的程序。未来，为进一步完善我国支付系统的准入要求和标准，可以从以下三方面开展探索和研究：一是探索建立定期的风险评估机制，加强对参与者的风险评估；二是探索建立基于外部数据信息的参与者资产状况监测机制；三是丰富系统的接入方式，在风险可控的基础上提供技术难度较低的接入方式。随着我国支付清算行业的发展，支付系统参与者数量和参与者范围逐步扩大，可研究探索建立参与者加入退出规则的动态调整机制，适时调整参与者加入退出的相关规则，更好地满足系统对参与者的管理要求。

在参与者接入技术要求方面，各个国家或地区支付系统普遍支持专网接入或 SWIFT 网络接入，以我国支付系统为代表的部分支付系统采用前者模式，我国支付系统直接参与者统一接入专网开展支付业务或进行信息交互，该方式与 SWIFT 网络相比更为安全可靠，网络传输环境不受外力影响；SWIFT 接入也具备自身优势，网络传输方面交由 SWIFT 托管，可以节省物力和人力，打通国际间金融机构互联网络，便于系统网络扩展。美国和欧洲的支付系统在 SWIFT 网络接入的基础上还开放了互联网接入方式，有助于进一步降低参与者接入成本、有效拓展参与者规模，但同时也对系统安全提出了更高的要求，需要更高的技术保障措施。

随着金融市场参与主体的日益丰富，未来支付系统的参与者种类可能更加丰富多样，为更好地发展普惠金融，服务各类参与者，扶持小微金融机构快速发展，我国支付系统可考虑参照前述美国和欧洲的做法，为一部分业务量较小、业务实时性要求不高的参与者设计互联网等新的、更加便捷的接入方式，降低其开发和运行成本。目前，Fedwire 为 8000 多家参与者提供了多种接入方式，供参与者根据自身业务量情况进行选择：一是基于 IP 的计算机交互方式的直连接入方式，该方式需要内部或第三方提供接入软件进行交互，适合业务量大的参与者；二是基于网页接入的访问接入，该方式使用支付管理器收发业务，适合中小业务量参与者；三是通过电话向美联储提交支付指令的线下服务，适合业务量极低的参与者，Fedwire 要求此类线下支付结算在 Fedwire 总业务量中占比不超过1%。未来，对于业务量较小、实时性要求不高的参与者，我国支付系统可尝试通过明确业务规模上限、部分功能限制等方式做好风险防控。此外，为进一步减少由于个别参与者内部原因导致的风险，对于已加入支付系统的参与者，可以研究并尝试建立定期、完善的风险及运行状况评分制度，综合其业务连续性、流动性、头寸管理等多方面因素，形成具有参考价值的量化指标，对于评分结果较差的参与者给予重点关注。

2. 分级参与安排

在分级安排方面，PFMI 对参与者分级安排中涉及的信息收集、识别实质性依赖关系、了解掌握大业务量参与者情况及定期审查分级带来的风险四个角度进行了具体要求。各个国家或地区对分级安排的风险评估重点略有差异，中国香港支付系统没有分级参与的安排和定义，土耳其中央银行认为其不存在分级接入的参与者，因此未建立分级管理制度和安排，但在实际操作中，CBRT 支付系统存在事实上的分级安排，主要表现在两个方面，一是 PTT 银行（The Post and Telegraph）作为被代理行可通过其他直接参与者接入支付系统，该银行是为土耳其邮政提供银行服务的部门，二是 Takas 银行为土耳其境内的二级证券市场提供服务，被代理行通过 Takas 银行的证券结算服务接入 Takas 银行的电子资金转账系统向 CBRT 支付系统发送转账业务。

在分级方式方面，欧洲 TARGET2 的分级安排主要分为两种模式：间接参与模式及代理行模式，二者主要区别在于间接参与模式中直接参与者与间接参与者从属不同法人，参与者之间以协议形式由直接参与者完成交易收发和资金清算，而代理行模式中直接参与者与间接参与者从属同一法人，参与者之间以直接参与者的代理行或客户的身份或其支行身份通过直接参与者发起接收支付清算业务。目前，我国支付系统将参与者划分为直接参与者和间接参与者，直接参与者是直接通过支付系统办理业务的机构，间接参与者是通过直接参与者接入支付系统办理业务的机构，主要包括直接参与者的分支机构以及委托直接参与者代理资金结算的其他法人银行机构两种，根据国际实践，主要应关注第二类法人间接参与者。统计数据表明，我国支付系统法人间接参与者主要为村镇银行，共 1566 家，仅占参与者数量的 1.2%，村镇银行业务占支付系统业务总笔数的 7 ‰ 左右，金额仅占不到 2‰。随着金融科技和金融市场不断发展，我国支付系统中法人间接参与者数量也逐渐增多。其中，中小银行通过兴业银行银银平台间接接入金融市场基础设施，实现村镇银行、农村商业银行等中小金融机构通过该平台以间接参与者身份加入支付系统。截至 2018 年，银银平台代理接入大额支付系统的参与者共 223 家，其中包括 4 家民营银行、2 家外资银行以及 217 家村镇银行，平台全年代理结算大额支付系统业务共 249 万笔，总金额 2.6 万亿元，分别占其总业务量的 19% 和 2%。兴业银行通过要求代理行在本行开设同业结算账户，逐笔结算代理行资金，增强结算账户留存金额预警监控，代理业务纳入全行资金汇划头寸管理体系等手段降低代理行带来的流动性风险。

在信息收集方面，各国 FMI 对间接参与者信息收集情况详略差异较大，日本对参与者基本信息要求最全面，包括主要客户的基本信息（如客户数量、名称、交易笔数和金额，以及行业类别）、对客户提供的与结算有关的服务、服务产生的风险以及风险管理手段等，其他各国仅收集间接参与者业务量。我国间接参与者在加入支付系统时需通过其直接参与者提交以下基本信息：行号、参与者属性、所在节点代码、所属直接参与者行号、上级参与者、开户人行行号、行别代码、所在城市代码、参与者名称、参与者简称、加入系统标识、所属法人、业务承接行、地址、邮编、电话、备注等，间接参与者加入支付系统需经人民银行审核同意；支付系统能通过支付管理信息系统采集直接参与者和间接参与者业务、交易情况，进而识别实际从事代理的直接参与者数量、间接参与者与直接参与者的交易比例、占较大周转比例的间接参与者和交易量或金额占比较高的间接参与者，保证了支付系统对间接参与者基本情况和业务量情况有充分的了解。

在对间接参与者的监控方面，各国中央银行对间接参与者的业务量都十分重视，但关注的具体方面有所差异，一部分国家主要关注业务总量，另一部分主要关注间接参与者业务量占比。美国等部分国家主要关注间接参与者加入对于支付系统业务总量的影响，美联储主要关注分级安排是否会导致系统整体业务量激增并超过系统处理能力；澳大利亚等国主要关注单一间接参与者业务量占支付系统整体的比重，其分级安排对间接参与者业务量上限有明确规定，要求业务量超过系统交易总额 0.25% 的授权存款机构和系统重要性 CCP 使用其自身 ESA 进行结算，业务量低于 0.25% 的参与者方可使用代理模式和间接参与者模式进行结算，同时为减少对代理行的依赖，间接参与者出于应急管理需求也需保留 ESA；瑞典等国主要关注间接参与者整体业务量占比情况，瑞典中央银行每两年对业务量和业务金额最大的 20 家间接参与者进行研究分析。在此基础上，各个国家或地区对业务量占比较大的间接参与者会开展研究分析，在参与者技术能力足够、风险可控的情况下将其转换为直接参与者。

在审查要求方面，由于绝大多数国家或地区支付系统间接参与者不受系统运营者管理，间接参与者与系统运营者间无法律责任和义务关系，因此绝大多数国家或地区不对分级加入的参与者进行额外的风险评估与检查，而是对其连接的直接参与者各项风险指标提出具体要求。以美国为例，美国 WPO 考虑到单一间接参与者受到网络安全攻击会给系统带来实质性风险，会评估此类事件给系统带来的影响，美国未设立对间接参与者的特定审查，而是要求其遵守美国联邦金融机构检查委员会的指引以保证直接参与者与间接参与者之间连接的安全性；由于间接参与者出现资金短缺可导致直接参与者违约，甚至导致其他预计本可以收到违约直接参与者资金的其他直接参与者的流动性问题，进而导致流动性风险和信用风险，美联储通过向直接参与者提供日间流动性来防范此类由于分级安排导致的风险，并未另行设立相关要求和审查机制。《中国人民银行支付系统参与者监督管理办法》第七条、第八条规定，参与者发生业务中断或异常时，需及时报告中国人民银行或者其分支机构，发生风险事件、可能造成重大影响的纠纷、主要负责人发生变动等需要在 3 日内向中国人民银行或者其分支机构报告；第九条规定，直接参与者需每年向人民银行或者其分支机构报送上年度的业务情况，其中包括代理其他银行接入支付系统办理业务的情况。可以看出，我国支付系统在监督管理办法中对于重大风险问题按照统一标准管理所有参与者。

整体来看，我国支付系统分级参与安排同各个国家或地区相比，间接参与者基本情况信息收集较为全面、审查管理机制较为完善、具备对间接参与者的业务量监控机制，下一步可以从以下方面展开探索与研究：

一是我国支付系统对间接参与者业务量情况的掌握来自直接参与者每年对代理接入业务情况的报告以及统计分析辅助系统。可尝试在支付系统研发过程中，参照各个国家或地区的评价标准，建立针对间接参与者的新指标，如间接参与者占所属直接参与者业务百分比、所有间接参与者总业务量占支付系统业务总量百分比等，实时掌握相关情况，并将一定规模以上、技术能力达标且符合人民银行相关要求的间接参与者及时转化为系统直接参与者。二是为全面了解参与者之间的关联关系，可尝试在支付系统数据分析模块中引入工商、税务等外部数据，加强对间接参与者从属状况的研究分析，明确各参与者间关系网。另外，未来可研究并探索建立对间接参与者的管理制度，要求直接参与者定期上报通过其接入的间接参与者业务情况，同时要求法人间接参与者数量较大的直接参与者定期报告其业务风险管理、运行安全管理等情况。

四、运行风险及系统技术管理

（一）运行风险管理

支付系统运行风险管理直接关系到支付系统的业务连续性以及对外服务质量，主要包括运行风险识别、业务连续性保障、日常操作管理、应急演练管理以及外部运行风险管理等方面，其中，运行风险识别与系统的全面风险管理框架高度相关，前面章节已论述，在此不再赘述。

1. 业务连续性保障

支付系统连续运行对于系统充分发挥其金融市场基础设施的重要作用、保障社会经济活动顺利开展具有十分重要的意义，因此，保障支付系统业务连续性是大多数国家或地区支付系统运维保障和应急管理工作的重点。澳大利亚、瑞典、日本等国支付系统针对业务连续性保障工作制订了专门的业务连续性计划，并根据系统发展和外部环境变化定期更新。在业务连续性计划的总体指导之下，各个国家或地区支付系统均对业务连续性设定了一系列运行指标。其中，最为普遍的是系统可用率目标和系统恢复时间目标（RTO），见表 5–7。

表 5–7　各个国家或地区系统可用率目标和系统恢复时间目标

国家 / 地区	系统可用率目标	系统恢复时间目标
美国	99.985%	2 小时，极端情况下 1 天
英国	99.95%	2 小时
欧洲	99.7%	重大灾难 1 小时，区域性灾难 2 小时
澳大利亚	99.95%	40 分钟
瑞典	99.85%	2 小时
日本	无公开资料	2 小时
土耳其	99.9%	1 小时
中国	99.99%	小于 5 分钟
中国香港	99.95%	无公开资料

资料来源：作者整理。

根据表 5–7 可以看出，各个国家或地区均设定了 99.5% 以上的系统可用率目标，我国支付系统的可用率目标为 99.99%，美国 99.985% 的系统可用率目标与我国较为接近，二者均高于表 5–7 中其他国家或地区。在系统恢复时间方面，各支付系统的故障恢复时间普遍控制在 30 分钟至两小时之间，我国支付系统开发了自动化切换工具，在主用中心出现区域性故障的情况下可在 5 分钟内实现自动化一键切换，将业务处理功能迁移至备用中心并持续提供服务，其切换用时短于表内其他国家或地区。

为实现业务连续性目标，各个国家或地区支付系统均采取了一系列措施，其中共性措施为基于维护系统稳定性及高可用性的原则而设计、建造、运营的多地多中心冗余资源，并通过一体化运维、在多层级多站点间采取数据复制技术、部署冗余的计算和网络资源等手段有效提升支付系统容灾能力，保障系统业务连续性。但各个国家或地区根据自身实际情况所建设并运营的数据中心数目和规模、主备数据中心的距离以及数据同步方式等存在一定差异，如欧洲、澳大利亚、日本等采取的是双中心模式，而我国目前已有三个数据中心投入运营。除多中心运营外，编制关键操作和应急处理等方面的文档和应急预案也是各个国家或地区普遍采用的一种保障系统业务连续性的措施。

部分国家或地区还根据自身实际设定了与保障业务连续性运行相关的差异性目标或措施，如美国 Fedwire 支持参与者因故障在日终 15 分钟前提出延长营业时间申请，当 SWIFT 连接中断时英国 CHAPS 支持少量业务的手工处理，欧洲 TARGET2 设定了 95% 支付业务应在 5 分钟内完成、全部业务须在 15 分钟内完成的业务处理时间目标，澳大利亚 RITS 则对科学预测系统未来业务量并配置相应的业务处理能力做出了明确要求。

我国支付系统已具备多层次、广覆盖的运行管理工具和措施，能够有效地防范运行风险。未来，可参考 CPMI 发布的量化标准，借鉴其他国家或地区的先进经验和成熟做法，进一步探索加强运行风险量化工作，特别是关键风险指标量化方面的相关内容。

2. 日常变更管理

对支付系统开展业务功能和信息技术等方面的变更，既能保障系统安全运行，又能有效推动系统发展。因此，做好支付系统的变更管理工作对于有效管理系统运行风险、保障系统连续性运行具有重要的意义。各个国家或地区支付系统在日常变更的管理工作中都建立了一系列制度和措施。英格兰银行技术部门制定了完备的变更管理流程，并定期召开变更请求审查会评估任何高优先级的变更请求；澳大利亚 RITS 成立了由澳大利亚中央银行业务与信息技术领域高级管理层组成的变更咨询委员会，具有高风险或中等风险的变更需经该委员会批准方可实施，而我国与美国等国家支付系统的做法相类似，即通过测试、审批和报告等严格的程序将变更风险降至最低。通过上述比较，我国支付系统可探索建立变更专项议事咨询制度，全面分析变更风险，科学决策并有序实施，有利于进一步提升支付系统运行风险管理水平。

3.应急演练管理

开展应急演练是支付系统运行风险管理的重要环节，有利于系统及其参与者熟悉应急处置流程，从而提高系统的应急管理水平和业务连续性保障能力。各个国家或地区的支付系统均对应急演练作出了相应的安排。美国 Fedwire 系统在开展应急演练时更加重视开展带业务的实战演练，并且要求重要参与者必须参与规定次数的应急演练；英国 CHAPS 在开展应急演练时会使用 SWIFT 的 MIRS 作为辅助应急管理工具，并会针对网络弹性在网络应急演练方面开展积极有益的尝试；欧洲 TARGET2 通过在不同国家或地区使用多个站点并定期开展轮换确保各站点系统和员工均处于最佳工作状态以及系统技术结构安全性；瑞典 RIX 为应对极端情况下的应急处置，专门编制了手工处理业务清算资金的预案，并每年开展两次此类演练；澳大利亚中央银行也设定了 RITS 不可用的极端情况下的应急结算安排；日本中央银行在开展应急演练时注重开展涉及各种灾难和破坏场景的实际演练，并且在演习开始之前不公布演习场景，以突袭式演练的形式最大限度地保证应急演练的效果，日本中央银行还建立了跨市场的业务连续性计划，促进了系统与其他 FMI、政府以及地方公共实体的沟通合作，进一步提高了支付系统危机处置能力。

我国支付系统在长期应急演练的实践中建立了一系列规章制度和操作流程，包括《中国人民银行支付系统运行管理办法》《支付清算系统危机处置预案》以及生产系统变更管理、故障处理、数据操作管理等方面在内的各项制度、办法，并不定期开展关键系统站点切换演练运行、网络系统切换演练等。近年来，我国支付系统站点切换演练工作实现了跨越式发展，已从最初的单系统、有感知、人员移动式发展到全系统、全功能、一键式自动化、带业务、突袭式的切换及备份中心运行。未来，我国支付系统可参考国际经验，推动应急演练进一步向实战演练转变，同时丰富演练场景，增加手工对账以及报文传输平台不可用前提下备用报文传输手段等场景。我国支付系统也可进一步加强与地方政府、公共实体以及其他 FMI 之间的协调合作，联合建立跨市场业务连续性计划并定期开展演练，以备在紧急情况下尽量维持或尽快恢复保障社会经济活动的系统核心功能，提高系统应急保障能力。

4. 外部运行风险管理

支付系统日常运行维护工作不可避免地要涉及其他 FMI 以及通信、电力等外部服务供应商，为防范外部因素给支付系统带来的运行风险，部分国家或地区支付系统在长期实践中形成了一系列有效管理外部运行风险的制度和措施。欧洲中央银行与包括 TARGET2 运营商在内的所有服务提供商签订了服务水平协议，设置各种性能目标并根据目标定期审查服务提供商的实际服务水平，并向理事会报告任何异常情况。瑞典中央银行对 IT 服务商提供的服务及其安全制度提出了严格的要求，并通过定期会议和现场督导检查其落实情况，严格测试系统供应商所有服务的交付情况。我国支付系统与其他 FMI 运行机构签订了系统联合运行协议，进一步明确各自职责，强化协调配合，与电力、电信等部门签订了服务协议，其他实体与系统连接前必须进行评估和技术验收，未来可在明确服务商的服务标准和要求以及定期审查服务质量等方面开展相应的研究和探索。

5. 运维标准化

支付系统按照国际标准开展日常运维工作，不仅有利于充分防范运行风险，也有利于不同支付系统间开展有效的沟通交流，进一步提高系统运维工作水平。根据公开资料，英国 CHAPS 已通过 ISO 27001 认证，澳大利亚 RITS 已按照 ISO 20000 标准开展运维工作，但其是否通过了 ISO 20000 及 ISO 27001 认证并不明确，土耳其 CBRT 建立了基于 ISO 27001 的信息安全管理体系以确保所有信息资产的机密性、完整性和可用性，我国支付系统始终高度重视运维标准化工作，目前已通过 ISO 20000

和 ISO 27001 认证。

（二）通信程序与标准

各个国家或地区大多采用 SWIFT MT 或者 MX 报文标准，采用这一报文标准可以促进直通处理，提高支付系统运行效率，并实现更安全的支付流程，美国 Fedwire 以及欧洲 TARGET2 正逐步将报文标准转向 ISO 20022，并计划将专有报文格式映射到 ISO 20022 格式。我国支付系统采用了 ISO 20022 标准设计报文，为系统业务拓展以及与境内外其他系统对接等打下了坚实基础。各个国家或地区支付系统对报文标准的发布策略披露较少，大部分国家或地区支付系统的报文标准可能采用按需发布策略，尚无固定的发布周期。欧洲 TARGET2 每年发布系统更新计划，方便其参与者提前获知并进行讨论、反馈和应对。我国支付系统出于新业务功能拓展、系统功能完善等原因对报文标准发布遵循按需发布策略，大致每年发布一次报文标准，发布频率适中，有利于在保障系统稳定运行的前提下推动新业务发展。

为更好地做好通信程序和标准方面的工作，我国支付系统可借鉴欧洲经验，定期发布系统外特性发生变化并由其引起的参与者的报文标准变更以及应用软件更新等方面的更新计划，以便参与者做好行内系统适应性改造等工作。

（三）新技术研究及应用

对于支付系统而言，在适当的时间以适当的方式采用最新的技术，可以有效地提高系统的运行效率。网络弹性（Cyber Resilience，或运维弹性，Operational Resilience）与保障支付系统业务连续性运行工作紧密相关，是指网络在遇到灾难事件时快速恢复和继续运行的能力。目前，澳大利亚 RITS 已在运维工作中引入了有关网络弹性的研究成果，而其他多个国家或地区也已开始了此类研究。另外，随着区块链技术的成熟，各个国家或地区的中央银行也开始尝试区块链技术的开发和应用，如英国、澳大利亚和日本侧重于支付，中国香港侧重于贸易融资，而瑞典则侧重于数字货币，我国部分金融机构开展了基于区块链的跨境支付、联合信贷和客户征信等跨机构商业应用研究。下一步，我国支付系统可适时开展有关网络弹性及区块链等最新信息科技技术的研究并将成果运用于实践，以进一步提升支付系统运行维护工作水平。

附录 I

法律、法规、制度及原则

编号	适用范围	中文名称	英文名称
1	全球	《支付系统核心原则》	*Core Principles for Systematically Important Payment Systems*
2	全球	《证券结算制度建议》	*Recommendations for Securities Settlement Systems*
3	全球	《中央交易对手方的建议》	*Recommendations for Central Counterparties*
4	全球	《金融市场基础设施原则》	*Principles for Financial Market Infrastructures*
5	全球	《实时全额结算系统指南》	*Real-time Gross Settlement Systems*
6	美国	《货币控制法案》	*Monetary Control Act*
7	美国	《联邦储备法案》	*Federal Reserve Act*
8	美国	《统一商法典》	*Uniform Commercial Code*
9	美国	《执行委员会规则》J 条 B 款	*Subpart B of Regulation J*
10	美国	《第 6 号运营通告》	*Operating Circular 6*
11	美国	《第 1 号运营通告》	*Operating Circular 1*
12	美国	《快速资金可用性法案》	*Expedited Funds Availability Act*
13	美国	《电子资金转移法》	*Electronic Fund Transfer Act*
14	美国	《银行保密法》	*Bank Secrecy Act*
15	美国	《美国爱国者法案》	*USA Patriot Act*
16	美国	《联邦行政程序法案》	*Administrative Procedure Act*
17	美国	《第 5 号运营通告》	*Operating Circular 5*
18	美国	《萨班斯—奥克斯利法案》	*Sarbanes-Oxley Act*
19	美国	《国际银行法案》	*International Banking Act*
20	美国	《多德—弗兰克法案》	*Dodd-Frank Act*
21	英国	《银行法》	*Banking Act*
22	英国	《金融服务法案》	*Financial Services Bill*
23	英国	《英格兰银行法案》	*Bank of England Act*
24	英国	《RTGS 账户授权条款和条件》	*RTGS Terms & Conditions*
25	英国	《金融市场和破产（结算最终性）条例》	*Financial Markets and Insolvency（Settlement Finality）Regulations*

编号	适用范围	中文名称	英文名称
26	欧盟	《结算最终指令》	*Settlement Finality Directive*
27	日本	《日本中央银行法案》	*Bank of Japan Act*
28	日本	《日本民商法典》	*Japanese Civil and Commercial Codes*
29	澳大利亚	《RITS 法规和运行规则》	*RITS Regulations*
30	澳大利亚	《支付系统及轧差法案》	*Payment Systems and Netting Act*
31	瑞典	《瑞典中央银行法案》	*Sveriges Riksbank Act*
32	瑞典	《结算系统在金融市场的义务法案》	*Act Concerning Systems for the Settlement of Obligations on the Financial Market*
33	瑞典	《瑞典中央证券存管和金融工具账户法》	*Swedish Central Securities Depositories and Financial Instruments Accounts Act*
34	瑞典	《金融工具交易法》	*Financial Instruments Trading Act*
35	瑞典	《破产法》	*Bankruptcy Act*
36	瑞典	《合同法》	*Contracts Act*
37	瑞典	《条款和条件》	*Terms and Conditions*
38	瑞典	《瑞典中央银行指令》	*Instruction for Sveriges Riksbank*
39	土耳其	《土耳其中央银行法》	*CBRT Law*
40	土耳其	《支付、证券结算系统、支付服务和电子货币机构法》	*PSL*
41	中国	《大额支付系统业务处理办法》	
42	中国	《企业破产法》	
43	中国	《银行间债券市场债券登记托管结算管理办法》	
44	中国	《中国人民银行支付系统参与者监督管理办法》	
45	中国	《银行业金融机构加入、退出支付系统管理办法》	
46	中国	《中国人民银行支付系统参与者监督管理办法》	
47	中国	《中国人民银行支付系统运行管理办法》	
48	中国	《支付清算系统危机处理预案》	
49	中国香港	《外汇基金条例》	*Exchange Fund Ordinance*
50	中国香港	《港元清算所规则》	*HKD Clearing House Rules*
51	中国香港	《支付系统及储值设施条例》	*Payment Systems and Stored Value Facilities Ordinance*
52	中国香港	《主要销售及透支协议》	*Master Sale and Repurchase Agreement*

附录 II

参考文献

［1］HKMD.中国香港的即时支付结算系统［R］.金融管理局季报，1997：38-43.

［2］HKMD货币管理及金融基建部.中国香港金融基建的发展［R］.金融管理局季报，2003：38-43.

［3］HKMD金融基建部.中国香港与中国内地建立多种货币支付系统互通安排［R］.金融管理局季报，2009：1-4.

［4］HKMD金融基建部.在中国香港实施快速支付系统［R］.金融管理局季报，2018：1-7.

［5］李建英，叶晶晶.即时支付结算系统的流动资金及风险管理——中国香港经验［R］.金融管理局季报，2008：1-4.

［6］陈雪，李爽，安鸿飞，曾志坚.澳大利亚储备银行信息和转账系统研究与启示［J］.金融理论与实践，2016（8）.

［7］崔乐.日本支付清算系统监管现状研究及启示［J］.华北金融，2017（11）.

［8］付泽宇.中国现代化支付清算系统的发展及思考［J］.金融与经济，2006（2）：58.

［9］韩龙，毛术文.欧洲中央银行重要支付系统监管机制的建构及启示［J］.金融理论与教学，2015（2）：71-76.

［10］胡波，杨光.中国香港支付系统的发展与监管［J］.金融会计，2017，1（3）：27-32.

［11］黄碧琴，何碧英，何曾.货币国际化与支付体系建设经验研究——以日元为例［J］.南方金融，2014（7）：48-51.

［12］黄申亮. 我国现代化支付系统的发展及影响——城市商业银行视角的参考［D］. 厦门：厦门大学，2007.

［13］蒋锋. 中国香港的支付系统及其改革［J］. 中国金融，1997（8）：30-33.

［14］李岸，粟亚亚，乔海曙. 中国股票市场国际联动性研究——基于网络分析方法［J］. 数量经济技术经济研究，2016（8）：113-127.

［15］李建英，叶晶晶. 即时支付结算系统的流动资金及风险管理［J］. 香港金融管理局季报，2008（3）.

［16］李文森，戴俊，唐成伟. 中央银行抵押品管理框架分析［J］. 中国金融，2015（16）：41-43.

［17］李怡芳. 中美股市联动性研究［J］. 金融市场研究，2018，75（8）：5-13.

［18］刘贵生，励跃. 他山之石，可以攻玉——由日本银行支付系统引发的思考［J］. 金融电子化，2003（5）：31-32.

［19］牛晨，魏先华，潘松. 我国大额支付系统中的流动性风险［J］. 系统工程，2008（11）：27-32.

［20］宋志国，许鑫. 英国大额支付系统借鉴［J］. 中国金融，2016（21）：85-86.

［21］唐成伟. 我国中央银行内部评级体系的特点、作用以及对货币政策操作的影响［J］. 征信，2018（2）：58-61.

［22］王歌红. 日本的支付系统［J］. 信息与电脑，1995（6）：38-39.

［23］王歌红. 澳大利亚的支付清算系统［J］. 中国金融电脑，2002（12）.

［24］王联. 即时支付结算系统对中国香港银行业的影响［J］. 国际金融研究，1997（1）：52-54.

［25］王治政，吴卫星. 中美股市波动特征比较研究：基于ARCH类模型的实证分析［J］. 上海金融，2012（9）：77-80.

[26] 尉伟杰，王秀芳，夏志禹.中美股市联动性研究——基于中国股市下跌背景 [J]. 内蒙古金融研究, 2016（9）: 32-35.

[27] 谢家泉.中美股市风险传染效应研究综述——基于金融危机视角 [J]. 韶关学院学报, 2016（11）: 75-79.

[28] 谢众.我国支付体系风险研究 [D]. 成都: 西南财经大学, 2008.

[29] 徐海峰.中国与 G7 国家股市间的联动性分析——基于金融危机视角 [J]. 厦门大学学报（哲学社会科学版）, 2018, 247（3）: 37-46.

[30] 张洪秣.大额支付系统流动性风险分析 [D]. 成都: 西南财经大学, 2012.

[31] 张雷.澳大利亚中央银行新的支付清算系统 [J]. 国际金融研究, 1997（1）.

[32] 张丽，梁秀君.国际主要银行大额支付系统的比较与思考 [J]. 中国外资, 2011（23）: 14, 16.

[33] 张双妮，张双兰.研究美国股市对我国股市的波动溢出效应——基于 VAR 模型和 GARCH（1，1）模型 [J]. 社会视野, 2019（22）.

[34] 支付结算体系委员，国际清算银行，国际证监会组织技术委员会.金融市场基础设施原则 [M]. 北京: 中国金融出版社, 2013.

[35] Abbink K., Bosman R., Heijmans R., et al.Disruptions in Large Value Payment Systems: An Experimental Approach [J].Social Science Electronic Publishing, 2010（263）.

[36] Andrew Dent and Will Dison. The Bank of England's Real-Time Gross Settlement Infrastructure [R], 2012.

[37] Angelini P.An Analysis of Competitive Externalities in Gross Settlement Systems [J].Journal of Banking & Finance, 2004, 22（1）: 1-18.

[38] Ashcraft, A., McAndrews, J., Skeie, D.Precautionary

Reserves and the Interbank Market［J］.Journal of Money Credit & Banking, 2011, 43（7）: 311-347.

［39］Baek S., Soramaki K., Yoon J.Network Indicators for Monitoring Intraday Liquidity in BOK-Wire+［J］.SSRN Electronic Journal, 2015（1）.

［40］Bagehot W. A Description of the Money Market［M］.London: Henry King Publishers, 1873.

［41］Baglioni A., Monticini A.The Intraday Interest Rate Under a Liquidity Crisis: The Case of August 2007［J］.Economics Letters, 2010, 107（2）.

［42］Baglioni, A., Monticini, A.The Intraday Price of Money: Evidence from the E-MID Interbank Market［J］.Journal of Money Credit & Banking, 2008, 40（7）: 1534-1540.

［43］Bank of England.Bank of England Settlement Accounts［R］, 2017.

［44］Bank of England.Bank of England's Real-Time Gross Settlement Service: Service Description［S］, 2017.

［45］Bank of England.Chaps Reference Manual［S］, 2019.

［46］Bank of England.Chaps Technical Requirements［S］, 2017.

［47］Bank of England.RTGS Renewal Programme-Round Up［R］, 2018.

［48］Bank of England.Self-assessment of the Bank of England's Real-Time Gross Settlement Service Against the Principles for Financial Market Infrastructures［R］, 2017.

［49］Bank of England.The Bank of England's Real-Time Gross Settlement Infrastructure［R］, 2013.

［50］Bank of England.The Bank of England's Supervision of Financial Market Infrastructures—Annual Report［R］, 2018.

［51］Bank of Japan.Business Continuity Planning at the Bank of Japan ［R］, 2003.

［52］Bank of Japan.Information Disclosure Based on the Principles for Financial Market Infrastructures. The BOJ-NET Funds Transfer System ［R］, 2017.

［53］Bank of Japan.Payment and Settlement Statistics ［DB］, 2018.

［54］Bank of Japan.Payment and Settlement Systems Report ［R］, 2016.

［55］Bank of Japan.Summary of the Forum on Payment and Settlement Systems on March 17 and 18 ［R］, 2016.

［56］Bank of Japan.Bank of Japan Financial Network System ［S］, 2016.

［57］Bank of Japan.Detailed Rules for the Use of the Bank of Japan Financial Network System ［S］, 2018.

［58］Bank of Japan.Information Disclosure Based on the Principles for Financial Market Infrastructures. The BOJ-NET Funds Transfer System ［R］, 2017.

［59］Bartolini L., Hilton S., Mcandrews J.J.Settlement Delays in the Money Market ［J］. Journal of Banking & Finance, 2010, 34（5）.

［60］Bech M.L., Garratt R.The Intraday Liquidity Management Game ［J］.Journal of Economic Theory, 2002, 109（2）: 198-219.

［61］Becher, Christopher, Millard, Stephen, Soramäki, Kimmo. The Network Topology of CHAPS Sterling ［J］.Bank of England Quarterly Bulletin, 2008（355）.

［62］Bedford P., Millard S., Yang J.Analysing the Impact of Operational Incidents in Large-value Payment Systems: A Simulation Approach ［R］.Bank of England Working Paper, 2005

［63］BIS：Central Bank Oversight of Payment and Settlement Systems ［R］.CPMI Paper No.68，2005.

［64］BIS：Progress in Reducing Foreign Exchange Settlement Risk ［R］.CPMI Paper No.83，2008.

［65］BIS：Recovery of Financial Market Infrastructures ［R］.CPMI Paper No.121，2014.

［66］BIS：Core Principles for Systemically Important Payment Systems ［R］.CPMI Paper No.43，2001.

［67］BIS：General Guidance for National Payment System Development ［R］.CPMI Paper No.70，2006.

［68］BIS：New Developments in Large-value Payment Systems ［R］. CPMI Paper No.67，2005.

［69］BIS：Real-time Gross Settlement Systems ［R］.CPMI Paper No.22，1997.

［70］BIS：Reducing the Risk of Wholesale Payments Fraud Related to Endpoint Security ［R］.CPMI Paper No.178，2018.

［71］BIS：The Interdependencies of Payment and Settlement Systems ［R］.CPMI Paper No.84，2008.

［72］BIS：The Role of Central Bank Money in Payment Systems ［R］. CPMI Paper No.55，2003.

［73］Brunnermeier，M.K.，Pedersen，L.H.Market Liquidity and Funding Liquidity ［J］.The Review of Financial Studies，2009，22（6）：2201-2238.

［74］Carlos Garcia de Andoain，Florian Heider，Marie Hoerova，Simone Manganelli.Lending of Last Resort is as Lending of Last-Resort Does：Central Bank Liquidity Provision and Interbank Market Functioning in the Euro Area ［J］.Journal of Financial Intermediation，2016（28）：32-47.

［75］Central Banking Seminar（2019）［EB/OL］.https：//www.federalreserve.gov/paymentsystems/fednow_about.htm.

［76］Chris Salmon.The Case for More CHAPS Settlement Banks.Bank of England［R］,2011（5）.

［77］Claire Greene,Marc Rysman,Scott D.Schuh.Costs and Benefits of Building Faster Payment Systems：The U.K.Experience and Implications for the United States［J］.Current Policy Perspectives,2015（2）.

［78］CPMI,IOSCO：Implementation Monitoring of PFMIs：Level 2 Assessment Report for Central Counterparties and Trade Repositories［R］.CPMI Papers No.127,2015.

［79］CPMI,ISOCO：Payment,Clearing and Settlement Systems in the CPSS Countries［R］.CPMI Papers No.97,2011.

［80］CPMI,OICU-IOSCO.Application of the Principles for Fnancial Market Infrastructures to Central Bank FMIs［R］.CPMI Paper No.130,2015.

［81］David C.Mills Jr,Samia Y.Husain.Interlinkages Between Payment and Securities settlement Systems［J］.Ann Finance,2013（9）：61-81.

［82］ECB & Bank of Japan.Project Stella DLT Overview［R］,2017.

［83］ECB.2016 TARGET Annual Report［R］,2017.

［84］ECB.Information Guide for TARGET2 Users V11［S］,2017.

［85］ECB.Preparation to the go Live for New Connect Participants［R］,2008.

［86］ECB.Single Shared Platform General Functional Specifications Document for Users Vevsion 2［S］,2017.

［87］ECB.TARGET Annual Report 2017［R］,2018.

［88］ECB.TARGET2 Assessment Against the Principles for Financial Market Infrastructures［R］,2016.

［89］ECB.TARGET2 Participation Framework ［R］, 2006.

［90］ECB.TARGET2 Pricing Guide Version 6.0 ［S］, 2018.

［91］ECB.User Manual Internet Access for the Public Key Certification service ［R］, 2015.

［92］Ed Kelsey and Simon Rickenbach.Enhancing the Resilience of the Bank of England's Real-time Gross Settlement Infrastructure ［R］.2014.

［93］Evangelos Benos, Rodney Carratt, Peter Zimmerman.Bank Behaviour and Risks in CHAPS Following the Collapse of Lehman Brothers ［R］.Bank of England Working Paper.No.451, 2012.

［94］FRB.Assessment of Compliance With the Core Principles for Systemically Important Payment Systems ［R］, 2014.

［95］FRB.Federal Reserve Banks Operating Circular No.6 ［S］, 2017.

［96］FRB.Federal Reserve Policy on Payment System Risk ［R］, 2017.

［97］FRB.Fedwire Funds Service Disclosure ［R］, 2017.

［98］FRB.Fedwire Funds Service ISO 20022 Implementation Timeline ［R］, 2017.

［99］FRB.Fedwire Funds Services Business Continuity Guide ［S］, 2019.

［100］FRB.Fedwire Services Extension Guidelines ［S］, 2019.

［101］FRB.Innovation, Technology, and the Payments System ［R］, 2017.

［102］FRB.Policies: The Federal Reserve in the Payments System ［R］, 2017.

［103］FRB.Strategies for Improving the U.S.Payment System ［R］, 2017.

［104］FRB.The Federal Reserve Payments Study 2016 ［R］, 2017.

［105］FRB.The Federal Reserve, Fedwire Services Hours and Testing

Opportunities［R］, 2019.

［106］Freixas, X., Martin, A., Skeie, D.Bank liquidity, Interbank Markets, and Monetary Policy［J］.The Review of Financial Studies, 2011, 24（8）: 2656-2692.

［107］Freixas, X., Rochet, J.C.Microeconomics of Banking.［M］. MIT Press: Cambridge, 2008.

［108］Furfine, C.H.Interbank Payments and the Daily Federal Funds rate［J］.Journal of Monetary Economics, 2000, 46（2）: 535-553.

［109］Galbiati M, Soramäki K.Liquidity-Saving Mechanisms and Bank Behaviour［J］.Social Science Electronic Publishing, 2010（400）.

［110］Galbiati, Marco, Soramäki, Kimmo.Liquidity-Saving Mechanisms and Bank Behaviour［R］.Bank of England, 2010.

［111］Glaser M.Liquidity Effects of a Participant-Level Operational Disruption in SIC［R］.Swiss National Bank, 2008（5）.

［112］Gupta R, Jurgilas M, Kabundi A, Miller M.Monetary Policy and Housing Sector Dynamics in a Large-Scale Bayesian Vector Autoregressive Model［J］.International Journal of Strategic Property Management, 2012（16）.

［113］Gupta R, Jurgilas M, Kabundi A.The Effect of Monetary Policy on Real House Price Growth in South Africa: A Factor-augmented Vector autoregression（FAVAR）Approach［J］.Economic Modelling, 2009, 27（1）: 315-323.

［114］Heijmans R, Heuver R, Levallois C, et al.Dynamic Visualization of Large Transaction Networks: the Daily Dutch Overnight Money Market［R］.DNB Working Papers, 2014.

［115］Heller, D., Lengwiler, Y.Payment Obligations, Reserve Requirements, and the Demand for Central Bank Balances［J］.Journal of

Monetary Economics，2003（50）：420-432.

[116] HKICL.Principles for Financial Market Infrastructures：Disclosure for HKD CHATS [R]，2018.

[117] IMF，WB.Australia：Financial System Stability Assessment [R]，2006.

[118] IMF，WB.Australia：Financial System Stability Assessment [R]，2012.

[119] IMF，WB.Euro Area Policies：Financial System Stability Assessment [R]，2018.

[120] IMF，WB.Japan：Financial Sector Stability Assessment Update [R]，2012.

[121] IMF，WB.Japan：Financial System Stability Assessment [R]，2017.

[122] IMF，WB.Japan：Financial System Stability Assessment and Supplementary Information [R]，2003.

[123] IMF，WB.the People's Republic of China：Financial System Stability Assessment-Press Release and Statement by the Executive Director for the People's Republic of China [R]，2011.

[124] IMF，WB.the People's Republic of China：Financial System Stability Assessment-Press Release and Statement by the Executive Director for the People's Republic of China [R]，2017.

[125] IMF，WB.the People's Republic of China—Hong Kong Special Administrative Region：Financial System Stability Assessment [R]，2014.

[126] IMF，WB.the People's Republic of China—Hong Kong Special Administrative Region：Financial System Stability Assessment，Including Reports on the Observance of Standards and Codes [R]，2003.

[127] IMF，WB.Sweden：Financial System Stability Assessment [R]，

2011.

[128] IMF, WB.Sweden: Financial System Stability Assessment [R], 2016.

[129] IMF, WB.Sweden: Financial System Stability Assessment, Including Reports on the Observance of Standards and Codes [R], 2002.

[130] IMF, WB.Turkey: Financial System Stability Assessment [R], 2007.

[131] IMF, WB.Turkey: Financial System Stability Assessment [R], 2012.

[132] IMF, WB.Turkey: Financial System Stability Assessment [R], 2017.

[133] IMF, WB.United Kingdom: Financial Sector Assessment Program-Financial System Stability Assessment [R], 2016.

[134] IMF, WB.United Kingdom: Financial System Stability Assessment [R], 2011.

[135] IMF, WB.United States: Financial Sector Assessment Program-Financial System Stability Assessment [R], 2015.

[136] IMF, WB.United States: Publication of Financial Sector Assessment Program Documentation-Financial System Stability Assessment [R], 2010.

[137] IOSCO.Disclosure Framework and Assessment Methodology [S], 2012.

[138] International Monetary Fund.Oversight and Supervision of Financial Market Infrastructures (FMIs) : Technical Note [J] .IMF Staff Country Reports, 2012 (229) .

[139] Joshua R.Hendrickson.Interest on Reserves, Settlement, and the Effectiveness of Monetary Policy [J] .Journal of Macroeconomics, 2017

（54）：208-216.

[140] Finan, Kevin, Lasaosa, Ana, Sunderland, Jamie.Tiering in CHAPS [R].Bank of England Quarterly Bulletin, 2013, 53（4）.

[141] Koponen R., Soramäki K.Intraday Liquidity Needs in a Modern Interbank Payment System.A Simulation Approach [Z].Bank of Finland Studies, 1998.

[142] Kraenzlin, S., Nellen, T.Daytime is Money [J].Journal of Money Credit & Banking, 2010, 42（8）：1689-1702.

[143] Leinonen H., Soramäki K.Optimizing Liquidity Usage and Settlement Speed in Payment Systems [J].Bank of Finland Discussion Paper, 1999（16）.

[144] Li F., Perez-Saiz H.Measuring Systemic Risk Across Financial Market Infrastructures [J].Journal of Financial Stability, 2018, 34：1-11.

[145] Löber, Klaus M., The Developing EU Legal Framework for Clearing and Settlement of Financial Instruments [R].Legal Working Paper, 2006.

[146] Lublóy Á., Tanai E.Operational Disruption and the Hungarian Real Time Gross Settlement System（VIBER）[R]. Magyar Nemzeti Bank（The Central Bank of Hungary）, 2008.

[147] Maddaloni, G., Marcelli, S.The Evolution of the Italian RTGS system and the Impact on Demand for Bank Reserves [J].Currency and Credit, 2009, 59（235）：257-271.

[148] Marius Jurgilas, Antoine Martin.Liquidity-Saving Mechanisms in Collateral-Based RTGS Payment Systems [J].Annals of Finance, 2013（9）：29-60.

[149] Marius Jurgilas, Filip Zike.Implicit Intraday Interest Rate in the UK Unsecured Overnight Money Market [J].Journal of Financial Intermediation, 2014（23）：232-254.

［150］Mark Adams，Marco Galbiati，Simone Giansante.Liquidity Costs and Tiering in Large-value Payment Systems［R］.Bank of England Working Paper.No.399，2010.

［151］Massarenti M.，Petriconi S.，Lindner J.Intraday Patterns and Timing of TARGET2 Interbank Payments［J］.Journal of Financial Market Infrastructures，2012，1（2）：3-24.

［152］McAndrews J.，Rajan S.The Timing and Funding of Fedwire Funds Transfers［J］. Federal Reserve Bank of New York Economic Policy Review，2000（6）.

［153］McAndrews J.，Trundle J.New Payment System Designs：Causes and Consequences.Financial Stability Review［R］.Bank of England，2001.

［154］Miller，M.，Orr，D.A Model of the Demand for Money by Firms［J］.The Quarterly Journal of Economics，1966，80（3）：413-435.

［155］Morten L.Bech，Christine Preisig，Kimmo Soramäki.Global Trends in Large-Value Payments［J］.FRBNY Economic Policy Review，2008（7）.

［156］Olivier Armantier，Jeffrey Arnold，James J. McAndrews. Changes in the Timing Distribution of Fedwire Funds Transfers［J］. Economic Policy Review, 2008（9）.

［157］Peter Docherty，Gehong Wang.Using Synthetic Data to Evaluate the Impact of RTGS on Systemic Risk in the Australian Payments System［J］. Journal of Financial Stability，2011（6）.

［158］RBA.Assessment of the Reserve Bank Information and Transfer System［R］，2018.

［159］RBA.Banking and Payment Services Annual Report 2018［R］，2018：65-70.

［160］RBA.Domestic Financial Conditions，Statement on Monetary

Policy［R］, 2019：45-56.

［161］RBA.Payments System Board Annual Report 2018［R］, 2018.

［162］RBA.Reform of Australia's Payments System-Preliminary Conclusions of the 2007/08 Review［R］, 2008.

［163］RBA.Summary RITS Business Continuity Arrangements［R］, 2017.

［164］RBA.The Australian High-Value Payments System［R］, 2019.

［165］Repullo R.Liquidity, Risk Taking, and the Lender of Last Resort［J］.International Journal of Central Banking, 2005, 1（2）：47-80.

［166］Robert De Caux, Markus Brede, Frank McGroarty.Payment Prioritisation and Liquidity Risk in Collateralized Interbank Payment Systems［J］.Journal of International Financial Markets, Institutions & Money, 2016（41）：139-150.

［167］Robleh Ali, John Barrdear, Roger Clews and James Southgate. Innovations in Payment Technologies and the Emergence of Digital Currencies.［J］. Bank of England Quartely Bulletin, 2008（14）.

［168］Rochet J.C., Vives X.Coordination Failures and The Lender of Last Resort:Was Bagehot Right All？［J］.Journal of the European Economic Association, 2004, 2（6）：1116-1147.

［169］Schmitz S.W., Puhr C.Liquidity, Risk Concentration and Network Structure in the Austrian Large Value Payment System［J］.Social Science Electronic Publishing, 2006（5）.

［170］Squartini T., Van Lelyveld I., Garlaschelli D.Early-warning Signals of Topological Collapse in Interbank Networks［J］.Scientific Reports, 2013, 3（1）：3357.

［171］Sveriges Riks Bank.The Riksbank's E-krona Project Action Plan for 2018［R］, 2017.

［172］Sveriges RiksBank.Assessment of RIX 2011［R］, 2011.

［173］Sveriges RiksBank.RIX General Description［R］, 2012.

［174］Sveriges RiksBank.RIX, First Fourmonth Period［R］, 2018.

［175］Sveriges RiksBank.RIX, First Four-Month Period［R］, 2019.

［176］Sveriges RiksBank.RIX, Third Four-Month Period［R］, 2017.

［177］Sveriges RiksBank.Sveriges Riksbank's FMI Disclosure Report［R］, 2017.

［178］Sveriges Riks Bank.The Riksbank's e-Krona Project Report［R］, 2018.

［179］T Keister, A Martin, J McAndrews.Divorcing Money From Monetary Policy［J］.Economic Policy Review, 2008（14）.

［180］Timothy Baker.Electronic Commerce and Wholesale Financial Services［J］.Journal of Financial Regulation & Compliance, 2001, 9（1）: 81-89.

［181］Triepels R., Daniels H., Heijmans R.Detection and Explanation of Anomalous Payment Behavior in Real-time Gross Settlement Systems［J］. Enterprise Information Systems, 2017（4）.